本书受 2019 年全国宣传思想文化青年英才自主选题项目资助。

旧都新城

近代北京的社会变革与文化演进

王建伟 著

Chronicling Beijing:
From Imperial Capital to Modern City

中国社会科学出版社

图书在版编目（CIP）数据

旧都新城：近代北京的社会变革与文化演进 / 王建伟著. —北京：中国社会科学出版社，2022.10
ISBN 978-7-5227-0464-7

Ⅰ.①旧… Ⅱ.①王… Ⅲ.①社会变革—研究—北京—近代 Ⅳ.①K291

中国版本图书馆CIP数据核字（2022）第123093号

出 版 人	赵剑英
责任编辑	王丽媛
责任校对	党旺旺
责任印制	王 超

出　　版	中国社会科学出版社
社　　址	北京鼓楼西大街甲158号
邮　　编	100720
网　　址	http://www.csspw.cn
发 行 部	010-84083685
门 市 部	010-84029450
经　　销	新华书店及其他书店

印刷装订	北京君升印刷有限公司
版　　次	2022年10月第1版
印　　次	2022年10月第1次印刷

开　　本	640×960 1/16
印　　张	21
插　　页	2
字　　数	281千字
定　　价	89.00元

凡购买中国社会科学出版社图书，如有质量问题请与本社营销中心联系调换
电话：010-84083683
版权所有　侵权必究

目　录

导　言　　　　　　　　　　　　　　　　　　　　　　001
  一　新旧交争的历史时刻　　　　　　　　　　　　001
  二　政治与文化的缠结　　　　　　　　　　　　　008
  三　近代史与城市史的交织　　　　　　　　　　　014

第一章　近代北京城市化进程的最初图景　　　　　　021
  一　管理体制变革　　　　　　　　　　　　　　　021
  二　市政基础设施　　　　　　　　　　　　　　　030
  三　文化新风向　　　　　　　　　　　　　　　　046

第二章　城市形态演变与人口增长　　　　　　　　　　059
  一　清末民初北京人口变动曲线　　　　　　　　　059
  二　人口密度、性别比例与年龄结构　　　　　　　067
  三　阶层分化与空间区隔　　　　　　　　　　　　072
  四　旗人生计　　　　　　　　　　　　　　　　　078

第三章　1920年代北京的文化环境与知识群体南迁　　084
  一　新文化运动落幕之际北京大学的学术危机　　084
  二　薪潮、教潮、学潮：潮起潮落　　　　　　　089
  三　"逃离"北京　　　　　　　　　　　　　　　104
  四　知识群体南迁与中国文化格局重组　　　　　112

第四章　国民党组织在北京的早期发展　　121
一　国共合作与国民党北京党务逐渐恢复　　122
二　孙中山入京与国民党在京组织的进一步分裂　　126
三　从学生运动到市民运动　　134

第五章　1928年京津易帜与国民党人的北京论述　　143
一　国都之争与国民党人的北京观感　　144
二　易帜之后国民党人的"旧都"刻画　　150
三　南北之见　　156

第六章　涤荡旧京
　　——故都初期国民党人对北平的文化改造　　165
一　仪式展演：胜利者的自我书写　　166
二　"非除旧无以布新"　　174
三　旧京依旧　　183

第七章　从"中心"到"边城"
　　——国都南迁后北平发展路径的讨论与规划　　190
一　潮流更易，景象全非　　190
二　如何"繁荣北平"　　198
三　中原大战之后北平经济渐有起色　　205
四　袁良与城市重振　　217

第八章　消费空间与北京文化新秩序的构建　　229
一　王府井：民国北京的都市景观　　229
二　天桥：平民社会缩影　　236
三　摩登与粗鄙：一座城市的双面叙事　　244

第九章　1930 年代城市书写中的"旧都"北平
——以上海为参照　　255
一　"大家闺秀"与"摩登女郎"　　255
二　古城与洋场　　259
三　北平的"地道精神"　　263

第十章　抗战时期北平的文化生态　　271
一　殖民宣传管制体系　　271
二　殖民主义教育　　277
三　文学创作　　285
四　留平人士的文化活动　　288

附录　近代北京史研究的方法审视与境界提升　　295
一　近代北京史研究的追赶之势　　296
二　多学科方法的融汇与碰撞　　301
三　国家视野与地方视野　　306
四　如何深化近代北京史研究　　309

参考文献　　316

后　记　　329

导　言

北京在20世纪上半期经历了三次政权鼎革，从传统"帝都"转型为一座近代意义上的"城市"，管理体制变革，市政建设开启，空间格局演化，市域范围拓展，人口规模增长，新兴群体崛起，社会结构分化，现代工商业初兴，政治与文化生态重塑……新旧、古今、中西等各种不同性质的事物在同一处城市空间中竞行并进，最终演化为纷纭杂陈的历史场景。当浓重的政治属性逐渐淡化，新的制度、伦理、思想等嫁接到"旧都"肌体之上，产生诸多冲突、不适与碰撞，北京也在城市身份的不断转换中寻找并确立了新的自我认同。

一　新旧交争的历史时刻

1919年，在北京基督教青年会担任干事的美国人西德尼·D. 甘博（Sidney David Gamble）曾如此记录他对这座城市的观感："北京虽然是一个古老帝国的都城，但并不是一个行将退出历史舞台的城市，它正迅速地接受着现代生活方式。电灯、自来水、马路、排水系统、火车、汽车，甚至飞机都可以在这座城市找到，北京越来越成为一个当代共和制的国家。"[①] 就在同一时期，溥仪的英文教师、英国人庄士敦（Reginald F. Johnston）刚刚来到北京，他看到的景象是，"这个城市正在努力追赶着时代的步伐，力图使自己无愧于伟大民主的首都地位。这个城市的大学中，聚集着渴望变革的学生，他们正怀

[①] ［美］西德尼·D. 甘博：《北京的社会调查》（上），陈愉秉等译，中国书店2010年版，第32页。

着不顾一切的急切态度,将现代科学和哲学,与世界语和卡尔·马克思的著作一起,用来夺取过去被儒家传统和腐朽圣贤们占据的领域"。

两人观察的重点虽不相同(前者侧重于物质,后者侧重于精神),但传递出的态度却是相似的,他们都对北京正在发生的改变表示了乐观与期待。不过,当庄士敦通过神武门进入紫禁城时,却似乎进入了"一个空间与外界迥然不同的新世界",那里有坐在四抬大轿上的高级官员,他们头戴镶有红宝石和珊瑚珠以及孔雀花翎的朝冠,那里还有依照不同等级穿着不同服饰的宦官,更重要的是,那里还有一位十几岁的少年皇帝。紫禁城的围墙将墙内与墙外隔绝成了两个世界:帝制与共和,这种空间上的割裂感给庄士敦留下了深刻印象,"通过这道城门,使我不仅从一个共和国度回到了君主国度,而且使我从二十世纪的新中国倒退回了其历史可追溯到古代罗马之前的古老中国。"①

1912年清朝覆亡与民国建立之后,北京作为政治意义上的"帝都"身份已经丧失,但与之匹配的一套制度体系与伦理观念并未马上退出历史舞台。在与民国政府达成的优待条件的保障下,逊清皇室仍然占据紫禁城的北半部分,作为一个微型的政治实体,这个"小朝廷"仍保留着一套独特的运行体制,延续的是前清的衣冠正朔,使用的还是宣统年号,如同东交民巷一样,都是"国中之国"。隆裕太后的葬礼与溥仪大婚仍是北京社会层面的大新闻,前朝的步军统领衙门也仍然留存于民国国都的社会治理体系之中,銮仪卫也在执行自己的使命,北京城依旧每天响起暮鼓晨钟。这种政治结构对民初北京的文化环境影响巨大,各种性质迥异的事物相互之间似乎界限分明,但也并非不可通融。

清王朝已经倾覆,皇权已经崩解,但"皇帝情结"仍然弥漫在一些北洋官员以及一些读书人之中,他们与逊清皇室保持着密

---

① 以上两段参见[英]庄士敦《紫禁城的黄昏》,陈时伟译,紫禁城出版社1989年版,第146页。

切联络，关系暧昧。溥仪堂弟、也是"伴读"的溥佳回忆说："每逢婚丧嫁娶，光弄到大总统的匾额还不过瘾，总要设法让溥仪也'赐'给一块，才觉得体面。"① 当时在北京政府外交部任职的顾维钧也注意到："每逢废帝生辰或新年，总统要派专人去祝贺，群众对此也习以为常。但更奇怪的是，在前清做过官的政府高级官员也进宫表示个人的祝福。他们可以得到一轴条幅或盖有御玺的'福''寿'字幅的赏赐。"顾氏因未在清朝做过官，所以也没进过紫禁城的"小朝廷"，但他列举了同为留学生的颜惠庆曾得过溥仪赐给的大"福"字，挂在自家客厅壁炉之上。②

另一位当事人、同在北洋政府任职的瞿宣颖对北平风物非常熟稔。1936年，他在上海的《宇宙风》杂志上连载十期《北游录话》，以与友人对话的方式系统介绍了北平的历史、地理、人情等，其中的一些说法正与上述记录相印证：

> 庚子所改变的，是西洋化之输入，而根本未十分动摇。辛亥所改变的是革命色彩之加入，然后不久还是屈服。自辛亥至于戊辰十七年中，虽然奉的是民国正朔，而帝制色彩的确保存不少，官僚化的程度似乎不逊于前清。虽然号称加入革命色彩，其实不过添了一班起于草泽的军阀与夫归自西洋的官僚而已。人家客厅里还常看见挂御笔字画，胡同里不少皇恩春浩荡、文治日光华的对联。③

如果再把时间向前推至1918年，李大钊如此描述当时社会的新旧共生："中国今日生活现象矛盾的原因，全在新旧的性质相差太远，活动又相邻太近。换句话说，就是新旧之间，纵的距离太

---

① 溥佳：《清宫回忆》，中国人民政治协商会议全国委员会文史资料研究委员会：《晚清宫廷生活见闻》，文史资料出版社1982年版，第1—2页。
② 中国社会科学院近代史研究所译：《顾维钧回忆录》第一分册，中华书局1983年版，第127页。
③ 铢庵（瞿宣颖）：《北游录话（七）》，《宇宙风》第26期，1936年10月1日。

远,横的距离太近,时间的性质差的太多,空间的接触逼的太紧。同时同地不容并存的人物、事实、思想、议论,走来走去,竟不能不走在一路来碰头,呈出两两配映、两两对立的奇观。"① 几乎与此同时,鲁迅也有类似的感慨,中国社会"简直是将几十世纪缩在一时:自油松片以至电灯,自独轮车以至飞机,自镖枪以至机关炮,自不许'妄谈法理'以至护法,自'食肉寝皮'的吃人思想以至人道主义,自迎尸拜蛇以至美育代宗教,都摩肩挨背的存在"②。他们谈论的虽是宽泛意义上的"中国",但主要还是出自在北京的生活经验;如果将两人的观感置放在北京这一更加具体的场景中,读者会有更深刻的理解。

十几年之后,李大钊、鲁迅的看法越来越成为一种"共识"。1932年北平《独立评论》上的一篇文章仍提到:"中国社会上的状态,简直是将几十世纪缩在一时";"四方八面几乎都是二三重以至多重的事物"。③ 同在这一年,上海《社会新闻》的观察则更加具体:"故都春梦中的北平,本来是谜一般的都市,一方面有遗老,王公,古物,宫殿等等封建古典主义的存在,另一方面又有共产党,学潮,社会思想,大洋楼等等的时代产物在苫张……往往一个青年,早晨参加革命的会,中午碰到了父辈遗老,下午游了三海,晚上跳舞去。"④ 正是在一个极短的时间区间内,社会发生剧变,具有很大矛盾性的不同事物共存于有限的空间范围内,进一步放大了彼此的差异与对峙。北京作为延续数百年的"帝都",面对近代中国的历史大变局,受到的刺激与冲击更加直接,正如后来沈从文感受到的那样,北京"把附属于近八百年建都积

---

① 李大钊:《新的!旧的!》,《新青年》第4卷第5号,1918年5月15日。
② 鲁迅:《随感录五十四》,《新青年》第6卷第3号,1919年3月15日。
③ 蒋明谦:《西方文化的侵入与中国的反应》,《独立评论》第22号,1932年10月16日。
④ 曼贞:《北平的"警察""学生"和"报纸"》,《社会新闻》第1卷第30期,1932年。

累的一切，在加速处理过程中"①。

从辽金时代开始，北京从一个北部中国的军事重镇，逐渐发展成为大一统王朝的政治文化中心，作为五方杂处之地，没有哪一座城市能够比北京容纳更多如此相互对立的事物。诗人钱歌川就曾描述说，北平"真是一个怪地方，新的新到裸腿露臂，旧的旧到结幕而居"②。无独有偶，一位笔名"老向"的作者也注意到了类似现象："赤着大腿的姑娘，和缠着小脚的女人并排的立着走着，各行其是，谁也不妨碍谁。圣人一般的学者，和目不识丁的村氓可以在一块儿喝茶，而各不以为耻，如同电灯和菜油灯同在一个房间一样，各自放着各自的光。"他为此不得不感叹："北平有海一般的伟大，似乎没有空间与时间的划分。他能古今并容，新旧兼收，极冲突，极矛盾的现象，在他是受之泰然，半点不调和也没有。"③

朱自清曾评论："北平之所以大，因为它做了几百年的首都；它的怀抱里拥有各地各国的人，各色各样的人，更因为这些人合力创造或输入的文化。"④ 正是这种城市特质赋予了生活在其中的人们一种极大的自信，瞿宣颖可以"嘲笑"上海街市只有"西服"和"尖顶瓜皮小帽与硬领长衫"，如果要穿第三种，则必为市人所目笑，而北平则决然不同，"从紫袍黄褂的蒙古西藏僧徒，蓝袍青褂的垂鬏老者，光头大肚的商人，蓝布罩袍的名士，中山服的政军服务人员，加上上海的种种，无不兼容并蓄。他们的思想，从忠君爱国一直到共产；他们的生活，从游牧民族一直到工厂的工人；他们的来历，从冰天雪地一直到炎天热海；他们的信仰，从拜佛一直到无神；他们的时代，从乾隆一直到一九三六。形形色

---

① 沈从文：《二十年代的中国新文学》，《沈从文全集》第12卷，北岳文艺出版社2002年版，第377页。
② 味橄（钱歌川）：《游牧遗风》，载《北平夜话》，上海中华书局1936年版，第99页。
③ 老向：《难认识的北平》，《宇宙风》第19期，1936年6月16日。
④ 玄玄（朱自清）：《南行通信（一）》，《骆驼草》第12期，1930年7月28日。

色,比肩并存于一城之内,这是何等奇观!"①

如果说,长期生活在北京的瞿宣颖因为天然的无法切割的地缘情感有可能被影响看待北京的态度与眼光的话,福建人林语堂居住在北京的时间很有限,但在离开多年之后,他们用具象的细节描述出与瞿氏大致相同的历史场景:

> 满洲人来了,去了,老北京不在乎;欧洲的白种人来了,以优势的武力洗劫过北京城,老北京不在乎;现代穿西服的留学生,现代卷曲头发的女人来了,带着新式样,带着新的消遣娱乐,老北京也不在乎;现代十层高的大饭店和北京的平房并排而立,老北京也不在乎;壮丽的现代医院和几百年的中国老药铺兼存并列,现代的女学生和赤背的老拳术师同住一个院子,老北京也不在乎;学者、哲学家、圣人、娼妓、阴险的政客、卖国贼、和尚、道士、太监,都来承受老北京的阳光,老北京对他们一律欢迎。②

顾维钧则用他的亲身经历提示了民初北京的"过渡特征":

> 从施政方式和政府结构来看,北京表现一种奇特的现象。官方行文完全和前清一样沿用旧式文体,唯一的变化就是官衔的称呼变了。奏折和呈文现在是递给总统和总理,表达方式仍沿用前清旧习。在官方集会仪式中,叩头是免了,但在官员家庭中仍遵守旧习。在生日和新年节日,家人和奴仆还给老爷、太太叩头而不是鞠躬。成长中的年青一代则极力仿效西方风俗,穿西装,老年人则仍穿老式服装。政府各部中,至少一半人是在前清供职多年的旧官僚。归国留学生主要在外交部和交

---

① 铢庵(瞿宣颖):《北游录话(二)》,《宇宙风》第20期,1936年7月1日。
② 林语堂:《京华烟云》(下),张振玉译,载《林语堂名著全集》第2卷,东北师范大学出版社1994年版,第420页。

通部任职,其他如内务部或蒙藏事务局等部门还和自古以来那样墨守成规……例如,总长一到,仆役即从大门口直到各司高声通报总长到!每天不知喊多少次。总长出门拜客,回到部里又得喊。①

以上罗列的一些材料展示了近代北京社会政治与文化领域纷繁缠结的历史画面,瞿宣颖曾把从北京庚子到戊辰(1900—1928)将近三十年的时段称为"新旧交争的时代":"旧的一切还不肯完全降服,而对于新的也不能不酌量的接收。譬如拿些新衣服勉强装在旧骨骼之上,新衣服本不是上等的,而旧骨骼也不免失去原有的形状。"② 此处的"交争"一词呈现了那一时期北京各种不同性质的事物与现象之间既对峙又融汇的共生关系。

从表面上看,作为曾经的"帝都",既有前清贵胄遗老,也有大批民国政要,同时驻留着数量可观的外交官群体以及多国侨民。由于高校林立,大批新式知识分子在此聚集。除此之外,本地居民以及外来人口占据底层社会的大多数。不同群体之间虽有交集,但分享不同的城市空间,更多是在各自专属的轨迹中前行。各种不同的文化现象在时空中交错,特定的人口结构、阶层结构培育出北京多维杂陈的城市特质,它们既是传统的,又是现代的;既是古朴的,又是欧化的;既是贵族的,又是平民的。哪一种类型的文化都有特定的拥趸与市场,没有哪一种力量能够完全压制对方。

如果抛开这些外部表象深入城市深层可以发现,北京正在挣脱"帝都"身份对它的各种限定,成长为一座现代意义的独立的"城市实体",这是明清以来几百年间一个根本性的大变化。不管是新的地方行政机构的创设、城市管理体系的调整,还是新生政权对北京城市功能的重新定位、地方与中央政府关系的不断演变……这些迹

---

① 中国社会科学院近代史研究所译:《顾维钧回忆录》第一分册,中华书局1983年版,第135页。

② 铢庵(瞿宣颖):《北游录话(七)》,《宇宙风》第26期,1936年10月1日。

象一时表现得并不"张扬",但相互叠加累积,展示出制度性变革的力量,预示了一种不可阻挡的趋势,犹如"新酒"装入"旧瓶"。从外在样貌看,北京这个"旧瓶"最初变化不大,但因"新酒"的源源流入,持续浸润瓶壁,发生化学反应,留下"浸渍","旧瓶"因内部分子结构的变化而不再是那个"旧瓶","新酒"也会受到"旧瓶"的反作用影响,不再是原来味道。

二 政治与文化的缠结

本书展示了20世纪上半期北京社会政治与文化发展进程中几个典型历史横截面,内容涵括"庚子事变"对北京的巨大影响、城市化进程的初步启动、北洋末期知识群体面对权力转换时在思想与行动上的选择、国民党新政权对北京的文化改造、国都南迁与北平城市发展路径的新规划、1930年代有关北平的城市记忆与书写、消费空间与文化新秩序的构建、沦陷时期北平的政治与文化生态等。如果将这些似乎是分散性的历史事件与现象勾连拼接,就构成一个相对明晰的叙事主题,即近代北京的社会变革与文化演进。

在中国历史上,政治中心与文化中心走向重合是一个基本规律,政治环境的变动对城市文化生态影响深远,有什么样的政治,就有什么样的文化。北京自元代起成为大一统王朝的政治中心,首先被贴上的是政治标签,整座城市的文化面貌与社会生活紧密围绕政治权力构建,"帝制时代,这座城市不以市廛繁华、也不以生活便捷著称,甚至连文化发达、古迹遍地,也都不是其主要标志。对于'帝京'来说,最值得夸耀的,还是皇家建筑之恢弘,以及各种仪礼、庆典的无限荣光"[①]。浓厚的政治氛围一直是北京文化生长的基本环境,中央政府所在地的地缘优势为城市文化发展带来了多种优质资源,众多国家级的文化机构纷纷建立,通过科举制度选拔出来的大

[①] 陈平原:《城阙、街景与风情——晚清画报中的帝京想象》,《北京社会科学》2007年第2期。

量文化精英集中于此,构建了国家开展重大文化工程的人才基础,到清代中期,终至中国传统文化发展的顶峰。

从19世纪上半叶开始,中国文化封闭的内向环境开始受到外部势力的强势冲击,建立在工业文明基础上的西方文化逐渐渗透,上海、江浙等地占据口岸地位的地缘优势不断凸显,成为接收西方知识与思想的前沿,尤其是基于工业时代建立起来的众多文化传播媒介不断提升上海的文化影响力。而作为"帝都"的北京,由于国家传统政治体制与文化教育体制逐渐解体,文化中心与政治中心地位呈同步下降趋势,但其留下来的躯体仍足以傲睨其他城市。

相对于开埠多年的东南沿海城市,北京长期占据全国政治中心,天下政令皆出于此,延续数百年的观念体系影响深远,城市气质老成持重,长期带有优越感的向下俯视的思维与行为方式亦缺乏主动进取的革新心态,生活在天子脚下的臣民有相对固定的思想观念,其行为准则、价值观、信仰的每一个细节,改变起来十分困难。戊戌时期,康有为创办《万国公报》时曾提及:"以士大夫不通外国政事风俗,而京师无人敢创报以开知识。变法本原,非自京师始,非自王公大臣始不可。"① 曾任清政府驻美公使的伍廷芳就警告过那些来到北京的美国外交官:"你抵达那个巍峨的北京城之后,要当心,那儿的空气是沉闷的。那种气氛似乎会把人压倒,使他们变得保守,看来没有什么人能抵抗那种力量!"②

近代北京的政治变革与文化演进是一个持续不断的从量变到质变的历史过程,如果要找寻其中一些非常关键的历史时刻,有充分理由把庚子事变作为一个非常重要的起点:

> 庚子是北平历史上划分新旧之一年,许多旧迹在那一年烧

---

① 康有为:《我史》,江苏人民出版社1999年版,第26页。
② [美]保罗·S. 芮恩施:《一个美国外交官使华记:1913—1919年美国驻华公使回忆录》,李抱宏、盛震溯译,商务印书馆1982版,第15页。

毁的烧毁了，归并的归并了，改变的改变了。而旧日的市街交通如南北池子、南北长街之类，也由隔绝而成为通畅，旧日的酒楼妓馆，也由西城而移于南城，旧日士大夫住宅，也由城外而移于城内，乃至学校之增设，警察之创办，公益捐之征收，工商团体之组织，新式娱乐、新式服装、新式交通器具之输入，无一不于此时开始。①

庚子一役，确实可以被视为北京城市发展进程中带有标志意义的历史转折。八国联军入侵，在带来巨大破坏力量的同时，也加速了城市走向近代化的蹒跚脚步，其所引发的震荡幅度并不亚于后来辛亥革命时期的政权更迭。可以说，早于1911年帝制解体之前，北京已经启动了内部的革新程序。

清末十年是近代中国发生制度性变革的奠基时期，对于北京城而言，亦是如此。管理体制的变化构建了城市转型的制度基础，市政建设则构建了城市转型的物质基础，警察组织创设，内外城的空间阻隔日益松动，城市的人口结构（年龄、性别、籍贯、职业）、规模等出现新的变化，西方物质文化在京师之地加速传播，新旧习俗交织。精神层面，国人传统的价值体系与观念世界遭遇挑战。在文化领域，出现众多崭新因素，如现代白话报刊出现、作为启蒙手段的演说会、宣讲所的登场、文明戏上演、女子学堂兴起、女性团体产生……暮气沉沉的北京迎来一丝清新之风。北京进一步挣脱传统国都形态对自身的束缚，朝向一座现代意义上的"城市实体"迈进。从文明转型的意义考量，庚子之变与辛亥革命构成了一个连续的过程，如同一组齿轮相互紧密咬合的转动链条，将北京导向一个不可逆转的发展方向。

民国肇建，北京延续了国都身份，政治地位仍然是文化发展的重要保障，传统的惯性力量使北京维持着强大的文化气场，但崭

---

① 铢庵（瞿宣颖）：《北游录话（七）》，《宇宙风》第26期，1936年10月1日。

新的文化环境也在逐渐孕育,"自共和肇造以来,百度维新,大之政、学、军、警各界,小之局、馆、楼、园所在,或原无而今有,或地是而名非,文物声华,日渐其盛"①。一方面,作为中央政府所在地,各方政治势力在此竞相角逐,组建政党,创办报刊,不同政治理念之间相互交锋;前朝遗老、政客官僚、军事强人等纷纷登台,你方唱罢我登场,众声喧哗,一片眼花缭乱,北京仍是中国政治舞台的中心。另一方面,近代工商经济的发展为城市文化环境的更新提供了助推力量,大批新式知识分子从南方涌入北京,商人、学生、工人、警察、记者、人力车夫等,逐渐形成规模群体并介入城市日常生活的方方面面。新思想、新风尚、新的生活方式彼此激荡,帝制时代农业社会中的一整套传统价值体系受到越来越多的挑战,城市新文化崛起。

此外,随着王朝的坍塌,帝制崩解,原来附着在皇权体系上的一系列器物、制度、观念、伦理等亦随之发生裂变,散落至社会的各个领域、多个层面。民国虽然空有一副共和的招牌,没有民权的实质,但皇权确实不可避免地成为前朝往事与历史旧闻。从前,那些皇家的宫阙和园林,与平民的胡同和大杂院,虽然都在同一片天空之下,中间却隔着无法逾越的鸿沟。当王谢已逝,华堂倾颓,贵族文化被稀释,正如那些昔日的皇家禁地,纷纷转化为众人可以游览的公共空间。以皇权为主体的文化系统融合进了更多民间元素,上层文化下移,与平民文化直接接触,宫廷艺术走向民间,曾经尊贵的皇家气质与市井气味相融合,衍生出新的文化形态,形塑出民国初年北京特有的文化氛围。②

教育是催生现代知识分子的重要渠道。清末科举制度的废除,打破了中国传统知识分子"学而优则仕"的传统路径,新式教育

---

① 北京撷华编辑社编:《新北京指南》,邱锺麟序,1914年撷华书局铅印本。
② 赵园就指出:"清王朝戏剧性的覆灭,使宫廷艺术、贵族文化大量流入民间,对于造成清末民初北京的文化面貌为力甚巨。"见赵园《北京:城与人》,北京大学出版社2002年版,第74页。

机构的出现为他们提供了新的生存空间,于是纷纷从"庙堂"转向"讲堂"。更重要的是,在这个平台之上,借助现代出版传媒,他们不仅完成了自身身份的转变,而且凝聚成群体性的社会力量登上舞台中心,在政治与文化领域掀起思想革命的巨浪。北京作为政治与文化中心,它的传导、辐射、扩散与示范效应独一无二,"北京是学术思想上的时装中心区,有几个人提倡一件事情,哄动起来,便成一时风气"①。新文化运动的发生与发展,实际上是从思想、文化层面向政治、舆论层面的转换,进而成长为与传统上层文化抗衡的文化势力。

新文化运动是中国文化现代转型的枢纽型事件。不过,当新文化的巨浪逐渐消退之后,北京沦为了"荒凉的古战场"。文教领域、学潮、教潮、索薪潮彼此汇集,相互交织。1926年奉系军事势力入主中央,在政治与文化领域实施高压政策,北京的知识群体陷入恐慌,集体"逃离",最终形成"孔雀东南飞"的现象。这也是1920年代中国南北政治与文化格局重构的一场预演。

进入1920年代之后,以国民党、共产党为代表的新兴政党文化在北京兴起。借助国共合作的框架,两党都在北京获得迅猛发展,他们通过发动大规模民众运动,将广大学生、市民团体聚合组织起来,走上街头,形成一波又一波的抗议浪潮,为北京注入了鲜活的运动能量,在一定程度上改变了传统的城市文化氛围。但在另一方面,由于各种政治力量的介入与扩张,古都社会也陷入持续动荡之中。

1928年,南京国民政府旗帜下的国民革命军进入北京,北京改名北平,成为"故都",一套崭新的话语体系伴随各种政治、军事组织的建立席卷而来。政权更迭往往引发文化的大变革,有时这种变革可能因正处于蛰伏状态并不明显,一旦遇到适宜环境,就如决堤之水倾泻而出。面对此种变局,一些人主动应对,另一

---

① 铢庵(瞿宣颖):《文化城的文化(北游录话之九)》,《宇宙风》第29期,1936年11月16日。

些人不知所措，还有一些人退居幕后。新政权以胜利者的姿态试图对"故都"进行大规模的政治与文化改造，但在新旧嫁接的过程中出现各种冲突。

1928年对于北京历史还具有另一层特殊意义。特殊的政治地位保障了北京的经济繁荣，政治因素是驱动城市发展的核心动力。"国都"身份被剥离带动大量政治资源转移，城市衰落的趋势愈加明显。北平官方与民间都在谋划城市发展的新方向与新路径，提出了多种"繁荣北平"方案，具体内容虽然有所差异，但基本定位与目标一致，即建设工业区、文化区与游览区。不过，延续数百年的城市运行模式惯性强大，不易转型，加之华北区域政治环境异常复杂，地方行政机构变动频繁；外敌环伺，日军不断扩大侵华范围，民族危机日益逼近，北平重振之路异常艰难。

近代北京的文化演进与"空间"问题关系密切。当封闭的隔离结构被打破，内外城界限的模糊导致流动性增强，新兴空间为新的文化形态的生成提供了载体。它们超越了传统文化的基本范畴，具有崭新的政治基础、精神内涵与生活实践。以王府井大街与天桥区域为例，二者代表不同的商业形态，同时也是城市风貌与社会生活的典型展示。不同的空间内部，分布着类型不同、等级不同的商品经营者以及面目不同、阶层不同的各种消费人群。如果说，王府井大街已经成为现代商业体系在北京的集中展示地，而距此不远的天桥则仍容纳着众多传统社会的流动性摊商、回收旧货的二手市场、经营劣质食品的饭铺、茶楼，以及形形色色的卖艺者与手艺人。两个商业街区的形成不仅是城市发展的必然结果，同时也参与了近代北京社会体系的瓦解与重构。在不同消费空间中的消费行为与模式既是对自身所处社会阶层的一种反映，同时也是对自身所属社会身份的一种塑造，新等级体系的确立通过外在的消费行为展示了出来。与建立在政治因素、血缘因素基础上的僵化的传统等级制度相比，新的等级体系展现出其灵活的一面，但壁垒依然顽固，城市空间不会对所有人平等开放。

1930年代，北平逐渐褪去鲜亮的"政治外衣"而化身为一座安静的"文化古城"，很多文化人来到这里，留下了丰富的观感与体验。同时，象征现代都市文明的上海也经常出现在观察者的笔下，以"他者"的视角进一步反衬、强化了北平的城市意象。随着民族危机日益逼近，文化人维护北平为中华民族文化中心地位的自觉愈加强烈。在这种时代情绪下，通过与上海所代表的声光化电的对比，北平很少因其现代性发展程度不足而引发的"衰老""缓慢"被批评，反而因其"古朴""厚重"的城市底色被赋予了承载民族精神的历史使命，进而迸发出更加积极与正面的力量。

文化生态与政治环境息息相关，文化无法脱离政治而独立存在。1937年7月全面抗战爆发之后，北平成为沦陷之区，众多高校与文化、学术机构南迁，大批文化人离平避难，曾经的文化中心陷入沉寂。整个抗战时期，北平处于孤立状态，在文化交流方面不仅与当时的国统区基本隔绝，与同样作为沦陷区的上海、南京、东北等地联系也不密切，形成了相对封闭的文化生态。日伪政府利用中日地域接近、文化相似等特点，鼓吹"同文同种""中日亲善"理论，通过构建严密的管制体系，在文艺、教育、学术、媒体等领域推行一系列殖民政策与措施，力图将北平的文化发展纳入"日化"的轨道中，北平的文化面貌也呈现异常灰暗的色调。但文化建设并非一朝一夕，亦非仅靠强制力可以推行，中华文化具有强韧的内在生命力，不会轻易被外部力量所改变。在殖民统治之下，北平的文化生态虽然受到破坏，但作为具有千年历史沉淀的古都与文化中心，城市文化传统也在断裂中实现着传承。

以上内容构成了本书的总体框架。此外，以"近代北京史研究的方法审视与境界提升"作为附录。

三　近代史与城市史的交织

城市史研究的繁荣与当代中国快速发展的城市化几乎是一个同

时并起的过程,这也在一个侧面揭示出这门学科的基本特点,它是历史研究中最具现实关怀的领域之一,也是最容易令普通人产生情感共鸣的领域之一。城市是现代文明的心脏,它的每一块砖瓦,都留下了人类的指纹。在整个世界范围内,最近二三百年以来,在城市与乡村的竞争中,就是城市不断占据主导地位的历史,与乡村的逐渐衰败、乡绅权势的没落形成鲜明对比。①

在西方,商业、工业、科技被认为是推动城市发展的主导力量,其近代文化也多以城市为摇篮,相关著作主要以此为研究主线,但这种带有公式意义的研究范式未必能够完全移植、复制于北京。一方面,外力的强烈冲击确实是触发城市变革的重要因素,北京从帝都、国都,再到故都,被时代裹挟前行,城市身份连续变动。庚子之前,北京城虽也涌现诸多现代性萌芽,但既慢且缓,幅度较小,主要局限在传统体系内部;在此之后,既快且剧,呈加速趋势,并逾越那一范畴。

另一方面,相对于很多沿海口岸城市及一些租界城市,北京对外来文明始终持有一份"谨慎"与"保守",正是因为体型庞大,惯性强大,身份特殊,有时反应缓慢一些,反而少却了一丝浮华,多了一份"定力"。无论是面对庚子之变后欧风美雨的成规模输入与传布,还是国民党政权的政治与文化改造,以及沦陷时期日本势力的殖民扩张,这座古都一直顽强而矜持地维护着自身文化的"主体性",始终对外来事物保持"冷眼"与"旁观"。在北京作为"都"与"城"的角色切换中,那些内部绵延数百年传承下来的运行系统以及文化传统成为重要的抵抗性力量,它们犹如一片长久矗立在海岸边上的礁石,平静地注视着眼前的潮起潮落。

民国建立之后,那些代表国家权力的前朝遗迹虽然日益破败,但作为最具标志性的公共景观巍然屹立,一些新兴的现代工商业建筑并不能够轻易挑战帝都这套传统的视觉系统,紫禁城的红墙

---

① 罗志田:《认识被化外的自我:后五四时期对乡村的关注和农村的问题化》,《四川大学学报》2022年第3期。

黄瓦一直代表着城市的底色。无论是在摄影师的镜头中,还是在各种志书与城市指南中,宫殿、坛庙、城墙、园林,始终都位于观察者的视野核心位置,它们代表了人们对这座昔日帝都的基本认知。即使在1928年北京丧失国都身份之后,政治地位与经济地位双重跌落,但在国家认同方面,仍保持着中国文化体系中的核心角色,对于来华西人而言,北京一直是认识了解中华传统文化的最佳样本。

对于近代中国,一个被经常用到的描述性词语是"天翻地覆"。仅以本书所涉及的时段——20世纪上半期而言,就经历了三次政权转换。北京因其特殊的政治身份,受制于国运起伏,接收的信息最多,遭遇的冲击也最为剧烈,城头变幻大王旗,没有哪座城市对此的感知会比北京更为敏锐。即以外敌入侵而言,北京就在很短的时间里遭遇了两次,分别是庚子年间的八国联军和1937年的日军。如果再向前推,还可以追溯到第二次鸦片战争时期英法联军入城导致的庚申劫难。在清末十年、北洋政府时期、南京国民政府时期以及沦陷时期,北京的政治与文化领域都展示了鲜明的时代主题。当国家命运以一种非常直观的方式作用于一座城市时,它的主动与被动因应都需要被重点关注,本书中的许多章节就是在讨论这一问题。不过,这种视角并不意味着可以将近代北京的历史处理成近代中国的"缩微景观"。不能把近代中国的叙事脉络与框架完全复制到一座城市之上,尽管这座城市是长期作为国都而存在的。从城市史的立场出发,近代北京史应该找到符合自身特性的聚焦视点与讲述方式。

对于大多数治中国近现代史或民国史的研究者而言,20世纪上半期的北京是一个既熟悉又陌生的存在。熟悉是指,有关这一时期的诸多重大历史事件或社会现象,诸如庚子国难、清帝退位、五四新文化运动、"三一八"惨案、国民革命、"一二九"运动、"七七"事变等,北京作为一个重要的地理场景或空间舞台,几乎无时不在;但是,我们往往不自觉地将那些事件与现象从北京这座城市中抽离出来,它们与城市的内在联系被忽略或割裂了。韩书瑞在写作有关寺庙与北京的关系的著作中也注意到了这种现象。她指出,由于北京长期作为国家的首都,"这个事实使得学者们会用帝国的历史来取代城市的历史。当然,皇家的世界是北京的一个重要组成部分,但它仅是其中的一个部分"①。

国都是城市的一种特殊形态。一直以来,北京的国都身份很容易遮盖它的地方特性。实际上,在"地方史"兴起的大背景之下,"地方性"对于很多城市或区域而言,本不该成为"问题"。但对于北京,这仍是一个问题,而且总体而言,对近代北京"本土"特性的忽略是学界比较普遍的现象。如果能够引入"地方"视角,努力挖掘那些事件、现象与城市的紧密相关性,应该可以发现一些以往不易被注意到的隐微之处,进而拓展、丰富我们对相关史事的认知。

"近代北京"标明了本书论述的大体时间以及空间范围,但笔者会更加关注20世纪上半期中国的剧烈变动在北京留下的浓重痕迹,国家命运与城市命运紧密交织,作为国都,无法逃遁。本书采取由外向内与由内及外相结合的双重取向:一方面关注的是外来力量(如北洋政权、国民党政权、日本侵华势力等)如何看待、改造、嵌入北京城的过程;另一方面也涉及城市内部的很多内容,如管理体制变革、商业街区演变、城市形态演变过程中的人口问题,等等。

与通常的城市史叙述类似,本书仍然将更多注意力集中到了近代北京出现的众多新兴因素,无论是城市化进程的初启、新知识群体的政治选择、国民党政权对"旧京"的文化改造,还是城市发展路径的新规划、消费空间与城市文化的重塑等,但这并不意味着对那些历史进程中被压制的潜流(包括事件、现象、思想、情感等)的忽略。近代北京不是一个单向度的从传统走向近代的

---

① [美]韩书瑞:《北京:公共空间与城市生活(1400—1900)》(上),孔祥文译,孙昉审校,中国人民大学出版社2019年版,第8页。

直线，而是一个新旧混杂与交争的曲线。那些被压制、被覆盖、被战胜的一面，同样构成了非常重要的组成部分，因为各种原因，它们在后人的叙述中慢慢淡化或消失了，但并不表明没有存在过，更不表明不重要。我们需要努力将那些已经"沉底"的面向"打捞"出来，而不是仅仅呈现那些停留在表面的漂浮物。从最终的效果看，虽然这种努力仍没有取得特别明显的效果，但至少表明了一种主动和自觉。

20世纪上半期的北京史是一个从封建帝都到近代城市的演进史。以庚子事变为起始，八国联军入侵，帝王"西狩"，辛丑巨额赔款，紫禁城内荒草萋萋，清王朝统治的合法性基础其实已经丧失。辛亥鼎革，北京作为传统帝制国家政治中心的使命正式终结。从物质形态方面考察，那些代表皇权的宫殿、坛庙与园林虽然存续，但其性质与功能均已发生根本性变化，尤其是曾经附着其上的"神圣性"象征已经随着王朝倾覆而彻底瓦解了。北京的政治身份被剥离之后，它是一座"逝去之都"，内部的运行系统、管理机制、街巷格局、社会结构、文化环境等都在进行重新调试，新旧、古今、中西之间，既有碰撞的一面，更有彼此融会贯通的一面。这样一种混杂的组合形式，展示的正是近代北京历史的"过渡性"时代主题。

1900年是世界时间体系中进入20世纪的第一年,也是中国旧历的"庚子年",晚清政局发生重大变动。这年初始,来自山东、直隶的拳民大量涌进北京,义和团运动爆发,愤怒的团民围攻东交民巷使馆区,八国联军攻陷北京城,国家最高掌权者慈禧太后带着光绪皇帝仓惶逃离,开启"西狩",联军统帅在紫禁城坐上了从前专属皇帝的龙椅,而那些留守在北京的官员和民众也在这一年经历了非常复杂的心理变化。庚子一役,在留给北京永远不能忘却的民族遗恨的同时,对城市发展亦带有转折意义。1901年,联军退出,但北京城已经不再是原来"帝都"的样子,它在不经意间按下了城市转型的加速键。

第一章
近代北京城市化进程的最初图景

　　管理体制的变革是北京城市化进程的制度基础，市政基础设施建设是其城市化进程的物质基础。庚子之后，北京的治理体系与城市风貌发生重大变化，城市功能越来越向多元化方向发展，原有的"皇权至上""满汉分居"的社会结构逐渐瓦解。从空间维度考察，城市内部，皇城禁苑相继对市民开放，王府井、西单等商业新区兴起，东西南北几条大道贯通，城市格局逐渐从封闭僵化的内外城旗民隔离进入开放、流动状态。城市道路、沟渠、新式建筑的兴建改变了北京传统的城市风貌。电力照明、电报电话、新式交通工具、自来水等带有现代城市元素的公共事业逐渐起步，市民的生活环境进一步改善，北京逐渐从皇权的附属中脱离出来，世俗化社会机制进一步发挥作用，民间社会开始表现出微弱的生长性。

一　管理体制变革

　　国都作为王朝政治中心所在地，是一种特殊的城市形态，管理模式往往与一般地区不同。明清以来，北京作为国家政治中枢，主要由政治因素统领，整座城以皇城为中心，为皇权政治服务是首要职能，功能单一。尤其是清代建都北京之后，实行旗民分治，皇城之内，直属中央内务府统一管理。皇城之外，分别按照满、蒙、汉八旗方位，驻军防守。在形式上，北京并不存在一个专门的独立性行政管理组织，城市内部的各项事务分散在中央政府、顺天府以及下辖的大兴、宛平两县，两县以中轴线为界，分别管理东、西城区及近郊地方行政事务。总体而言，中央政府与地方机构共同管理城市。步军统领衙门、五城兵马司与顺天府共同负责京师地区的治安、诉讼、赈恤、道路沟渠治理等事项。国都地位尊崇，各个机构层级复杂，关系盘根错节，需要建立特殊的行政管理体系，一个纯粹意义上的地方性机构无法有效承担城市管理的全部职能。

国家肌体机能的逐渐衰弱导致国家控制能力的持续下降，在国都的主要表现之一就是治理水平的下降。清代后期，皇权专制能力逐渐下降，加之"经费不裕"，"事权不一"，京师之地原有的多头管理体制"积久生弊，渐皆废弛"，城市环境恶化。① 1900年是一个重要的时间节点，国都沦陷，八国联军侵入，北京原有的城市管理体系遭到严重破坏。联军退出，清廷开始实行"新政"，以前所未有的速度和广度推行全面改革。北京作为政治中心，"近接政府则教令易施"②，受此影响最为直接而明显，以此为契机，开启了自身的城市化进程。

城市的开放与功能转型催生了与之相应的治理与维护机制。中央政府西逃，京城原有的行政管理体系基本解体，形成了暂时的权力真空，社会秩序陷入混乱，八国联军对北京实行划定管界，分区占领，打破了内城原有的行政管理体系与建制。为了确保北京的正常运转，维持地方治安，清廷留守官员与各国占领军协商，由各占领区的士绅出面，组成临时治安机构。当时名称不一，此处统称为"安民公所"，主要职责是协助各占领国对城市各占领区实施管理，覆盖了人口管理、公共卫生、社会治安等多个方面，"原因洋兵初入京城，维时官权未便显露，故以绅士联络洋人，以

---

① 朱寿朋：《光绪朝东华录》，中华书局1984年版，第5380页。
② 林传甲著，杨镰、张颐青整理：《大中华京兆地理志》，中国青年出版社2012年版，第2页。

地方联络绅士,一切紧要事件呈明五城酌核办理"①。安民公所存在时间很短,随着各国撤离北京而解散,但其对北京城实行分区划定管界,改变了原有的八旗与五城分区格局,并动摇了里甲制度这一封建行政根基,打破了清代以来一直延续的北京内城行政建制。

1901年《辛丑条约》签订之后,清廷逐渐恢复对北京内城的统治权,但庚子中联军对于城市的一些治理经验也延续下来。根据当时城内各民族、各阶层混居,百业杂处的实际情况,原有的依托于八旗体制下的城市管理模式已经不再适用。因此,在奕劻等人建议下,仿照西方城市警政制度,在安民公所基础上设立善后协巡总局,主要维护京师地区的社会治安,几乎不涉及城市建设和公共管理等事务。总局下设各分局,分驻内城和皇城,实行分区段驻守巡逻,基本沿袭了安民公所的区划。此为北京建立现代警政制度的雏形。

城市的开放和功能的近代化要求与之相应的管理与维护机制。庚子之乱对北京造成的冲击逐渐弱化,京师社会局势逐渐企稳。鉴于善后协巡总局的过渡性质,清政府于1902年筹办工巡总局,替代了善后协巡总局。工巡总局分为内城工巡局与外城工巡局,除保留善后协巡总局原有的维护治安的职能外,增加了城市建设与管理的职能,包括市政工程、交通管理、公共卫生、社会救济等方面。工巡总局仍以治安为首要任务,城市建设与管理只是其附属职能,还处于初级水平。但这一机构已经初步具备了近代市政管理机关的基本特征,为北京城市化进程奠定了初步的行政基础。

1905年10月,清政府接受袁世凯的奏议,设立巡警部。巡警部成立之后,立即开始接收工巡总局,将其改组为"内外城巡警总厅",隶属于巡警部,这也是中国最早的真正具备近代意义的城

---

① 中国社会科学院近代史研究所近代史资料编辑组:《义和团史料》(下),中国社会科学出版社1982年版,第714页。

市警察机构。内外城巡警总厅设内城分厅五,外城分厅四,各分厅以下,更分内城二十六区,外城二十区,区置区长、副区长各一人。内外城巡警总厅职能涉及范围广泛,不仅负责管理京师内外城一切警务,而且还覆盖北京城市化进程中的城市建设与公共事务的管理等,包括社会治安、人口普查、市政、交通、消防、公共卫生、社会救济、工商业管理等,分官设职,各尽其能,各司其责。1906年,清政府厘定官制,建立民政部,撤销巡警部,内外城巡警总厅也改隶民政部。徐世昌为民政部尚书,"奏派巡警总厅两厅丞,内城为裁缺鸿胪寺少卿荣勋,外城为候选道朱启钤,此为创设京师市政之始"[1]。内外城巡警总厅的机构与职能经过调整之后,作为城市管理机构的角色进一步明确。[2]

作为清末"新政"的一项措施,1909年,清政府颁布《城镇乡地方自治章程》与《京师市自治章程》,前者在中国历史上首次以法律形式确认了城、乡分治的行政管理理念以及城市的法律地位,是近代城市化的里程碑,城乡从此有了不同的行政系统;后者则标志着北京城开始由国家的附庸向具有自治意义、独立法人意义的城市转变。[3] 与此同时,清末还相应颁布施行了一系列北京城市管理法规,北京日益凸显其成为一座近代城市的基本特征。[4]

民国建立之后,内外城巡警总厅于1913年改组为京师警察厅,隶属于北京中央政府内务部,继续行使原有的各项城市管理职能。改组后的京师警察厅内添设消防、督查二处,合旧有总务、行政、司法、卫生四处,共为六处,下辖内城十区,外城十区,职能涵盖社会治安、人口普查、税收、赈济、公共卫生等。由于帝制瓦

---

[1] 曹宗儒:《庚子役后北京城内之变迁》,《中和》第2卷第7期,1941年7月1日。
[2] 《清末内城巡警厅设官治事章程》,《北京档案史料》1988年第3—4期。
[3] 孙冬虎、王均:《民国北京(北平)城市形态与功能演变》,华南理工大学出版社2015年版,第45页。
[4] 参见田涛、郭成伟整理《清末北京城市管理法规》,北京燕山出版社1996年版。

解之后，此时紫禁城及皇城的最终命运还未可知，京师警察厅将前清时期中央各部负责的大部分管理北京内城的工作承接了下来，成为一个职能明确、独立性较强的一级城市行政机构。此后一直至1924年之前，京师警察厅统辖北京内外城共二十区。

1914年10月，北京市政府颁布《京兆尹官制》，规定顺天府改名"京兆"，设立京兆特别行政区，直属中央。京兆特别行政区主要负责北京城周边区域事务，对于城区内部（内城与外城）事务基本不插手。这样一种治理体系标志着北京传统的城乡一体的地方治理模式已经被打破。

随着北京城市化进程的加速，由警察机构统揽城市公共事务的体制已经不能适应近现代都市建设的要求。1914年8月，在内务总长朱启钤的极力推动下，北京政府设立京都市政公所，"办理京都市政"，职员多为兼职，历任督办多由北京政府内务总长或次长兼任。① 作为一个专门性的市政机构，京都市政公所"成立之初，市政草创，措施极简。惟于开放旧京宫苑为公园游览之区，兴建道路，修整城垣等，不顾当时物议，毅然为之。且于规定市经费来源，测绘市区，改良卫生，提倡产业等，均有所倡导"②。这一机构的建立对于北京近代城市建设的起步与发展具有重要意义，朱启钤也成为北京近代市政的创始者。

京都市政公所建立之后，承接了京师警察厅原有的一些职能，这是北京城市管理体制的一个重要变化。1918年1月，北京定名为"京都"市，市政公所开始"改制设官"，"始具市府之雏形"。③ "从城市地名演变过程来看，京都市是京师向北平特别市的过渡状态，也是从非建制城市向建制城市过渡的阶段。"④ 1921年

---

① 京都市政公所编纂：《京都市政汇览》，京华印书局1919年版，第1页。
② 《北平市之沿革》，载北平市工务局编印《北平市都市计划设计资料第一集》，1947年，第9页。
③ 《北平市之沿革》，载北平市工务局编印《北平市都市计划设计资料第一集》，1947年，第9页。
④ 王均：《京都市的概念和地域》，《中国方域》1996年第2期。

设评议会，延聘士绅三十人为评议员。当时市政公所职员分专任与兼职，其中多受过高等教育，一些人还有国外留学背景。这些"技术官僚"对北京城市建设的规划值得重视。此后一直到1928年，北京城的主要事务一直由京都市政公所与京师警察厅两个机构共同负责。二者均向内务部负责，彼此独立，互有分工，但也并非界限严格分明，在一些管理事务上也需互相协作，任职的行政长官有时也有交叉。市政公所负责城市规划、基础设施建设与修缮、经费筹措、卫生行政等；京师警察厅集中负责社会治安、捐税征收、户政、消防、商业管理等，对于二者的职能以及关系，市政学专家白敦庸如此概括：

> 市政公所历年组织皆偏重于工务，此观于其科或处之职掌可知也。盖市政公所之外，有与其平行之京师警察厅之存在。而警察厅之历史悠久，权力广大，虽号为"管理京师市内警察、卫生、消防事项"，实兼握征收捐税及办理社会事业之权……故十余年来，市政公所之事业，皆囿于工程方面，为内务部及警察厅所划割而出者。至于道路交通，教育补助，慈善救济，公共卫生各事项，不过兼及，并非主要政务。予尝称京都市政公所为京都市工务局，纯出于客观的态度，良以其行政范围狭小，故尔云然。①

1921年7月，中央政府颁布《市自治制》规定，京都市市长由内务部遴选，经由国务总理呈请大总统任命。随后推出《市自治施行细则》，规定市分为特别市和普通市两类。自1922年9月1日起，京都市被定为特别市，裁撤以前所设市政督办等职。在自治机关未成立前，暂由内务总长兼理。这是中央政府颁布的第一个关于"市"建制的正式文件，标志着中国"市"建制的发端。

---

① 白敦庸：《市政举要》，上海大东书局1931年版，第12页。

京都市政公所与京师警察厅的管理范围主要限于北京内外城，而城墙之外的四郊地区，也属双重管理体制，步军统领衙门负责治安，大兴、宛平两县负责田赋、教育等项事务。1924年第二次直奉战争冯玉祥发动"北京政变"之后，北京的行政区划又发生了一次明显变动，隶属中央的步军统领衙门被裁撤，京师警察厅接管四郊，划分东、西、南、北郊为四区，各置警察署。至1928年，京师警察厅改组为北平市政府公安局，警察管辖区即成为北平特别市辖区。同时，京都市政公所下属的工巡捐局在1925年分设内外城市政捐局和四郊市政捐局，管辖范围与警厅辖区相同。[1]

1928年6月，南京国民政府所属国民革命军进驻北京，北京政府命运终结。6月20日，南京国民党中央政治会议第一四五次会议议决，改直隶为河北省，旧京兆区及各县并入河北省，北京改为北平，任命何其巩为北平特别市第一任市长。北平特别市政府随即成立，下设财政、土地、社会、公安、卫生、教育、公务、公用八局，取消了京都市政公所、京师警察厅以及专门管理教育的京师学务局，相关职能被划并到北平特别市市政府下设的各局，"市行政始告完整"[2]。北平特别市成为统辖全市各项行政事务的一级综合性政权机构，它的设置是北京历史上具有时代标志意义的里程碑事件。

1928年7月3日，南京国民政府颁布《国民政府市政法规》，正式规定市分"特别市"与"市"两种，特许建立的特别市为：中华民国首都、人口百万以上之都市、其他有特殊情形之都市。同日颁布的《特别市组织法》规定，特别市直辖于国民政府，不入省县行政范围。特别市政府在不抵触中央法令范围内办理：1. 市财政事项。2. 市公产之管理及处分事项。3. 市土地事项。4. 市农工商业之调查、统计、奖励、取缔事项。5. 市劳动行政事项。6. 市公益慈善事项。7. 市街道、沟渠、堤岸、桥梁

---

[1] 国华：《京都市政公所的机构及其工作》，《北京档案史料》1986年第4期。
[2] 北平市工务局编印：《北平市都市计划设计资料第一集》，1947年，第9页。

建筑及其他土木工程事项。8. 市内公私建筑之取缔事项。9. 市河道、港务及船政管理事项。10. 市交通、电气、电话、自来水、煤气及其他公用事业之经营、取缔事项。11. 市公安、消防及户口统计等事项。12. 市公共卫生及医院、菜市、屠宰场、公共娱乐场所之设置、取缔等事项。13. 市教育、文化、风纪事项。①

北京虽失去国都身份，政治地位一落千丈，但其行政管理却由此进入了一个新的阶段。由于被国民政府列为直辖于中央的"特别市"，北平摆脱了过去将城市管理分成若干区域，分属不同机构负责的传统治理模式，成为由市政府统一管理的现代城市型行政区。根据《特别市组织法》，北平市政府设立市政会议，由市长、秘书长、参事、各局局长组成，并根据会议内容指定某些科长、股长等有关人员列席。市政会议制定了诸多法律、条令以及实施细则，内容涵盖了城市管理的各个方面。市政会议使北京城市管理走上了法规化、制度化的轨道。

北平特别市政府的建立虽属城市管理体制的重大变革，但建立之初，各项制度尚在探索试验阶段，未入正轨。同时，这一时期市长屡次易人，经历张荫梧、胡若愚、周大文、王韬等任，市政府各项事务进展艰难。1930年5月，国民政府又颁布《市组织法》，废除了特别市和普通市的划分，将全国城市划分为院辖市和省辖市。同年6月，北平一度改归河北省辖，"特别市"名称不再，河北省政府也由天津迁至北平。但仅几个月之后，北平市再改为行政院管辖，河北省政府又移归天津。② 北平市政府内部的各局也在不断归并或裁撤，1932年，原有八局重新调整为社会、公安、工务三局，而且各自规模也发生紧缩。

1933年，袁良出任北平市市长，在市级行政管理体制上健全组织，首先恢复财政、卫生两局，将教育、公用并入社会局，地

---

① 《特别市组织法》（1928年7月3日），载北京市档案馆编《北平历届市政府市政会议决议录》，中国档案出版社1998年版，第1—2页。

② 相关研究参见潘鸣《1930年北平市隶属变动考》，《民国档案》2011年第3期。

政并入财政局，连同原有的公安、工务，共五个局。袁良任内也是民国时期北平市政建设的一个重要时期，"各项设施，渐入正轨，财政较前充裕，债务渐次偿还，民生设施，职员考核，大见进步，尤以创办公共汽车，实施文物整理工程，修建道路，力倡卫生事业，最足称道，实为北平市政建设之黄金时代"。1935年之后，日军侵入华北腹地，华北危机日益严重。袁良卸任市长之职，秦德纯继任。"当局苦于支撑残局，在市政方面，完全萧规曹随，无为而治；幸袁任内创办之事业，如市行政制度之奠定，市财政收入之增加，道路建筑卫生之建设等，已大见功效，继任者坐享其成。"①

从1937年7月至1945年8月，北平经历了日伪北京特别市统治时期。日军侵占北平之后，以此为基地，以"建设华北人的华北"为旗帜，采取"以华制华"方式，网罗亲日派，在短时期内初步建立起一套统治华北的殖民体系。1937年8月1日，在日本驻北平使馆陆军助理武官今井武夫等人的操纵下，推出了由北洋遗老江朝宗担任会长的"北平地方维持会"。8月18日，"维持会"以常务会议的名义，推举江朝宗任北平市市长，从此北平市政府与"维持会"合为一体。1937年10月12日，"维持会"改北平为北京。12月17日，"维持会"宣告结束使命。1938年1月1日，北京市政府改称北京特别市政府，1月13日又改称北京特别市公署，余晋龢任伪市长，改组市政府组织，在原社会、财政、工务、卫生、警察五局之外，另增设教育局与公用管理总局，共为七局。自此，一套完整的日伪殖民统治机构在北平正式运转。

1937年12月13日，中华民国首都南京陷落。12月14日，"中华民国临时政府"在北平中南海居仁堂成立，在其宣言中指责国民党"构衅邻邦，同种相噬"，以承继北京政府法统为标榜，沿用中华民国年号，定都北京，声称取代国民党中央，建立"全国

---

① 《北平市之沿革》，载北平市工务局编印《北平市都市计划设计资料第一集》，1947年，第9—10页。

性"政权,王克敏出任政府行政委员长。成立初期,只下辖北平和天津地区,随着战争深入,管辖范围逐渐扩大至河北、河南、山东和山西部分地区以及青岛特别市。

日军在北平一方面扶植傀儡政权,同时仿照伪满洲国"协和会"的形式,组建"中华民国新民会"(简称"新民会")。1937年12月24日,日伪北平"新民会"宣告成立,它号称是与"政府表里一体"的"纯正民意机关",其纲领为:"护持新政权,以图畅达民意;开发产业,以安民生;发扬东方文化道德;于剿共灭党旗帜下参加反共战线;促进友邦缔盟之实现,以贡献人类之和平。"① "新民会"实际上是侵华日军为控制占领区民众而创建的殖民组织,其机构设置与政府行政机构相平行,重要职位都由日本人担任。

1945年8月抗战胜利之后,南京中央政府任命熊斌为北平市市长。10月,重建北平市政府,设社会、财政、工务、卫生、教育、公用、警察、地政八局,市长以外设副市长一人,市府设秘书、总务、人事、会计、外事五处,参事、技术、专员、统计、会计、视察、编审七室,组织庞大,行政费用增加。北平沦陷已有八年之久,百废待兴,财政紧张。1946年11月,何思源担任市长,开始调整组织,裁汰冗员,紧缩财政。

二 市政基础设施

市政建设是民国北京走向城市化的重要因素。与沿海城市相比,近代北京在城市建设方面相对滞后。八国联军入侵时期,皇室逃离,国都被入侵者控制,但与此同时,北京迈出了建立近代市政体制的实验性一步。联军退出之后,清政府开始推行"新政",对北京的市政建设起到了促进作用。借助于使馆区的建设,

---

① 王国华:《关于日伪北京新民会(代序)》,载北京市档案馆编《日伪北京新民会》,光明日报出版社1989年版,第4页。

城市风貌开始发生部分改变。一直到清朝覆灭之前，国都局势相对稳定，铁路、城市道路、电力照明、自来水等在一些区域修建。这些城市基础设施改善了市民生产与生活条件，构成了北京近代城市化的物质基础，新式交通工具、通讯工具、邮政体系的应用更是改变了传统的生活方式以及附着其上的思想观念与人际关系。

道路改造是城市改造的重要前提。清末之前，北京城内大多数道路都是未加铺设的土路，只有几条大道以石板或条砖铺设，旧京街道以坎坷泥泞闻名，"在未修马路以前，其通衢中央皆有甬道，宽不及二丈，高三四尺，阴雨泥滑，往往翻车，其势甚险。询之故老，云：此本辇道，其初驾过，必铺以黄土。原与地平，日久则居民炉灰亦均积焉。日久愈甚，至成高垅云"①。清末"新政"时期，北京作为国都，"地居中央则群才所萃，近接政府则教令易施"②。为利于行旅，清政府首先拨款在繁华地段和官衙集中的东四、东西长安街、东华门大街、前门大街、王府井大街、户部大街等主要街道，采用近代技术修筑了第一批石渣路，逐渐取代原有土路和石板路。其中，东华门大街被认为是北京第一条新式公路，于光绪三十年（1904）由路工局包工修筑。日本人服部宇之吉组织编纂的《北京志》介绍了当时京师之地的道路修筑情况：

> 近来稍留意修整道路，经工巡局提议，户部特支八十万两，着手翻修甬道，内外城均已大部分竣工。翻修道路的方法，即将原有甬道翻起，使中间及两侧均成同一高度。中间为人行道及轻便车道，左右两侧为重车道，中间左右设沟以便于排水，只有中间路面用条石及水泥，以固地面，左右种植杨

---

① 夏仁虎：《枝巢四述·旧京琐记》，辽宁教育出版社1998年版，第122页。
② 林传甲著，杨镰、张颐青整理：《大中华京兆地理志》，中国青年出版社2012年版，第2页。

柳、设路灯，撤销全部小摊，每隔一、二百米配备巡捕，以维持交通和保障安全……这次重修，可以说是北京道路的一个新纪元。①

虽然路工行政机构屡经改组，但修路工作一直未有间断。巡警机构建立之后，各厅建立了清道队，负责维护道路卫生及整修。同时，在主要街道种植树木，并加强道路交通管理。受到诸多因素的制约，清末北京道路新式建设规模十分有限，"如南北池子、南北长街、南北新华街、府右街及香厂、万明、仁寿、华严、仁民等路，或地宜商场，限于经济；或路居要津，城墙为障，均未能开辟。而其余繁盛通衢未及展修者，比比皆是"。京都市政公所建立之后，将京师各路通盘筹划，"分别缓急，揆度财力，择要次第兴筑"，完成120余段。②

在京都市政公所新修公路中，沥青路所占比重越来越大，1921年西长安街改建成沥青路，1928年东长安街改建成沥青路。1936年，在南长街、景山东街、景山西街、地安门内大街、地安门外大街由工务局修筑了沥青路面。不过，这些沥青路多为在原有石渣路基础上翻修而成，"新路的扩充，无论石渣路或沥青路，非常之少。北平工务经费，原很支绌，现在只做翻修旧路的工作，已觉人工不敷分配，更那有余力去拓修新公路呢"③。所谓新公路基本仍集中在内城中心，外围地区并未有明显扩展，各个区域新式道路分布明显不均，以1930年年底北平工务局的统计为例：

---

① ［日］服部宇之吉等编：《清末北京志资料》，张宗平、吕永和译，北京燕山出版社1994年版，第21页。
② 吴廷燮总纂：《北京市志稿·前事志、建置志》卷1《道路》，北京燕山出版社1998年版，第149页。
③ 林颂河：《统计数字下的北平》，《社会科学杂志》第2卷第3期，1931年9月。

表 1-1　　　　北平内外城各区公路统计（1930）①

区别	石渣路		沥青路	
	长度（公尺）	面积（平方公尺）	长度（公尺）	面积（平方公尺）
内一区	21633.50	154536.66	2925.10	37257.78
内二区	12180.89	128330.38	2776.55	53872.73
内三区	10086.20	86495.17	—	—
内四区	7778.75	70052.36	557.50	8362.50
内五区	9928.20	68308.93	—	—
内六区	11272.46	105591.22	568.95	4342.50
外一区	7394.30	60059.73	836.10	4939.19
外二区	8382.90	64387.59	1482.40	7132.42
外三区	—	—	—	—
外四区	3409.76	28225.58	—	—
外五区	6217.30	54100.82	—	—
总计	98284.26	820088.44	9146.60	115907.12

资料来源：林颂河：《统计数字下的北平》，《社会科学杂志》第 2 卷第 3 期，1931 年 9 月。

以上表为依据，位居核心区域的内一区与内二区，无论是石渣路，还是沥青路，其长度与面积都远高于其他各区，两区沥青路的长度超过全市沥青路总长度的 60%。在这些区域内，先前形容北京道路"天晴时像香炉，下雨之后是墨盒"的景象基本消失，"从菜市口出发，东往骡马市大街，由珠市口而到前门，北进宣武门去西单牌楼等处，早就没有了这种情形"②。而外三区竟然没有修筑过一里的新式公路，即使考虑到不同区域的不同情形以及公路需要的"先后缓急"，这种对比仍然令人惊讶。

---

① 上述表格引自林颂河《统计数字下的北平》，表中 1 公尺即 1 米。需要指出，此表为作者林颂河在文章中摘抄北平市工务局的统计数据，也不排除在摘抄过程中遗漏了一些信息，但其中体现的新式道路在各区分布的差异性是非常明显的。

② 许钦文：《菜市口》，载姜德明选编《如梦令——名人笔下的旧京》，北京出版社 1997 年版，第 339 页。

对城市环境影响很大的沟渠整修工程也同时展开，北京沟渠，一般所谓筑成于明代。清代，管理之权，属于工部之值年河道沟渠处，掏挖之责，归于步军统领衙门。民国建立之后，疏浚沟渠之责转自京师警察厅。京都市政公所建立之后，设工务科兼管沟渠水道之改设事项，"先从测定水平入手，当将大小各沟渠一律勘测，并按照水平方向，择其繁要各处，或修浚旋沟涵洞，或添筑暗沟，沟路务期脉络贯通，高下有序"①。大明濠全长5300公尺，"年久失修，沟墙多已坍塌，行人车马时虑倾踬，且邻近居民任意倾倒秽水，致臭气日溢，于交通、卫生两有妨碍。前市政公所于民国十年起逐段改筑暗沟，陆续修至石老娘胡同西口，上铺石渣，以利交通"②。北平市工务局成立之后，继续修筑前述未竣工之处。大明濠改为暗沟之后形成街道，东交民巷玉河、北新华街等沟渠也先后改造为暗沟。

国都南迁之后，地方政府对市政的投入减少，北平的城市道路建设一直维持在较低水平。总体而言，民国北京道路建设主要集中在内城繁华地区，沥青路与石渣路长度有限，一直到南京国民政府时期，土路仍然占据更大比例，"人从屋内轮脏物于道路，风由道路又将脏物轮回。尘土因着这种轮回，便继续的存在。到下雨时，尘土虽然没有了，然而因为没有新式沟渠的缘故，道路遂不免成了泽国，水退后，街道上又是泥深数寸"③。抗战结束后1946年的调查数据表明，北平全市已修道路687公里（东西郊新市区不在内），其中沥青路占32%，石渣路占22%，土路占42%。④

道路建设不仅塑造了都市景观，而且也成为城市化进程的重要推动力量。东交民巷使馆区的市政建设，对外国侨民和本地上层

---

① 吴廷燮总纂：《北京市志稿·前事志、建置志》卷2《沟渠》，北京燕山出版社1998年版，第264页。
② 《1929—1932年北平市工务局建设成绩实况》，《北京档案史料》2004年第4期。
③ 余协中：《北平的公共卫生》，《社会学界》1929年第3卷。
④ 《北平市之概略》，《北京档案史料》1993年第2期。

人物形成了强大的吸引力,并带动了周边地区的城市化进程,东长安街一带迅速发展,民国初年已经成为最能体现北京都市繁华的代表性区域,出版于1919年的《实用北京指南》介绍:

> 外国使署及其商业,多在东交民巷及崇文门内一带,楼阁雄壮,街衢整洁。内城繁盛之区,以东四牌楼、西单牌楼、地安门大街为最,商店林立,百货云集,往来游人盘旋如蚁。故都中有东四西单后门(即地安门)一半边(买卖大街常在大街东半)之谚。他如西直门内之新街口,东直门内之北新桥,东安门外之王府井大街,亦为商肆集聚之,惟较东四西单等处为逊耳。平日游览之所,则有东安西安各市场,而东安尤盛。茶楼、酒馆、饭店、戏园、电影、球房以及各种技场、商店无不具备,比年蒸蒸日上,几为全城之京华所萃矣。至若护国寺、隆福寺、白塔寺等处,每届庙期,游人麇集,亦几如市场也。夏日消暑,则有什刹海、积水潭,堤柳塘莲,风景清绝……①

同一年成书的《京师街巷记》对此描述:

> 东长安街,别于西长安街而言,指由东长安牌楼起至东单牌楼下东西一段大街之谓也。前清光绪初年,有如此宽阔。自庚子年,拳匪肇衅,联军入城,两宫西狩,遂结北京条约。我国失败。使馆界于是大为扩充,将头条胡同亦辟为公地,谓之公地。今只有二条三条,无头条之号称也。公地一带,树木葱郁,绵亘东西。夏日之间,浓荫蔽多有于此乘凉者。马路迤南,为使馆界,有铁丝拦阻。警厅竖立界牌,名曰保卫界内,禁止穿行。外凿浅沟,内中青草荒芜,时有日军操演。公地以

---

① 徐珂编纂:《老北京实用指南》上册,社会科学文献出版社2017年版,第6页。

北，楼房栉比。东端有东菜市，系市政公所设立者，早间商人拥集，买卖殷繁繁。迤西有四号妓馆，系外人营业者。公司之中，以美丰汽车公司为最。英商普利皮带工厂次之。外又有福德汽车行，在妓馆之东。此处饭店最多，若东安饭店，及大餐厅，长安饭店，电报饭店，北京饭店，皆系饭店中之著名者，然多系外资。永亭铁厂，在美丰汽车公司之旁，亦系铁工厂中之可数者。旧东安饭店西，有平安电影公司，为京都电影中之第一者。政务机关则有一等邮务局，京汉铁路局，电报总局。①

瞿宣颖的外地友人在游览北平时感叹东交民巷的"纤尘不染"，当时的都市地理丛书之一的《北平》描述1930年代的北平街道：

> 北平的街道，都非常广阔，著名的如东长安街、西长安街、东交民巷、西交民巷、东单大街、西单大街，以及正阳门大街、王府井大街等，都是柏油大道，其宽度比上海的各马路至少要阔上一倍，街道两旁，植着森绿的行道树，人在街上走，仿佛在一个大公园里散步。这些街上，多半都有电车通行，如果要出门去，雇洋车也很方便。不过每逢初春或深秋时节，北平城内的灰土很大，迎面乱吹，好像重雾。尤其是胡同里的街道，满积着泥巴，天晴变成灰土，天雨变成泥浆，使人不论在晴天或雨天，都有"行不得也"的感想，这可说是北平生活上的一大缺陷。②

---

① 宋世斌：《东长安街记》，载林传甲编纂《京师街巷记》，京师武学书馆1919年版，"内左一区卷二"第6—7页。
② 倪锡英：《北平》（民国史料工程都市地理小丛书），南京出版社2011年版，第162页。

与道路建设带给人们的视觉冲击意义不同，电灯、电话、电报、自来水等更能在细微处改善居民的日常生活环境。

1871年，丹麦、英国商人开始在上海经营电报业务，光绪八年（1882），津沪电报线路延伸接入北京。至清末，作为国都的北京已经成为全国电报总汇中心，布政令于四方，不仅可以通达国内各省，还可与法、俄、英等国实现连线。民国建立之后，北京政府建双桥无线电台，1925年正式投入使用。

庚子年间，为满足军事需要，德国军队架设了北京通往天津塘沽的电话线，同一时期，丹麦商人也开始在北京经营"电铃公司"，从事京津地区的电话业务。1903年，清政府架设了一条通往颐和园和各兵营的电话线，这是北京最早的自办专用电话。1904年，北京第一个面向社会的电话局开业。1905年，北京电话总局成立，城内城外有两处分局。此后，北京的电话事业陆续扩展至南苑、香山、汤山等地，并开通了上海、武汉、南京、奉天等地的长途电话。至1918年，"京师用电话之户，止于七千五百，不足万家，吾国电信事业，尚未发达也"①。

北京的电力照明首先从宫廷开始使用。1888年，慈禧太后接受李鸿章的建议，在整修西苑三海过程中，增加了一些现代化的基础设施，电灯便是其中之一。1889年，慈禧所居的西苑仪鸾殿（今中南海怀仁堂）亮起了电灯，即为北京城市电力照明之始，"西苑电灯公所"也正式建立。1890年，"颐和园电灯公所"也建成，全套发电设备由德国进口，开创了北京最早的小型发电厂。19世纪末期，东交民巷使馆区开始使用电灯照明。庚子事变之后，英国洋行在东交民巷台基厂三条建造瑞记发电厂，向使馆区供电。此后，北京电力工业由宫廷照明用电发展起来，许多高官府邸安装了电灯，如醇亲王府、瑞麟的府邸也开始使用电灯。

1904年，由几位华商发起，经农工商部奏准，成立"筹办京

---

① 林传甲：《大中华京兆地理志》，中国青年出版社2012年版，第195页。

师华商电灯股份有限公司"（后改称"京师华商电灯有限公司"），这是北京首家服务于一般市民的发电企业，两年后建成发电。此后，北京内外城一些主要街道和部分商户开始安装电灯，供电服务范围扩展，逐渐从宫廷、使馆、军政机关、商户转向民用。1919年又于京西石景山兴建发电厂。此后，公司在通州再建发电厂，并在铁家坟与西便门设开闭所，改善了因线路较长、供电距离较远而造成的电压过低、不稳、亮度不够现象。

北平市政府建立之后，电力事业开始有较大发展。当时，煤油价格上升，在经济因素驱动下，商户、居民相继改用电灯，据统计，1929年，全市使用电灯用户数为21116户，占全市总户数的7.8%。1930年开始实行电灯包月，每月按盏数计费，每盏1元。同时，公司还推出优惠政策，实行电价递减制，每月消费超50元者，给予折扣。① 电力照明使用初期，供电范围主要集中在内城核心区域，而在外城以及城市边缘地区，电力的使用还非常有限，直至抗战前夕，北城以及青龙桥地区才出现变电站。

同时，电力还应用到北平城市道路照明领域。近代以前，中国城市多不设路灯，只是一些商户在夜幕降临后于自家门口挂起灯笼，照亮一隅。19世纪末20世纪初，北京街道开始出现路灯，主要为沿街商铺在自家门前点燃煤油灯。"京师华商电灯公司"营业后，首先在东西长安街、西四、东四、前门、崇文门等繁华商业地带安装电力路灯，一些街巷胡同的煤油路灯也逐渐改装为电灯。电力照明的广泛使用，使城市夜晚呈现出不同于白日的另一种景象，斑斓的灯光不仅渲染了都市的繁华，更极大增添了诸多生活内容，"夜生活"的概念随之产生，人们的时间观念得以扩展，生活方式也相应改变。

饮用水作为维系生命的基本保证，在人们的日常生活中举足轻重。明清时代的北京，"上等之户及禁廷饮料，多取之玉泉山、西山各名泉。耗资既巨，输运极艰"②。由于缺乏大的河流体系，京

---

① 林颂河：《统计数字下的北平》，《社会科学杂志》第2卷第3期，1931年9月。
② 马芷庠编著，张恨水审定：《北平旅行指南》，经济新闻社1937年版，第8页。

城的居民饮水主要靠土井，井入地下不足3米，水质偏碱，多苦而咸，称"苦水"。整个京城只有为数不多的几口深井可以提供无苦味的井水，称"甜水"。"平市井之以甜水著名者，初只有安定门外之上龙井，南城之姚郭井，次则东北城之中心台，东厂胡同之西口，灯市口之老爷庙，各有一甜水井。自清光绪庚子年间，有一日本人在东四十二条西口用新法凿井，较天然之甜水井尤佳，且随处皆可开凿。于是洋井之风大开，日人包凿洋井，颇获厚利。而凿井新法亦遂流传于市内。凿穴安管以及考验地底之砂层泥层诸方无不深悉。并鉴于日人所用竹管年久易坏，一律改用铁管。市内以新法凿井为业者渐盛。井商所开之井亦日多，因此以井水为业者乃增至一百余家。"①

1908年，农工商部奏请筹办自来水厂，"京师自来水一事，于卫生、消防关系最要，迭经商民在臣部禀请承办"②。周学熙创立"京师自来水股份有限公司"，以温榆河为水源，在东直门外及孙河建水厂两座。公司以招商集资的办法，集得资金300万元，同年5月开始筹建，机器设备从德国进口，并在城内各街巷埋装水管，两年后正式供水。1910年，军机大臣、外务部会办大臣那桐参观东直门外自来水厂描述："厂地宏敞，水塔高十八丈，壮丽可观。"③

自来水供水系统的出现，改变了北京城传统的供水方式，"机关一启，汩汩其来，飞珠走雪，如天然之泉脉，巨室既引之，厨房、浴室亦联于铜管，取之不竭，足食足用。各大街之口，亦有龙头，由附近铺户代售"④。不过，由于公司采取商业运营方式，缺乏来自官方的有力支持，水价较高。加之北京市民多数长期饮用井水，对自来水这一新生事物在认识上存在疑虑。此外，又遭

---

① 娄学熙：《北平市工商业概况》，北京市社会局1932年版，第379页。
② 北京市档案馆、北京市自来水公司、中国人民大学档案系文献编纂学教研室：《北京自来水公司档案史料》，北京燕山出版社1986年版，第1页。
③ 《那桐日记》下册，新华出版社2007年版，第655页。
④ 林传甲：《大中华京兆地理志》，中国青年出版社2012年版，第42—43页。

遇以贩运售水为生的山东水夫群体的联合抵制，致使自来水的普及率一直受到限制。

1931年，孙河水厂停用蒸汽机，改用电力送水。由于用水安全与居民生活关系重大，北平市相关管理部门社会局以及卫生局对此加强监管，初步建立了质量保障体系，改善自来水水质，并采取一些其他配套措施推行自来水，"本市人口日繁，而自来水供给区域及数量，迄未增加，推厥原因，不外自来水厂本身业务，未能努力随时进展，而城内私有水井任意添建，实为莫大障碍。除饬处会同社会局督促水厂改良，以期发展外，一面严格限制添建水井"①。市政当局对于卫生也更加重视，"自来水一项，时常化验，务使水质清洁，免害市民健康。于是北平饮料，咸称利便"②。除此之外，自来水开始应用到城市消防、街道清洗、树木维护等公共领域。

近代公共交通兴起之前，北京城处于"步行"时代，城市空间与人口规模有限。与生产力水平相适应的是，大多数普通居民出行没有代步工具，只有少数达官显贵乘坐轿子或骡马车，与这些交通工具相对应的城市基础设施，如市内道路、桥梁等也处于低级水平。清末时期，空间扩展、人口增加、经济总量增大，商品经济发展增速，城市规模明显扩大，原有的交通模式已经不能适应城市发展的要求，从人力车到电车和公共汽车，机械化的交通工具开始出现在北京，从而引发城市生活各个方面的变化，北京城市发展也进入了一个新的时代。

新式交通工具开始引进之后，北京开始建立公共交通体系。1921年，北京电车股份有限公司开始筹办，1924年底，第一条有轨电车从前门经西单至西直门线路正式开通运营，全长9公里，共有10辆电车运行。1925年，北京有轨电车新增5条线路。电车开通之时，作家丁西林描述，由于票价较高，乘客很少，其中大部

---

① 《北平市政府二十三年上半年行政纪要》，北平市政府1935年编印，第131页。
② 马芷庠编著，张恨水审定：《北平旅行指南》，经济新闻社1937年版，第9页。

分只是偶尔为之的政府官员、贵族学生和游客。① 1929 年，北平发生了人力车夫合伙捣毁电车的社会事件。不过，有轨电车事业虽经打击，还是逐渐被市民接受。②

19 世纪末，京奉铁路段中由天津通达京师西南卢沟桥的津卢铁路以及卢沟桥至保定的卢保线先后建成。之所以远离京师核心之地，主要为避免火车对紫禁城的"侵扰"。八国联军侵入北京城之后，英军为了运送军队和物资，率先将津卢线展修至皇城正南的正阳门东瓮洞内。不久，卢保线也被延长至正阳门西瓮洞内。1905 年，北京至汉口铁路通车，1909 年，北京至张家口铁路通车。随着京奉线、京汉线、京张线、津浦线等铁路的先后建成，北京逐渐成为连接东西南北交通的全国铁路交通枢纽。

铁路兴起之后，极大促进了人口与资源的大范围流动，对于铁路沿线城市产生重要影响。京津铁路贯通后，给两地居民带来极大便利，两地交流日益频繁，《申报》称："天津去京仅二百四十里，向以车烦马殆，故往来游玩者殊属寥寥。现在铁路通行，京城内外附近居民，咸思到津一扩眼界，其中以旗人妇女为最多。津地大小客栈，几于满坑满谷。"③ 北京与其他城市的联系更加密切，城市辐射力和影响力进一步扩大，城市化进程进一步加速。

1919 年后北京还陆续开辟了至高丽营、通县、三河、玉田、丰润等地区的远途汽车。1935 年，北平市市长袁良为了便利城市交通，弥补城区电车运力不足，以及发展旅游事业，开辟城郊旅游区的需要，组建了北平公共汽车筹备委员会，后改称北平公共汽车管理处，订购大客车 30 辆，先后开辟了 5 条运营路线，标志着北京城市公共汽车的开端。不过，由于北京城市传统结构特点，公共汽车并不能有效通行，利用效率不高。

---

① 西林：《北京的电车真开了》，《现代评论》第 1 卷第 3 期，1924 年 12 月 27 日。
② 杜丽红：《从被救济到抗争：重析 1929 年北平人力车夫暴乱》，《社会科学辑刊》2012 年第 1 期。
③ 《藉开眼界》，《申报》1897 年 10 月 28 日第 2 版。

京都市政公所建立之后，开始筹划修筑环城铁路，1916年1月1日正式通车。环城铁路所环之城为北京内城，起点为西直门，"利用者，惟东北之朝阳、东直、安定、德胜四门。此四门城内皆街巷稠密，城外亦有大街、商场、马路，若外城除永定门有京奉铁路、京苑铁路，广安门有京绥铁路外，左安、右安及广渠门大抵城内亦多菜园、荒地、坟墓。城外民居尤少，客货必比内城更少，是以勘测路线，不绕外城"①。环城铁路与京张铁路、京奉铁路接轨，西直门站为京张铁路起始站。环城铁路修建之后，对于北京城内的人员出行及货物运输都带来了便利。

现代汽车在清末就已传入北京，宫廷是最早的汽车用户。值得一提的是，1907年4月30日，世界早期汽车赛中重要赛事——北京至巴黎的汽车拉力赛在北京举行。参赛汽车从德胜门出发，有当时新兴的四轮汽车，也有早期的三轮汽车，全程横跨欧亚大陆。1908年春，商人吴廷献呈请在京师开办市内汽车载客业务，但京师巡警总厅以道路设施未达配套拒绝了这一申请："汽车行驶极速，向称便利，唯京师地面街道狭窄，马路尚未修齐，若遽准行驶，不特危险堪虞，且于车马殊多窒碍。"② 1913年，北京出现了第一家小型出租汽车行，至1933年，北京有汽车2710辆。③

表1-2　　　　1930年代初期北京交通工具基本数据

	私人所有	商业用途	合计
人力车（1917年）	2286	17988	20274
人力车（1932年）	4300	38600	42900
人力车（1939年）	2489	34547	37036

---

① 林传甲：《大中华京兆地理志》，中国青年出版社2012年版，第183页。
② 《不准行驶机器汽车》，《大公报》1908年5月3日第5版。
③ 北平市政府秘书处第一科统计股主编：《北平市政府二十二年度行政统计》，载沈云龙主编《近代中国史料丛刊三编》第74辑，台北：文海出版社1992年版，第139页。

续表

	私人所有	商业用途	合计
自行车	64100	0	64100
小汽车	1700	500	2200
公共马车	0	9400	9400
手推车	0	13900	13900
轿子	90	300	390

资料来源：娄学熙：《北平市工商业概况》，北平市社会局1932年印行，第638—639页。

新式公共交通的兴起对北京城市生活的影响非常广泛，首先，影响了城市空间结构的演进。其次，使城市生活节奏加快，市民的时间观念发生变化，开始从模糊变得精确，钟表的需求逐渐上升。尤其随着商品经济的发展，人们对于时间与效率的要求开始严格。更重要的是，很大程度上改变了人们的生活方式与交往方式，生活半径明显扩展，日常生活的内容大大增加，生活质量明显提升。可以说，以人力车、电车和公共汽车为代表的公共交通的兴起与发展，是民国北京城市化进程中的重要组成部分。与此同时，新式交通工具的应用也对城市管理提出了新的要求。由于路面狭窄，设施较差，人行道与车行道不加区分，有轨电车、汽车、骡马车、人力车、行人混杂其间，对于建立规范交通秩序的需求日益迫切。

1935年出版的《北平旅行指南》对这一时期北平的市政建设给予了如下评价：

> 北平昔有首善之称，政府所在，人烟稠密。故市政建设，自较他地优良。平市警察，向推为全国第一，有模范警察之誉，但近来亦无显著之进步，不过墨守成规而已。政府南移之后，北平有改为教育区之议，但未实现。后市政当局，拟将北平改为游览区。对于本市古迹，及名胜，均竭力提倡保护，并

加修葺，如正阳门、五牌楼、前门内东西交民巷、东西长安街及东四、西四、东单等牌楼，各坛庙，均一律重修，漆油彩画，以重观瞻，而吸引游人，藉为繁荣市况之一助。现平市对于路政，尤努力改善，前外大街，及西单大街，加宽马路，拆除宣武门瓮圈，便于行人。至于交通伞，标准钟之设置，市容气象一新，较前进步多多。至于卫生事项，亦积极注重，设计周详，正迈进中，其他如慈善团体，官方亦多协助，官营公共汽车，前由平市府计划实现，秦绍文任市长后，为救济人力车夫生计，曾将城内一二两路汽车停驶，其香山西山两路游览车，照旧开行，并增添南苑小汤山两路，其春节临时开驶者，有白云观，财神庙，大钟寺等处，南苑小火车，亦于元旦日恢复，每日往返三次，不特便于游人，而本市交通进步较前颇有可观耳。①

清末民初是北京近代城市化进程的初始阶段，基于经费投入以及城市管理水平等诸多因素的限制，主要市政设施集中在内城和外城前门一带的富庶、繁华地段，对于其他区域尤其是城市边缘地带则无力顾及，现代市政建设体现出明显的不均衡性，普及程度一直有限，成果无法惠及更大规模的社会群体。以电力照明为例，宫廷是最早的用户，后来逐渐扩展至私宅，供电范围主要集中在内城核心区域，外城以及城市边缘地区的使用非常有限。1920年代，电力路灯已经开始用于北京城市道路照明，但范围也仅限于东西长安街、西四、东四、前门、崇文门等繁华商业地带，内城其他一些街巷仍多为煤油路灯，而外城大部分地区夜幕降临之时仍漆黑一片，导致内外城生活节奏的不同步性。

自来水供水系统的出现，改变了北京城传统的供水方式。不

---

① 马芷庠编著，张恨水审定：《北平旅行指南》，经济新闻社1937年版，第11—12页。

过，受制于价格以及其他因素，北京自来水的普及程度一直十分有限，"中上之户，多皆装设自来水，饮用悉属安全，无复知旧习之为害"①。1922年，北京安装自来水的用户只有5000余户，只占全部户数的3%。1934年，全市已铺设水管380公里，饮用自来水者9600余户，但与当时北平的20万户居民相比，不及5%。②"并非城市中的每个人都从道路工程中平等受益；相反，道路改造工程导致了一种新的按等级划分的空间组织形式……一个新的、在空间秩序中得以表达和确认的社会等级制度清晰地出现在这一系列转变当中：养路费用分配不平等，富人区更多受益；沥青马路极少甚至很可能根本没有修到过贫民区；速度的快慢取代了交通工具的奢华程度而成为了决定社会等级的关键。尽管交通和街道工程都是以服务公众利益为名义进行的，它们带来的却是新形式的社会分层。"③当时北大社会学教授陶孟和感叹："北平号称现代繁荣之城市，已有电灯、电报、电话、电车、自来水及无线放送之设备，其贫民家庭乃生活于如此简陋之物质环境内，仅以本地制造业之出品，已足供给其需要，则内地大多数之农民，更何能希望得到较优美之生活。"④

总体而言，清末民初为北京市政建设的发轫时期，在"新政"的推动之下，京师之地的市政建设初步开启。民国建立之后，尤其是京都市政公所建立之后，北京的市政建设有所提速，但由于外部局势动荡以及财力匮乏，北京自身产业基础薄弱，经济驱动力不足，市政建设成效有限。

---

① 娄学熙：《北平市工商业概况》，北京市社会局1932年版，第378页。
② 《解放前北京的自来水事业简况》，第8—9页，该文为独立编页，载北京市档案馆、北京市自来水公司、中国人民大学档案系文献编纂学教研室编《北京自来水公司档案史料》，北京燕山出版社1986年版。
③ 董玥：《民国北京城：历史与怀旧》，生活·读书·新知三联书店2014年版，第29—30页。
④ 陶孟和：《北平生活费之分析》，商务印书馆2011年版，第72—73页。

三 文化新风向

虽然后来的许多政治家和历史学家有充分理由认为1840年发生的鸦片战争是划时代的大事件,但其对于远离战场的京城而言,实际上并未产生特别强烈的冲击,战争之后的一段时间中,这座城市里的许多人并未从天朝旧梦中苏醒,京师之地仍然一派歌舞升平。由林则徐辑录京中来信所编《软尘私议》中有这样一段话,刻画了京城士大夫的内在心态:"和议之后,都门仍复恬嬉,大有雨过忘雷之意。海疆之事,转喉触讳,绝口不提,即茶坊、酒肆之中,亦大书'免谈时事'四字,俨有诗书偶语之禁。"①

但是,十几年之后,情况发生了根本性的变化。第二次鸦片战争中,英法联军直接侵入北京,把沉重的震撼带到了中国社会的权力中枢。这种冲击巨大而深远,无论是政治格局、思想观念,还是生活方式,帝都社会都开始出现明显松动,固有秩序被打破。面对生气勃勃的近代工业文明的进攻,儒家文明的防线持续收缩,西方文化因素逐渐从军事领域扩展到工业、商业、教育、科技、文化、艺术以及人们日常生活的各个方面,形成一种无法阻挡的趋势与潮流。

庚子之后,在巨大的外来危机刺激之下,王朝统治的神圣性被逐渐消解,合法性遭到越来越多的质疑,国人重新审视中西关系,民众心理产生明显变化。反映在京师之地,原有政治势力分崩离析,固有的文化体系也随之而产生裂变。昔日以皇权文化为主体的完备的、系统的、成熟的北京文化,逐渐被民间化、市井化。精英文化要素下移,原有的文化成分逐渐稀释为多层面的文化内容,贵族文化与平民文化互相吸纳。与此同时,西方文化成规模引入并与传统文化冲突与融会,重塑了北京的文化结构,日常生

---

① 中国史学会等编:《中国近代史资料丛刊·鸦片战争(五)》,上海人民出版社1957年版,第529页。

活方式与社会风气整体趋新，文化形态更加多元……各种因素的叠加，使古老封闭的"帝都"开始透露出一丝缝隙，开始迎接时代之光。

北京作为中央政府所在之地，在中外文化交流的过程中承担了特殊的角色。庚子之后，依附于多项条约所规定的外交、通商、传教等特权，大批西方人士进入这个古老帝国的首都，他们在此创办学校、医院、教堂、银行等西式机构，近代商业、工业、金融、通讯等新经济部门迅速兴起，城市空间结构发生显著变化，近代市政设施如马路、电灯、自来水等出现，新式交通工具、通讯工具的应用改变了普通市民的生活方式与人际关系，更重塑了附着在这些生活方式基础之上的思想观念与价值体系。

1909年1月4日，莫理循在英国《泰晤士报》发表了一篇题为"中国及其内部事务"的报道，赞赏了北京在市政设施建设方面取得的成绩之后，还着重强调了学生以及官员等群体在精神面貌与生活方式上发生的改变："在新式学堂里，学生们穿着校服，每天做游戏、练体操，每年开运动会。出现了公共阅览室、讲演所，与外国人交流。以前这是前所未闻。出现了画报、万牲园。万牲园美丽如画，即使高官也愿意和他们的妻儿驱车前往——一切都改变了，就如发展女子教育和禁绝鸦片那样的显著。中国人原有的生活被这些变化所改变。"①

虽不像东南开埠城市那样很早就受欧风美雨的强烈熏染，但西方文明一旦深入古老中国的腹地与中心，其传播力度与覆盖广度依然强大，而且这种影响往往从上层向中下层传递，从政治、思想领域向社会生活领域传递，于全国而言则有相当强的引领与示范作用。曾先后在工部、邮传部、大理院任职的孙宝瑄在日记中描述："风气至今，可谓大转移，立宪也、议院也，公然不讳，昌言无忌。且屡见诸诏旨，几等口头禅，视为绝不奇异之一名词。"

---

① 窦坤等译著：《〈泰晤士报〉驻华首席记者莫理循直击辛亥革命》，福建教育出版社2011年版，第57页。

他甚至还表示："诚数年前余等居海上时，所梦想不及者也。"①

对于普通民众而言则是另一番景象，这种影响主要落实在日常认识以及生活方式方面。在文明的传播过程中，物质文明往往处于最表层，器物层面的元素承担了急先锋的角色。庚子前后，北京日常用语里带"洋"字的物品越来越多，诸如"洋布""洋火""洋铁壶""洋烟卷儿""洋取灯儿"，莫不带洋，以洋为尚。短短数年间，呈现暴风骤雨的态势，俨然一片新天地。京城"外贸风行，土布渐归淘汰，布商之兼营洋布者十有八九"②。不仅服装质地洋化，而且服装的裁剪款式也趋洋趋新，对服装材质以及样式的选择虽然也有经济因素在发生作用，但更多地被与个人思想观念、价值取向联系在了一起。街头巷尾茶食铺中的纸烟、"荷兰水"（机制汽水）、罐头糖果也让人在细微之处感受到生活的种种变化。留意风俗的人发现，"近年北京人于西学西艺虽不知讲求，而染洋习者正复不少"③。"昔日抽烟用木杆白铜锅，抽关东大叶，今则换用纸烟"；"昔推柳泉居之黄酒，今则非三星白兰地、啤酒不用矣"。④

庚子之后，西式餐饮在北京出现并逐渐流行开来，《大公报》在1903年8月介绍："北京自庚子乱后，城外即有玉楼春洋饭店之设，后又有清华楼。近日大纱帽胡同又有海晏楼洋饭馆。"⑤ 这一时期的报纸经常刊登西餐馆开张的广告，用环境幽雅、侍候周到、各种西餐大菜和零点小吃可口方便招徕顾客，"不供匕箸用刀叉，世界维新到酒家。短窄衣衫呼崽子，咖啡一盏进新茶"⑥。风气所染，"满清贵族，群学时髦，相率奔走于六国饭店"，以至

---

① 孙宝瑄：《忘山庐日记》下册，上海古籍出版社1983年版，第1082页。
② 娄学熙：《北平市工商业概况》，北平市社会局1932年印行，第199页。
③ 《群向洋习》，《大公报》1903年8月10日第2版。
④ 胡朴安：《中华全国风俗志》下册，上海书店1986年版，第2页。
⑤ 《群向洋习》，《大公报》1903年8月10日第2版。
⑥ 雷梦水、潘超、孙忠铨、钟山编：《中华竹枝词》第1册，北京古籍出版社1997年版，第220页。

"文化未进步,而奢侈则日起有功","向日请客,大都同丰堂、会贤堂,皆中式菜馆,今则必六国饭店、德昌饭店、长安饭店,皆西式大餐矣"。①

清代京师一直有妇女不得随意进入戏园观剧的限制,但庚子之后,这一禁忌在无形中被打破了,"光绪庚子,两宫西巡后,京师南城各处,歌舞太平如故也。辛丑和议成,巨室眷属悉乘未回銮前,相率观剧,粉白黛绿,座为之满……然自光绪季年以至宣统,妇女之入园观剧,已相习成风矣"②。20世纪初期,一个署名"兰陵忧患生"的人写了《京华百二竹枝词》,用咏叹勾画出《辛丑条约》签订之后京师之地的社会百态。与沿海口岸不同,富有传统色彩和国粹意味的北京呈现的这种面貌更加直接说明了中国社会在西方文化冲击下所产生的巨大变化:

或坐洋车或步行,不施脂粉最文明。衣裳朴素容幽静,程度绝高女学生。

报纸于今最有功,能教民智渐开通。眼前报馆如林立,不见"中央"有"大同"。

当年弃世任观刑,今日行刑场筑成。新旧两般都有意,一教警众一文明。

但于国计民生便,善法何嫌仿外洋。储蓄、交通均有益,巍然开设几银行。

贫富人人抽纸烟,每天至少几铜元。兰花潮味香无比,冷落当年万宝全。

韩家潭里好排场,谁说高楼让外洋。请向报端看广告,北京初刨打球房。

菜罗中外酒随心,洋式高楼近百寻。门外电灯明似昼,陕西深巷醉琼林。

---

① 胡朴安:《中华全国风俗志》下册,上海书店1986年版,第2、3页。
② 徐珂编撰:《清稗类钞》第11册,中华书局1984年版,第5065—5066页。

一平马路真如砥，信步行来趣更奢。眼底耳根两清净，从今不见破骡车。

新式衣裳夸有根，极长极窄太难论。洋人着服图灵便，几见缠躬不可蹲。①

生活方式与国人的价值观念、民族心理相互影响、相互依托，趋新的生活习惯在一定程度上打破了旧有的文化心理，形成崭新的思维方式，转化为日常的行为规范，传统的文化形态在一定程度上实现了更新。同时，生活方式与生活习惯的这种转变实际上隐含着社会风气的开放与时代潮流的演进，并演化为一种无法阻挡的发展趋势，北京作为古老帝国的象征，终于露出了微弱的曙光，站在新世纪的门槛向整个世界瞭望，不管是被迫还是主动，融入外部那个世界的进程已经不可逆转。

在经历了戊戌变法和庚子事变之后，借助新政以及日趋浓厚的改革潮流，在北京，为开启民智而进行的启蒙活动不断涌现，民办报纸渐次繁荣。一般而言，"开民智"可以概括为"传播新知，开通风气，启迪民智，进化民德"。报章被视为"传播文明之利器"，具有新知识、新思想的知识分子广泛参与到办报纸、开设阅报处、讲报处、演讲处等各种社会启蒙活动中去，掀起移风易俗的改良潮流。②

汪诒年论说清末报刊情形时曾提及："甲午大创于日，于时上下颇知自危，报界精神亦由之一振。海上旬报、日报先后出版者十余家，共（其，作者注）余则惟广州、杭州、汉口、天津有之，然有力之报，犹多假名于外人，且无敢设于都城之中。庚子联军入京，国家受奇辱，于是日人始设《顺天时报》，已而《北京报》、

---

① 兰陵忧患生：《京华百二竹枝词》，载杨米人著，路工编选《清代北京竹枝词》，北京古籍出版社1982年版，第125—126页。
② 王鸿莉：《清末京师阅报社考察——基于空间和族群的视角》，《近代史研究》2020年第5期。

《京华报》、《中华报》先后成立，其余白话报及汇录各报者，都凡二十余家，或起或仆，不可殚详。"①汪氏此处列举的多是文言类报纸，尚未包括白话类。管翼贤《北京报纸小史》也介绍了庚子年后北京民智启发的时代背景："北京之有新闻纸，始自庚子年后。当兹八国联军攻破北京，两宫仓促西狩。迨和议告成，土地割让，主权丧失，国民为之震惊，志者为之愤慨。人人发奋图强，深识者咸以振兴教育，启发民智为转弱图强之根本。"②清廷实施"新政"之后，北京兴起创办报刊的热潮。据统计，至1911年辛亥革命为止，北京共出版报刊169种。③

报纸是庚子之后北京社会文化启蒙的重要媒介。彭翼仲所办《京话日报》《启蒙画报》，贴近市民生活，文字浅显易懂，逐渐赢得了许多中下层人士的喜爱。以《京话日报》为例，其文意通俗，用语浅白，在1905—1906年的全盛时期，《京话日报》几乎就是北京中下层社会的公共舆论平台，各阶层来稿充满版面，热心读者自发兴起捐献阅报处、贴报栏、讲报所，各类民众运动，如抵制英国招收华工、抵制美货、抵制国民捐、戏曲改良，一经《京话日报》发起，即产生广泛影响，并波及整个北方地区。《京话日报》的销量更由创办之初的1000来份飙升至高峰期的1万多份，成为当时北京销路最广、声誉最隆的报纸。该报首创的启蒙形式也被后来者所借鉴，具有很强的示范作用。《大公报》称，"北京报界之享大名者，要推《京话日报》为第一"，当时北京的其他报纸在编排格式等方面大多模仿《京话日报》，"不敢稍有更张"。④

除此之外，以《公益报》《中华日报》《北京日报》《北京女报》《京报》《正宗爱国报》《进化报》为代表的一批民办报纸对于北京社会的启蒙与市民精神世界的自我更新也起到了积极的推

---

① 汪诒年编：《汪穰卿先生传记》，中华书局2007年版，第118页。
② 管翼贤：《北京报纸小史》，载杨光辉等编《中国近代报刊发展概况》，新华出版社1986年版，第402页。
③ 史和：《中国近代报刊名录》，福建人民出版社1991年版，第271页。
④ 《北京视察识小录》，《大公报》1907年11月27日第1版。

动作用,"各报相继出版,报人尽属有志之士,各报各有立场,各有目的,然于开发民智,指示政治社会之良否及得失,概属同一步骤。对于各级官府之督责,能代人民鸣不平,大为人民所信赖。报纸虽少,而其精神则充溢于北京。以故各街市之有识者,纷纷设立阅报处、阅报之家,多将报纸贴于壁上,以供行人阅览。北京民智之开,政治日进于新,是时之报纸厥功甚伟"[①]。

庚子之后北京出现的大量报刊并非只承担启发民智的单一功能,它们还具有不同政治派系喉舌的属性。许多报纸的政治倾向性非常明显,这与北京长期处于政治中心的位置以及清末异常复杂的政治格局密切相关。《国民公报》等有各省咨议局的经费支持,言论基调以鼓吹"立宪"为主。《大同报》《宪报》《帝国新闻报》《京师公报》《官话政报》等也有立宪派的背景,普遍宣传"宪政"为改革的正当出路。而《国风报》《帝国日报》《国风日报》《国光新闻》等坚持宣扬激进的暴力反清革命。此外,日本东亚同文会主办的《顺天时报》也于1901年在北京创刊,后被日本公使馆接收,存在了将近30年。

同时,庚子之后北京还出现大量画报,包括《启蒙画报》(1902)《北京画报》(1906)《开通画报》(1906—1908)《星期画报》(1906)《益森画报》(1907)《日新画报》(1907)《(北京)时事画报》(1907)《两日画报》(1908)《北京日日画报》(1908)《浅说日日新闻画报》(1908—1912)《白话画图日报》(1908—1909?)《新铭画报》(1909)《醒世画报》(1909)《正俗画报》(1909)《燕都时事画报》(1909)《(新)开通画报》(1910)《菊侪画报》(1911)等17种刊行。[②] 对于当时北京刊行画报之盛况,竹枝词如此描述:"各家画报售纷纷,销路争夸最出

---

① 管翼贤:《北京报纸小史》,载杨光辉等编《中国近代报刊发展概况》,新华出版社1986年版,第404页。
② 陈平原:《城阙、街景与风情——晚清画报中的帝京想象》,《北京社会科学》2007年第2期。

群。纵是花丛不识字，亦持一纸说新闻。"①

演说会、宣讲所的兴起也是清末北京社会启蒙的另一种重要形式。严复曾创办北京"通艺学堂"，主张鼓民力、开民智、新民德。清末新政之后，北京的演说活动更加活跃。《大公报》发表评论，与办报、译书比较，"今欲作其上下之气，皋其通国之魂，则死文字断不及生语言感通之为最捷"，因此"不可不讲演说之术"，"其激扬群情，较之徒事文书、悬帖国门者，其感通迟速之机，必不可同年语耳"。②当时各种社会团体，多把向群众演说规定为其经常性活动内容，在风气未开、民众识字率低下的情况下，用日常口语进行演说具有很强的宣传与动员效用。

1906 年 8 月，以"开民智，实行社会教育为宗旨"的"演说研究会"在北京设立，其演说内容包括忠君、尊孔、爱国、合群、保种、尚武、尚公、提倡工商、劝办学堂等。1906 年，京师督学局在广德楼设立第一讲演所，铁珊在西城设立了一处宣讲所，乐绥卿在东牌楼大街设立了第五学区宣讲所。③ 1907 年，八旗右翼第三初等小学堂堂长松元创办了京西宣讲所，在向京师督学局解释开办理由时，松元提出："今朝廷维新图始，凡改良社会、陶冶国民，舍蒙学之责其谁与归？我国风气未开，实由人民知识不广，转移之术在广开宣讲所。……定于每逢星期宣讲，共尽义务，藉免为国民分子之责。"京西宣讲所以《劝学篇》《黑奴吁天录》《农话》以及普通知识课本、世界读本等为宣讲内容，意在开民智，普及教育，并"提倡工商，劝办学堂，改良教育"。④

与此相应的是阅报会、阅报社、阅报所等民众读报组织的出现，向市民提供书报杂志，传播社会新闻、生活常识等，最早是

---

① 兰陵忧患生：《京华百二竹枝词》，载杨米人著，路工编选《清代北京竹枝词（十三种）》，北京古籍出版社 1982 年版，第 126 页。
② 《说演说》，《大公报》1902 年 11 月 6 日第 1 版。
③ 《设宣讲所》，《大公报》1906 年 10 月 25 日第 2 版。
④ 《松元等为开办普通教育宣讲所致京师督学局的呈》（1907 年 2 月 5 日），《北京档案史料》1993 年第 3 期。

在1905年，西城西斜街出现了"西城阅报社"，同年，荫佑、善懋在京西健锐营附近的门头沟创办了同德阅报社。1906年7月在地安门建立了"勉志阅报社"。据统计，仅1905年4月到1907年10月间，北京成立的阅报社就达45处，遍布东城、西城、宣武等城区。①

民国建立之后，临时政府北迁，大批国内政要、国会议员等纷纷从南方北上，一时间各色政党、团体纷纷出现在北京，以便在即将选举产生的国会中占据一席之地。北京城再次成为各政治势力展开各种活动的中心舞台。

在中国报刊发展史上，辛亥革命无疑是一个非常重要的时间节点，"武汉首义，全国响应，报纸之传播，不为无功，一时民气发扬，政党各派，竞言办报。北京首都，骤增至二十余家，上海一隅，亦有十余家。新闻事业，遂如怒潮奔腾，一日千里。不仅通商大埠，报馆林立，即内地小邑，亦各有地方报一二种"②。由于言论限制的松弛，舆论开始成为新的"工具"，办报之风席卷全国，多个政党纷纷在北京创办自己的报刊，力图通过舆论场域的胜利为政治斗争的天平增加"砝码"，多年来政治氛围异常沉闷的北京空气也为之一变。由于种种原因，一些报纸、期刊仅出版几期，部分报刊内容也十分单薄，但如此众多的报纸、杂志的长期出版或相继更替依然为北京营造出一个各自为主、众声喧哗、相互竞争、充满生机的舆论与传媒环境。

民国初年北京报界的一大特色即"政党办报"，报人与政治的关系密不可分，政治人物也大多插手报业。当时国会中形成国民党和共和党—进步党两大阵营，北京各报也基本分属两大报团。国民党系内又分为两派，其中包括《国风日报》《国光新闻》《民

---

① 刘志琴主编：《近代中国社会文化变迁录》第2册，浙江人民出版社1998年版，第399—405页。
② 秦理斋：《中国报纸进化小史》，载《最近之五十年——申报馆五十周年纪念刊》第3编，申报馆1923年版，第24页。

国报》《亚东新报》《民主报》《民立报》《中央新闻》等同盟会会员所办报纸，它们在京成立"国民党新闻团"。《国民公报》《新纪元报》《亚细亚报》《中国公报》《民视报》《京津时报》《新中华报》《北京时报》《中国报》《国权报》《黄河报》《国华报》《大自由报》等17家报纸共同在京发起新闻记者俱乐部，与同盟会系报纸分属不同阵营。在这些政党报刊中，有许多是政党政治的鼓吹者，表达了对共和制度的憧憬之情，那些因政党而设的报刊，同时也成为政党斗争的工具。

民国初年北京报界的繁荣建立在当时政党政治勃兴的基础之上，当政治环境变化，这种局面也不复存在。1913年宋教仁被杀，二次革命爆发，与国民党有关的报纸几乎全被封禁。不久袁世凯解散国会，恢复帝制，进步党人也无立身之地，政党政治在袁世凯的专权下逐渐瓦解。袁世凯当政时期，非常重视对新闻舆论的控制与监督，于1914年先后颁布《报纸条例》《出版法》等，利用各种法令，限制言论。一度十分兴隆的报界在袁氏打压之下，陷入困境，"综计1912年4月至1916年袁世凯当权期间，新闻记者有60人被捕，24人被杀"①。北京受到的影响最为明显，国民党系报纸几乎全军覆灭，余下的其他20余家报纸"无一敢言"，"皆如寒蝉仗马，不着一字。即有一、二卓卓者，亦不过于报纸记事中稍参以皮里阳秋之笔，令有识者于言外求之耳"。② 大多报纸甚至放弃了对时局的评论功能，一向以时事评论为主旨的北京报界逐渐转向以报道社会新闻为主旨。

袁世凯去世之后，国会重开，议员北上，政界各派人物再聚京城。北洋政府废止了袁氏制定的《报纸条例》，解除报禁，北京报界复苏的趋势最为明显。这些报纸代表不同的政治集团，形成了众声喧哗的舆论局面："近数月以来，京内新闻事业，异常发达，

---

① 方汉奇、张之华主编：《中国新闻事业简史》第2版，中国人民大学出版社1995年版，第155页。
② 《最近北京新闻界之里面》，《盛京时报》1914年2月11日第1版。

商家政客以及党派,莫不各有一张报纸以发表其意思。"① 当时已有论者指出:"北京报纸最进步最上轨道之时代,不在民国元年民权勃兴之时,而在民国五年与六年民治受创之后。"②

"整个晚清,戏台往往不仅是神圣的所在,也素为我国国民凝聚镇定力和自信力的场所,类似于西方宗教祭祀的教堂空间。"③ 庚子之后,借助传统戏曲的力量,带有一定政治倾向与时代信息、旧曲翻新的文明戏扮演了启蒙者的角色,成为沟通与联络上、下层社会的中介,也为在天子脚下的京师传播新思想,提供了一种适宜而得力的方式。同时,在一些新戏上演时,又往往加入即兴演说,进一步提升了感染效力,戏曲舞台变成宣讲台,宣传与动员能力远超一般的宣讲所与阅报所,"转移风俗,全在梨园"④。有评论认为:"天下最容易感动人心转移风俗的,没有比唱戏再快的了。"⑤ 由此也可验之于戏曲改良对于推动晚清北京社会改良的实绩。⑥

庚子之后北京社会风气的变化也体现在教育领域。中央实行官制改革之后,主管教育与文化事业的学部在1905年应运而生,对于中国日后的文化发展起到了积极的推动作用,一批现代文化机构如图书馆、博物馆、广智馆等在京城纷纷建立。1909年,京师图书馆正式设立,成为现代中国图书馆事业的发端。现代图书馆成为文化传播的重要场所,将有限的文化资源从少数人的私藏变为社会共享的精神财富,在一定程度上终结了上层社会与知识精英对知识的垄断与独占,对社会变革产生了一定的催化作用。

学部成立之后还推动了许多其他新生事物,其中,女子教育是

---

① 《律师也要办报》,《顺天时报》1916年10月16日第3版。
② 戊午编译社:《北京新闻界之因果录》,《民国日报》1919年1月15日第6版。
③ 路云亭:《庚子剧坛——清光绪二十六年北京的演剧业》,《民俗研究》2008年第3期。
④ 彭翼仲:《又要唱义务戏了》,《京话日报》1906年5月18日第3版。
⑤ 《说戏》,《大公报》1904年8月24日第3版。
⑥ 夏晓虹:《旧戏台上的文明戏——田际云与北京"妇女匡学会"》,载陈平原、王德威主编《北京:都市想像与文化记忆》,北京大学出版社2005年版,第114页。

最重要的表现之一。1904年,荣庆、张百熙、张之洞《奏定蒙养院章程及家庭教育法章程》,将女学纳入家庭教育之中。1907年3月,学部奏定女子小学堂章程以及女子师范学堂章程的颁行,标志着中国第一次将女子教育纳入政府主导的学制系统。此后,豫教女学堂、振儒女学堂、淑范女学堂、女学传习所、译艺女学堂、四川女学堂、慧仙女学堂在北京城纷纷创建,掀起了清末北京女学的第一个小高潮。

在女学堂兴起的同时,妇女期刊、女性团体也开始在北京崭露头角。1905年8月,为提倡女学,张展云、张筠芗母女创办《北京女报》。其缘起称:"中国女学不昌数千年矣。'女子无才便是德'一语实误尽苍生,幽囚我二万万妇女于黑暗世界。"而返观"地球文明各国竞言女权",女权发达之始基由于女学,因此,"以开女智为宗旨","女学日兴,风气日开"。① 该报是清末北京最早的妇女报刊,连续出版将近四年,出报1000多号,以报道女界活动和推广女权为最大特色。《北京女报》作为公共传媒,不但反映社会舆论,还积极参与清末北京的各种社会活动,如联合戏曲界名流创办妇女匡学会、为惠兴女学捐款、兴办女学慈善会等,其与戏曲界、女界的合作互动,形成一种新的群体力量,影响力不容小视。此后,《中国妇女会报》《星期女学报》《中国妇人会小杂志》也纷纷创办,中国妇人会、妇女匡学会等开始成立,带动了整个女界活动的繁荣。②

但是,对于清末民初北京的文化面貌与社会风气的开放程度也应有一个客观认识,不宜估计过高。上述现象的出现是西方文化传播过程中所引发的正常反应,它只是提供了一种新的选择或者说增添了新的元素。北京虽然出现了照相、西餐馆、公园、电影、时装新戏、体育运动会、马戏表演等新的餐饮娱乐方式,甚至还

---

① 张筠芗:《创设〈北京女报〉缘起》,《大公报》1905年6月28日第2版。
② 湛晓白:《从舆论到行动——清末〈北京女报〉及其社会姿态》,《史林》2008年第4期。

有了整容等新行业,但在政治性浓厚、等级森严的社会中,这种新生活方式的普及程度十分有限。物质生活方面的进化也并不必然带来政治上的正向发展,1922年,江苏人李平书自辛亥革命后第一次来到北京,在他看来,"自表观之,道路、警察、电灯、自来水、车辆无不改良,而中央公园犹为特色,惟政务之敷衍,官僚制泄沓,更甚于清季。纲纪日弛,道德日丧……"① 这种现实决定了清末民初北京文化图景的异常多元与杂陈。

---

① 上海社会科学院历史研究所编:《辛亥革命在上海史料选辑》增订版,上海人民出版社2011年版,第880页。

第二章
城市形态演变与人口增长

清代之前的历代封建王朝,基本没有现代意义上的人口统计,出于征兵、征税的目的,往往只有人丁、地籍的数据。直到清朝初期,仍是沿袭了先前各代的户口和丁口的统计方式。光绪三十一年(1905)清末官制改革,中央设立巡警部,京师地方设立巡警厅,其中设有专门的户籍股,一项重要职能就是编查人口。第二年,北京的内城区域已经出现人口统计。至光绪三十四年(1908),京师初步建立了常规化的户口统计与日常登记管理制度,城市人口信息日益规范。由于采用了西方传入的统计方法,各种数据日益丰富,不仅包括人口数量,还注重对人口结构及特征的调查,涵盖年龄分布、性别比例、职业结构、分区户口统计、婚姻、贫困率、出生及死亡率等诸多内容,户口统计制度逐渐完善,从而为研究近代北京的人口问题提供了重要的数据材料。

一 清末民初北京人口变动曲线

自元代始,北京作为全国性都城,为皇权服务是其核心功能。同时,由于交通条件、食物供应能力等因素的影响,北京城的空间范围与人口规模都受到比较严格的限制。进入清代,北京城内部的居住空间严格按照行政体制安排,旗、民分城而居,内城驻旗,外城居民,界限分明。中央政府对京城人口实行严格管控,人口流动性差,增长缓慢。据统计,顺治初年,北京内外城人口大概为46万,到乾隆四十六年(1781)为64万。① 在将近130年的时间里仅仅增长了18万人,增幅比例不到40%。至清代中后期之前,京师及近郊在人口规模及人口结构方面,长期处于固化与封闭状态。

从清代中后期开始,中央政府的统治末梢逐渐式微,"旗、民分治"政策不断受到冲击,官方变通旗制,诏令满汉通婚,解除满汉居住和交产方面的禁令,划一旗、民礼制和刑律,为旗人另筹生计等,逐步过渡到"旗、民合治"。内外城人口流动频繁,居民杂居,旗、民界限逐渐模糊,满、汉畛域慢慢消除。同时,对京师之地的人口控制逐渐松弛,外地官员、胥吏和士子限期离京的规定渐同虚设。此外,由于连年战乱以及自然灾害导致流民增加,大量外省人口以及原北京城周边地区人口涌入内城,京师人口数量开始明显增加。

庚子年间八国联军侵入北京,一直相对稳定的城市秩序遭受严重破坏,但也在另一方面促使城市的管理体制等方面发生很大变化。此后,清末"新政"推行,北京作为中央政府所在地,受到的影响最为直接,特别是近代工业、手工业、商业的发展,城市经济日趋繁荣,促使人口需求增加,流动频繁,人口结构也逐渐由满、汉分处、阶层分明演变为各民族混居、百业杂处。同时,作为国都被赋予的特殊地位也使京师之地具有特别的吸引力,外来人口持续涌入,"庚子之乱,死亡虽重,而自去冬以来,洋兵所据之地,以京城有全权庇荫,最称安谧,且谋生较易,四乡来者日众,故居民大数,较乱前时并不见少"。不过,这种情形仅限于平民,"若官商两等,则不在其内"。② 据英国在京传教士调查数

---

① 韩光辉:《清代北京地区人口的区域构成》,《中国历史地理论丛》1990年第4期。
② 黄中慧:《倡议北京善后工艺局说帖》,辛丑年五月二十九日上庆邸,转引自彭泽益《中国近代手工业史资料(1840—1949)》第2卷,中华书局1962年版,第515页。

据，光绪末年京师人口约为 50 万。①

清末十年，北京的人口一直持续、稳定增长。1911 年是一个特殊的时间节点，此前一直处于上升之势的人口曲线出现下降。辛亥革命爆发之后，京师之地一时传言四起，社会动荡引发市民恐慌，尤其是一批王公大臣，"亟于自保财产，纷纷向银行提取现银，积存私宅，且有转存外国银行及收买黄金金镑者。耳目昭彰，人心愈加慌恐"②。许多皇室宗亲及官僚选择离开北京，"每次火车均挤不能容"，仅逃避天津之京官就"日以千计"。③ 据 1912 年户口统计，内外城人口 72.5 万人，较上一年的 78.3 万人减少了 5.8 万人。④ 不过，辛亥前后北京人口数量的减少只是暂时现象。总体而言，20 世纪初北京内外城人口的上升趋势未曾改变，而且政治制度的变革导致北京的城市功能属性发生变化，经济发展走向多元，进一步加速了人口的流入。

民国建立之后，随着近代技术与社会资本越来越向城市集中，农村自然经济逐渐解体，城市化进程加速，对人口的吸附能力进一步增强，人口迁移明确指向城市。对于北京而言，虽然政治局势持续动荡，但仍然保留了国都地位，城市功能转化，规模扩张，活力增强，对人口的需求比较旺盛，大量外省人口迁入，原有的城郊人口为满足自身生存需要开始向城市中心聚集，内外城的人口不断增加，1923 年出版的《增订实用北京指南》称："民国成立，自外入京之人，实繁有徒。内外城之男女、汉满蒙回藏皆有

---

① 徐珂编纂：《老北京实用指南》上册，社会科学文献出版社 2017 年版，第 48 页。
② 《宣统三年九月初九日御史史履晋奏折》，载中国史学会主编《中国近代史资料丛刊·辛亥革命（五）》，上海人民出版社 1957 年版，第 479 页。
③ 陈旭麓等主编：《辛亥革命前后——盛宣怀档案资料选辑之一》，上海人民出版社 1981 年版，第 225 页。
④ 林颂河：《统计数字下的北平》，《社会科学杂志》第 2 卷第 3 期，1931 年 9 月。需要说明的是，民国时期有关北京人口的几个数据，由于统计来源与调查主体不一，具体数字有所出入，但相差不大。如《北京市志稿·民政志》与《北平市都市计划设计资料集第一集》的数据就不完全一致。

之。汉最多,藏最少,而满蒙两族之在清时,率居内城。至民国,则汉族之入居内城者不少。又警区曾调查大小客寓,孑身旅居者几十万,可谓多矣。"① 日伪时期成书的《北京市志稿》对此称:"国体既更,种界化除,缙绅纷入内城。自使馆界外,街巷栉比,冠履杂集;正阳门外,盛居商贾;珠宝市南,犹多荒芜。户口之数,率近百万。"②

表2-1　　　北平内外城历年人口总数（1912—1931）

年别	内外城人口总数	年别	内外城人口总数
1912	725035	1922	841945
1913	727803	1923	847107
1914	769317	1924	872576
1915	789127	1925	841661
1916	801136	1926	810133
1917	811556	1927	878811
1918	799395	1928	890277
1919	826531	1929	934320
1920	849554	1930	928954
1921	863209	1931	955665

资料来源:1912年至1927年数据来源于《北平市统计月报》第1卷第8期,1928年至1931年数据根据北平市公安局户口统计表。参见林颂河《统计数字下的北平》,《社会科学杂志》第2卷第3期,1931年9月。

从1925年起,北京城外四郊地面,划归京师警察厅管辖。北京的面积,自1862.58平方公里扩充到2130.12平方公里,人口总数也由841661人增加到1266148人。

---

① 徐珂编纂:《老北京实用指南》上册,社会科学文献出版社2017年版,第48页。

② 吴廷燮总纂:《北京市志稿·民政志》卷1《户口》,北京燕山出版社1998年版,第2页。

表2-2　北平全市（内外城与四郊）人口统计（1925—1937）①

年别	人口总数	比上年人口增减数
1925	1266148	
1926	1224414	-41734
1927	1326663	+102249
1928	1358370	+31707
1929	1375452	+17082
1930	1378916	+3464
1931	1435488	+56572
1932	1492122	+56634
1933	1516378	+24256
1934	1570643	+54265
1935	1564869	-5774
1936	1550561	-14308
1937	1504716	-45845

资料来源：北平市工务局编印：《北平市都市计划设计资料第一集》，1947年，第15页。

从上表中可以看出，自1925年至1934年，除1926年人口比前一年下降外，其余每年都有一定增长。1927年至1928年间因南方国民革命军北伐进占北京及其之后的国都南迁导致北平社会局势陷入动荡，经济情势也陷入低迷，但人口增长的总体态势并没有发生根本改变。据《申报》报道，1928年6月，北平商家歇业者有2655家，存留下来的全部营业者只有11311家，但在半个月中，人口竟增加25000余人。② 尤其是1930年代之后，一度受到战争威胁的北平四周局势基本稳定，"从前流寓在外之人，多已回返北平，度安适之生活"。"因山西及北平附近地方，秩序多不平安，中人以上之家，迁地为良者，转而集中旧都"。③ 1931年"九

---

① 此处的人口数不仅包括北平内外城，还包括城郊地区。
② 《北平人口之调查》，《申报》1928年7月4日第8版。
③ 《异哉北平舞业之盛！》，《大公报》1931年7月21日第2版。

一八"事变爆发前后,东北被日本占据,"不愿作亡国奴的同胞的一部分,相率逃到关里,北平成万的人口是因为这而增加的。热河又给人家抢去,长城也被人家占领了,于是又有一大批人逃到这座古城里来"①。当时报刊中多有因东北沦陷、热河危机而导致大量人口涌入北平的报道。

1933年5月中日《塘沽协定》签订之后,北平局势趋于平稳。1934年年底,《益世报》报道当时平市人口情形:"九一八事件发生,四省沦陷,关外同胞,避难移居来平者,日见增加。同时平市因在地理及历史上之关系,仍不失为国防政治中心,故人口数目,年来又渐恢复以前国都时代之原状。"②但自1935年初起,日军不断逼近华北腹地,北平周边地区局势不稳,战事一触即发,人口南迁避祸者益多,此类群体尤以具有一定资财的中上人家为主。加之一些高校先后迁离北平,直接导致与北平经济息息相关的学生人口减少。1937年比上一年减少45845人,自1926年以来不断增加的趋势开始逆转。

北平人口持续增加的最主要原因是外来客民大量涌入。据1929年的统计数据,北平内外城人口总数为919887人,北平本地户籍人口只有386075人,仅占全部人口的42%。北平全市人口1364208人,其中北平本地籍贯者为690888人,占全部人口的50.6%。其余均为外省迁入的客民,其中以河北人数最多,其次为山东、山西。此外,远至蒙古、西藏、西康、青海,均有人居住在北平。四郊的客民较内外城为少,44万人口中有约20万人是客民。③另据《大公报》1931年4月中旬的报道,北平人口在一个多月的时间增加了2000余名,"复经详查此项新住户来源,系属辽宁、热河、山西、河南各省籍。除一部分隶属辽宁籍者,因在平市就有相当职务,故迁眷属移来同居外,其余热河、山西、河南省籍者,据云多因各该

---

① 旭实:《故都之将来》,《清华周刊》第40卷第10期,1933年12月25日。
② 《平市人口统计》,《益世报》1934年12月18日第3版。
③ 林颂河:《统计数字下的北平》,《社会科学杂志》第2卷第3期,1931年9月。

家乡匪患甚烈,兼以变兵滋扰,不能安居,故不得已,弃其家宅,迁来北平居住,以避兵匪殃害等情"①。

20世纪二三十年代,北平人口总数虽在持续增加,但在内部结构方面,富裕阶层所占比重逐渐降低,呈现出穷户多、客民多、单身青壮年男性多、富户少的"三多一少"现象。1928年国都南迁,不少原来居住在北京的政府军政人员及家眷随中央机构移住南京,其中多属社会中上层。"九一八"事变前后,北平在涌入一批关外避难人口的同时,也出现了一波富裕人口外迁的风潮,"北平人口,国都南迁,曾一度锐减。'九一八'事变后,又日有增加。追至去岁,已增至一百五十六万四千余人。惟此激增之数,多系东北失业贫民,被人排挤而流入,绝少拥有购买力者"②。

北平娼妓数量的变化趋势也与这种人口结构的变化趋势相互印证,据《北平历年娼妓人数》统计,1912年北平有妓院353所,妓女3096人,此后逐年都有增加,至1917年有妓院406所,妓女3889人。而到1931年,妓院减少至277所,妓女减至2574人。如果进一步探究还可发现,1931年的妓女总人数虽比1912年减少522人,但头等、二等妓女,却减少了901人,而三等、四等妓女,反而增多了379人。林颂河对此分析:"前者多是南方人,达官显贵,既然随着首都迁到南方去,社会上没有这种需要,只好相继歇业。后者多是北平人和河北人,近年北平一带人民生计困难,逼良为娼的事件,也就特别多。北平的妓女,上级人数减少,下级人数增多,正是穷相。"③《世界日报》记者所做的调查表明,国都南迁之后,北平经济低迷,局势不稳,许多南方籍妓女"下捐"走人,本地籍的较上等妓女也纷纷从良,只有"三等"妓女情形稍好。④

---

① 《北平人口最近增二千余》,《大公报》1931年4月18日第5版。
② 赓雅:《北上观感·自治风云中之惨象》,《申报》1936年2月9日第8版。
③ 林颂河:《统计数字下的北平》,《社会科学杂志》第2卷第3期,1931年9月。
④ 《平市人心渐趋安定,将重觅享乐生活!》,《世界日报》1933年6月2日第8版。

北平人口增量中以底层群体居多,包括各种摊贩、手工业者、女佣等,"年来农村经济破产,乡人十室九空,农夫农妇们为求生计,自农村跑到都市,乃是全国一个普遍的现象,于北平更加显著"。此外,"鬼混的学生,无业的文人,失意的小官僚和小政客等"也都贡献了人口增量的一部分。频繁的自然灾害也促使大批难民来北平谋求生计。由于底层群体占总人口比例过高,以致北平几乎成为"贫民的逋逃薮"。① 这种人口结构也引发了社会经济、治安方面的隐患,"平市自国都南迁,市面日形萧条,复经'九一八'后之重创,四方逃民,逃亡来归,有如蚁聚,因是贫乏者益见增加,如此,不但为市面繁荣之障碍,抑为治安之大累也"②。这种担心比较普遍:"倘东北不能收回,四境不能安居乐业,北平人口将与日俱增,但均属贫民。不仅地价、地租、房租不能涨高,因难民拥集,治安堪虞,富者更将迁离,人愈多而贫愈甚。"③ 社会学家严景耀通过大量社会调查得出结论,北平的犯罪问题确实有很多都是因为社会变革导致一些人生活陷入绝境而诱发。④ 贫困与犯罪也成为民国北京主要的社会问题。

此外,北京还有一定数量的外国侨民。据1930年人口统计,北平市内有日侨1099人,美侨356人,英侨304人,法侨214人,俄侨200人,德侨150人,其他国家侨民250人,合计为2573人。⑤ 1935年的数据,外侨人数合计3113人,其中男性为1690

---

① 旭实:《故都之将来》,《清华周刊》第40卷第10期,1933年12月25日。
② 博庵:《平市小农业之提倡》,《市政评论》第1卷合订本,1934年6月出版。
③ 魏树东:《北平市之地价地租房租与税收》,台北:成文出版社有限公司、美国中文资料中心1977年印行,第77—78页。
④ 严景耀:《中国的犯罪问题与社会变迁的关系》,北京大学出版社1986年版,第146页。
⑤ 根据中外最初所订条约,外国人在北京只可住在东交民巷使馆区域内,但北京是国都,外国人如得警察许可,也可在东交民巷外居住。由于东交民巷一直由驻华外交团直接管辖,故使馆区内所居的外国人数,北平市公安局并不掌握,以上数字并不包括东交民巷使馆区内的外国人口,参见林颂河《统计数字下的北平》,《社会科学杂志》第2卷第3期,1931年9月。

人，女性为1423人，除东交民巷数目不计外，其散居城郊各区者，以内一区为最多。① 由于外侨人口相对较少，且多居住在使馆区等相对封闭、独立的区域，近代北京并未形成"华洋杂处"的人口分布。

二 人口密度、性别比例与年龄结构

民国北京人口总数虽然一直在增加，但分布并不平衡，不同区域人口密度差异较大。据甘博调查，民国初年外城北部中心地带的五个区，也就是内城主要门户前门以外那一带地区，人口密度很大，每平方千米32364人。"这些区集中了全城的大部分商业，那里街道狭窄，房屋一个挨一个，院落小到不能再小，每处房屋都住着很多人。"② 林颂河引用的调查数据表明，在1930年代初期，"各警区不但户口总数，增减不同，而且因为地域大小不同，人口密度也相差甚远，繁盛的工商业区域如外一区外二区，每方里人口，多至一万三四千人，郊外的乡村区域为西郊北郊，每方里人口竟少到一二百人。即以内外城而论，外一区人口最密，每方里14461.6人，内六区人口最稀，每方里只有2641.9人"③。

表2-3　　北平市公安局1933年11月人口统计数据

区别	密度（人）	区别	密度（人）
内一区	14973	外一区	40696
内二区	18497	外二区	36337
内三区	19556	外三区	13636
内四区	22244	外四区	11527

---

① 马芷庠编著，张恨水审定：《北平旅行指南》，经济新闻社1937年版，第8页。
② ［美］西德尼·D. 甘博：《北京的社会调查》上册，陈愉秉等译，中国书店出版社2010年版，第83页。
③ 林颂河：《统计数字下的北平》，《社会科学杂志》第2卷第3期，1931年9月。

续表

区别	密度（人）	区别	密度（人）
内五区	15979	外五区	11838
内六区	8667	内外城计	16503
东郊区	809	南郊区	841
西郊区	483	北郊区	761
四郊计	676	全市共计	2093

资料来源：隽冬：《平市各区人口密度》，《市政评论》第1卷合订本，1934年6月出版。

根据上表，北平内外城的人口密度为16503人，四郊为676人，全市平均为2093人。内外城各区之中，外一区人口密度最高，内六区人口密度最低。四郊各区中，南郊人口密度最高，西郊人口密度最低。若以内外城与四郊相比，前者密度为后者密度的近25倍。

近代北京城市人口的性别比例和年龄结构一直呈现不均衡状态。性别比例方面，男性明显多于女性。据1915年国务院统计局的统计，京师人口约79万人，妇女约28万人，而且在女性群体中，比重最大的是旗籍妇女。① 据美国社会学家甘博的统计，北京内外城的总人口在1917年增加到811556人，其中男性515535人，女性296021人，男性占63.5%，男女性别比为1.74∶1，某些地区的男性比例甚至高达77%。② 1912年北京男女比为1.83∶1，1920年这一数据是1.67∶1，1931年为1.77∶1，整个民初的二十年间，基本都保持在这一水准。这种现象在当时中国的几个大城市中比较普遍。③ 北平市公安局1930年的户口册籍数

---

① 宋化欧：《北京妇女之生活》，《妇女杂志》第12卷第10号，1926年10月。
② ［美］西德尼·D. 甘博：《北京的社会调查》上册，陈愉秉等译，中国书店出版社2010年版，第88页。甘博的调查数据是重要的参考，但民国时期一些官方的调查数据更加全面、系统。
③ 林颂河：《统计数字下的北平》，《社会科学杂志》第2卷第3期，1931年9月。

据显示，户口总数为274318户，总人数为1393337人，其中男子为855014人，占总人口的61.4%，女子为538323人，占总人口的38.6%。①

再据1935年3月北平市公安局的人口数据，北平全市户籍数为306761户，总人口为1568528人，其中男丁为969141人，女丁为599397人，男女比例接近1.62∶1。②《晋察调查统计丛刊》提供的1930到1934年北平男女性别比例（即每100名女性对应的男性）分别为155.9、157.2、158.6、161.3、161.5。与当时全国平均的性别比例（1928年为122.9）对比，北平地区明显偏高，而且这种不均衡状态呈逐年扩大趋势，"此盖与城市人口集中之趋势相符。近年乡村经济日益凋敝，青年农人群趋城市寻求衣食，殆成普遍现象，而此等人群多为无眷属之男子"③。

造成性别比例失衡的主要原因还在于北平传统的经济结构与较低的生产力发展水平，"生产能力薄弱，劳动阶级的市民，收入很轻微，无力担负北平市里的家庭生活，尤其妇女职业不发达，如果把妻室带到北平，只是增加男性的担负，很不容易使他的妻子也得到工作，所以只好男性的人们，单人独马的跑进北平谋生活，把妻子远远寄托在家乡了"④。《北平娼妓调查》对北平性别比例失衡原因的分析也是如此，"北平从前是国都，在政府服务或来京谋事的单身男子，当然比别的地方多，何况服务人员更是很少有女的。北平的商铺伙计多是来自四郊，因为工资低微，经济不充裕，少有能力带家眷来平。还有大部分的洋车夫也是同样的情形，从四郊来北平觅食。北平为文化中心，学校林立，外地来求学的青

---

① 牛萧鄂：《北平一千二百贫户之研究》，《社会学界》第7卷，1933年6月。
② 马芷庠编著，张恨水审定：《北平旅行指南》，经济新闻社1937年版，第7页。
③ 《平津两市人口之性别比例》，《晋察调查统计丛刊》第1卷第1期，晋察政务委员会秘书处第三组第三科编印，1936年7月15日。需要考虑的是，当时的人口普查中，瞒报女性的情形比较普遍，因此，实际女性的数量一般大于官方的统计数据。
④ 今吾：《北平市人口性别的分配问题》，《市政评论》第1卷合订本，1934年6月出版。

年特别多"①。

外省来京劳动力即使已经成婚,但多将家眷留在家乡,造成女性比例偏低。此外,"因为北京地方无长久事业可营,外省人不过暂时寄居罢了。又其中以学生商旅居多,所以妇女比较少"②。美国社会学家甘博对这一问题的调查也印证了相关结论:"独身女子来北京的人数很少。因为政治生活不对女子开放,实业界也几乎没有她们的位置,她们受教育的机会比男子少得多,而且中国人还对妇女提出相当严格的要求,她们在没有家人陪伴时不得外出旅行。"③ 实际上,性别比例的不均衡在当时的中国城市是一个非常普遍的现象,北平只是更加突出而已,"城市性比例较诸乡村高出甚多,盖因城市中无家口之男子独多,而一般大都市,或为工商区域,或为政治中心,举凡官吏、学生、工商业者及劳动者多为独身男子,其已婚者又往往不携眷属"④。

由于长期两地分居,家庭纽带长久处于断裂状态,对社会稳定多有不利影响。"男的在都市里奔波,女的在农村里孤处,家庭的幸福,长时的掩蔽在'苦相思'情绪之下,真真的苦不可言了,男的怎会兴致勃勃的努力他的事业?女的怎会安心处理她的家政呢?"大量男子聚集在城市之中,缺少与女性交往的机会而衍生出诸多社会问题。"男子既然无室,娼妓难免日多,性病也便日益进展,对于善良风俗,优生问题,都有深刻的影响。""思想的不安,行为的堕落,参照各国犯罪的统计,也是无家室的多。"⑤ 对于性别比例与犯罪的关系问题,当时的法律学者严景耀指出,性欲罪之人数占犯罪人数中之第二位,经济罪中,亦有许多仍系间接的

---

① 麦倩曾:《北平娼妓调查》,《社会学界》第 5 卷,1931 年 6 月。
② 宋化欧:《北京妇女之生活》,《妇女杂志》第 12 卷第 10 号,1926 年 10 月。
③ [美]西德尼·D. 甘博:《北京的社会调查》上册,陈愉秉等译,中国书店出版社 2010 年版,第 91 页。
④ 《平津两市人口之性别比例》,《晋察调查统计丛刊》第 1 卷第 1 期,1936 年 7 月 15 日。
⑤ 今吾:《北平市人口性别的分配问题》,《市政评论》第 1 卷合订本,1934 年 6 月出版。

性欲而犯罪。为此，一些人建议北平市政府应设法弥补妇女少之缺憾，以减少社会罪恶。①

为了增加女性人口，缓解性别比例失衡，当时出现了一些主张，其中之一是保障与提倡妇女之职业，如：一，雇主辞退领月薪之女工时，应于二月前通知，俾其好另觅工作，否则须补足两月工资。二，改良妇女佣工介绍所，或官办妇女佣工介绍所，俾免抽头过重或介绍不忠实（如先以工作或以条件好之工作介绍其偏爱之工人）。三，于可能范围内，市府应将其直接间接所辖各机关（如教育交通电气等机关）尽量雇用女职员，以资提倡。②但这种设计因过于理想化而难以实现。

年龄结构方面，青壮年在总人口中所占比例最高，15岁以下人口仅占全部数量的19.9%。由于大量外省劳动力的迁入，导致16—45岁的青壮年在北平市总人口中的比例一直较高，这一数据在1918年时是59.8%，至1929年时为59.3%，十年间一直保持稳定，由此也反映出北平生活竞争的剧烈程度。③

表2-4 北平全市（内外城与四郊）壮丁（20—40岁男性）人数表（1928—1932）

	年份	1928	1929	1930	1931	1932
人数	内外城	237538	226034	242805	247857	264712
	四郊	83775	85186	81097	79319	79237
	总数	321313	311220	323902	327176	343949
占全市人口比例		23.99%	23.01%	23.78%	23.08%	23.34%

资料来源：《北平市各区壮丁数》，载北平市政府秘书处编印《北平市政府统计月刊》第1期，1934年1月1日。

---

① 严景耀：《北京犯罪之社会分析》，《社会学界》第2期，1928年6月。
② 张又新：《北平市之缺点及其救济》，《市政评论》第1卷合订本，1934年6月出版。
③ 林颂河：《统计数字下的北平》，《社会科学杂志》第2卷第3期，1931年9月。

职业分布方面,北京作为一个典型的消费型城市,商业一直比较繁荣,就业人口中商业、服务业人员所占比例最高,近代工业和其他产业部门对生产力的吸纳能力有限,但传统手工业比较发达,相关就业人口占比明显高于其他行业。

所谓"职业"者,按照当时的生产力水平,主要指"一切能得收入之工作而言"。民国北京许多相关社会调查都以此为认定标准,如同陶孟和所言:"如学徒之工作虽不足与裁缝及纺毛线者相比拟,但其在外食宿,可使家庭对彼之负担减轻一部分,故亦认为一种职业。又如各家小孩所拾得之煤屑,或可减少家内之燃料费用,或可售卖得钱,故捡煤亦认为一种职业。二者虽与普通所称之职业,截然不同,但自家庭方面言之,则皆为有收入之工作也。"① 不过,民国时期北京的就业一直处于不充分状态,尤其是国都南迁之后,失业问题更加普遍,据北平市社会局1932年的调查,全市16岁至60岁的男女失业人口数共计17856人,无业人口共计69239人。② 考虑到当时人口的总数,这一数据很不乐观。

三 阶层分化与空间区隔

清初定鼎京城之后,满族统治者圈占了京师内城的核心地带,用于安置八旗官兵及其眷属,从此内城成为旗人的集中居住区域,大批汉民则被迫迁往外城,形成了特有的满、汉分城而居的模式。进入清代后期,满、汉畛域逐渐被打破,内外城人口流动性显著增强,内外城不再成为满、汉人的专属居住地。辛亥革命之后,帝制解体,皇帝退位,旗人失去体制合法性的庇护,政治地位与经济地位急剧下降,与之匹配的一套保障体系也随之消失。在城市生活中,首先体现出的是空间的迁移,为形势所迫、转卖房屋

---

① 陶孟和:《北平生活费之分析》,商务印书馆2011年版,第28、30页。
② 《北平市无业人口》,《大公报》1932年1月21日第4版。

地产的旗人家庭越来越多。以王府为例，前清时期，以等级身份设置建筑标准，不得私相授受，私自扩建。民国建立之后，王府所有权多有转移，买主多为民国新贵。同时，一些王府使用功能变更，如豫王府售卖给协和医学部，恭亲王府转让给辅仁大学，郑王府抵押教堂后转让给中国大学等。

同时，在整个城市范围内部，行政制度对人口分布的限制基本消失，公共交通出现扩大了人口的行动半径，内外城的人口流动性显著增强，人口分布形成开放的特征。空间分布方面，内外城的分化由满汉畛域主导转向经济因素、社会地位主导，房租、地价等对人口居住区域的调节作用日益明显，富裕人口、社会中上层人士向城市中心区域聚集，在城市边缘地区聚集的贫困人口明显多于城市中心地区的贫困人口。"北平自民国以来，以各方人民移居者多，房屋曾呈缺乏之象，房租增高，稍穷住户，多不得不移住郊外，或城内破烂不堪之房屋。"[1] 当传统上以血缘为基础的世袭等级壁垒被打破，城市空间并未对所有人平等开放，空间区隔仍然存在，不同群体依托于不同的经济地位，对城市空间实现不同的占有与支配。经济地位逐渐取代身份等级，商业与资本力量对于空间重构的主导性明显提升，但传统因素以其强大的惯性，仍然在近代北京的空间变革中发挥重要作用。此外，在商业发达地区形成了一系列新的人口集聚区，不同行业、民族以及外侨都形成了较为集中的聚居区域。

在民国时期不同的调查报告与数据统计中，对于贫困人口的界定一直缺乏明晰的标准，因此也难有统一的贫民统计。"每年冬天，全市警察依照向例，填报贫民户口册，以备公私慈善团体办理冬赈，究竟怎样才算贫民，只凭各警察派出所的主观见解来规定，不但每年不同，而且每人的观点也微有出入。"[2] 牛鼐鄂也在调查报告中提及，北平市公安局"对贫民之分类，既无确定之标

---

[1] 陶孟和：《北平生活费之分析》，商务印书馆2011年版，第66页。
[2] 林颂河：《统计数字下的北平》，《社会科学杂志》第2卷第3期，1931年9月。

准,且乏相当分析",对于北平贫民,"盖真贫者或未能列入,不贫者或竟列入,且所谓贫户,殆皆由于'主观'方面而言,固无确定之'贫民线'可资根据也"。①

陶孟和在《北平生活费之分析》中引用京师警察厅在1926年冬季的调查数据,北京城内及四郊的住户共计有254381户,其中贫户66602户,占总户数的26%。贫户中又分极贫户(42982户)与次贫户(23620户),分别占17%与9%。下户计120437户,占总户数的47%。下户及贫户合计为187039户,占总户数的73%。中等户或说从容度日及小康之家计56992户,占总户数的22%。上等户或说富裕之家计10350户,占总户数的5%。② 据1928年北平社会局对内外城郊贫困人口统计,警察拟定的赤贫、极贫、次贫的人口共计有234800人,几乎占到全市人口的1/6,而贫民人口中极贫人数占到77.6%。③ 北平市公安局1930年的户口册籍数据,户口总数为274318户,总人数为1393337人,其中贫民为41225户,166106人,占全市总人口的15.03%。④

另据北平市公安局和社会局1933年的调查,北平市极贫户数为25500户,次贫户数为3993户,失业户数为1983户,共计31476户。按照每户平均5口计算,全市贫困人口为157380人。⑤ 虽然不同主体的统计方法、统计标准各不相同,在当时的技术条件下数据也难言精确,但还是能够反映出当时社会贫困化蔓延的趋势。

不同区域贫困人口所占比例呈现明显差异,以1931年北平市公安局所调查的北平市各区贫民人口为例:

---

① 牛鼐鄂:《北平一千二百贫户之研究》,《社会学界》第7卷,1933年6月。
② 陶孟和:《北平生活费之分析》,商务印书馆2011年版,第11—12页。
③ 北平特别市社会局编:《北平特别市社会局救济事业小史》,北平特别市社会局1929年版,第5页。
④ 牛鼐鄂:《北平一千二百贫户之研究》,《社会学界》第7卷,1933年6月。
⑤ 体扬:《平市社会病态及救济》,《市政评论》第1卷合订本,1934年6月出版。

表 2-5　　　　北平市各区贫民人口统计（1931）①

区别	贫困人口户数	贫困人口人数	占全人口百分比
内四	5130	23201	22.7%
外四	4130	16379	20.2%
内三	4556	20448	19.1%
内五	3115	13070	18.4%
外三	3611	14531	16.0%
内六	1881	7376	13.9%
内二	1580	6431	6.3%
内一	1057	4041	3.7%
外二	171	639	0.7%
外五	136	406	0.5%
外一	60	237	0.3%

资料来源：林颂河：《统计数字中的北平》，《社会科学杂志》第 2 卷第 3 期，1931 年 9 月。

1930 年代中期开展的有关北平地租、地价与房价的调研工作取得的相关数据也与上述情形相印证。北平平均地价以外一区为最高，外二区次之，内二、内一、内六、内五又次之。外三、外四为平均地价最低。不同区域地价、地租与房租价格也与其楼房、人口、道路密度有直接的对应关系，外一区人口密度与道路密度均为第一，楼房密度第二；外二区人口密度第二，楼房密度第一，道路密度第四。"内四区为北平中下阶级人民之集中地。"同时，以房租价格比较，"西交民巷、前门外及东城房租均高，西城、北城则均低。以普通瓦房论，西交民巷每间每月约五元，而西城、北城者，则仅一元左右。"②

虽然由于来源的不同导致具体数据略有出入，但差别不大，两

---

① 为简化篇幅，删减了原表中的一些内容，此处只选与本问题相关的信息。
② 魏树东：《北平市之地价地租房租与税收》，台北：成文出版社有限公司、美国中文资料中心 1977 年印行，第 36、46 页。

者一致反映出一些基本规律。北平贫困人口多分布在城市边缘地带,"内城则以三、四、五区为最多,外城则以三、四区为最多,并皆杂居于'城根',即距城墙较近之处。四郊则以东郊为贫民窟,南郊次之,西郊贫民较少,北郊又次之。总计四郊贫民,较城内为多,盖因房价低廉,物价稍贱,生活较易故也"。"贫民所需要之房屋,只求有栖身之处,能避风雨于愿足矣。再则无论任何简陋僻巷,但求其价廉,即乐于迁就,不计其位置是否冲要。此即东北城及东郊关厢贫民独多之原因之一。"① 陶孟和在调查中也指出:"北平本无贫民窟,尚不见现代城市贫富区域对峙之显著现象,但近年以来,贫民在经济压迫之下,已逐渐移居于城厢及城内街道偏僻房屋破坏之区域矣。……内城贫民,介于富户住区与城墙之间,如富户区域,继续扩张,则彼等必被迫而迁居于城厢也。"② 这些地方普遍缺乏近代市政设施,居住环境恶劣,与城市中心地带相比,可谓天壤之别。

贫困不只是一种经济现象,同时也引发出社会问题。社会学家严景耀曾总结出犯罪者与其居住空间的一般规律,"有百分之四十五住在城里,百分之三十七住在城外,还有其余百分之十七以上是在城内无一定住址的。在城里住的有五分之三住在外城,而大多数住在前门外、天桥附近一带穷窟里。在城外住的大多数在污浊不堪的朝阳门外及其附近各地,这是因为城外生活费较低的缘故"。而朝阳门外一带作为北京贫民最重要的居住地之一,也是犯罪的重要发源地,"朝阳门外是北京穷陋无比的地方,只要能形容得出的龌龊、污浊,那里即能见着嗅到。住在那里的都是北京最下层社会的人民,如洋车夫、乞丐、小窃,以及失业的工人们。这与城里天桥一样,是犯罪的发源地"。③

不过,民国北京贫困人口的城区分布是一个复杂的问题,即使

---

① 牛鼐鄂:《北平一千二百贫户之研究》,《社会学界》第7卷,1933年6月。
② 陶孟和:《北平生活费之分析》,商务印书馆2011年版,第24页。
③ 严景耀:《北京犯罪之社会分析》,《社会学界》第2卷,1928年6月。

在相对繁华的城区，也居住着一定数量的贫困群体，"在宏观社会背景动态变化的层次之下，在城区交通尚未发达、就业地与居住地不可能长距离分离的前提下，具体城市地段上各阶层混杂居住的确是近代城市空间特征的不争事实，但种种现象并未掩盖该地段的主导阶层的作用"①。

任何年代、任何城市，都存在贫困现象与贫民群体，对于民国时期的北京而言，贫困问题有其时代特征，"北平的人口，近年屡有增加，工商业却不但没有振兴，而且凋敝不堪，真所谓食之者众，生之者寡。这种特殊的社会，自然要坐吃山空，一天穷似一天。贫穷问题，本是都市中社会病态的一种，但在北平，却是一切社会病态的总源。北平贫民众多，固然是贫穷的现象，就是娼妓和犯罪，也大都和贫穷问题，有密切关系"②。作为延续数百年的政治中心，北京一直缺乏催动自身发展的产业动力，它的城市化进程主要靠外部力量触发，是缺乏工业化基础的城市化。北京的近代工业规模有限，工人数量有限，不能吸纳大量就业人口，失业与贫穷是难以摆脱的城市问题。

贫困人口不仅分布在下层群体中，即便是通常被认为处于社会中上层的公务员队伍，在国都南迁之后，失业者增多，"薪微职小者，在当日每月所入，仅敷所出，已属强自支持，今一旦经济来源全绝，实感生活不易之苦。且此类职员，又大都携有眷属，担负颇重，谋生既感不易，转动尤觉艰难"。有的只得以代人"写信"为生，孩子无钱读书，母亲忧劳患病。有的失业后无力支付房租，暂借亲戚家住。有的拉车又拉不了，谋事则无人介绍，故在家赋闲。连曾经的公务员尚且如此，其他人口更是艰难，"如茶役小贩等等，骤遇此轩然大波，其手足失措彷徨无告之状，实非言语所能形容"③。

---

① 王均、祝功武：《清末民初时期北京城市社会空间的初步研究》，《地理学报》第 54 卷第 1 期，1999 年。
② 林颂河：《统计数字下的北平》，《社会科学杂志》第 2 卷第 3 期，1931 年 9 月。
③ 牛鼐鄂：《北平一千二百贫户之研究》，《社会学界》第 7 卷，1933 年 6 月。

四　旗人生计

清代初期，政府规定旗人"生则入档，壮则当兵"，不允许从事其他职业，旗人不农、不工、不商，生计"惟赖俸饷养赡"。清代后期，国家财政困难，对旗人的优恤逐渐减少，俸禄保障不再稳定，旗人生计日益困难。"世家自减俸以来，日见贫窭，多至售屋，能依旧宇者极少。"① 尤其是经历庚子事件后，八旗俸禄暂停发放，缺乏谋生技能导致一部分旗人生计濒临断绝。"旗民坐食成性，一旦停止饷金，大有坐以待毙之势。"② 清末由于确认了逊清贵族及旗人房产私有性质，在生活来源断绝的情况下，部分没落旗人家庭依靠变卖房产来维持生存。清政府虽采取了一定的救助措施，但由于财政窘迫，救助只是杯水车薪，不能从根本上解决旗民的生活。至清亡前夕，北京旗民沦为贫民的人数已有数十万。③

辛亥革命之后，帝制解体，皇帝退位，旗人失去体制合法性的庇护，政治地位与经济地位急剧下降，与之匹配的一套保障体系也随之消失：

  辛亥革命以后，八旗子弟的专制特权，被打倒了，旗人们首先受到了严重的打击。他们几百年来本来已经安逸惯了，从没有半分的积粮，所以一旦陷于贫困，其艰窘程度反在一般市民之上。④

在城市生活中，旗人的贫困化首先体现出的是空间的迁移，为形势所迫、转卖房屋地产的旗人家庭越来越多，"引起空间位置的

---

① 震钧：《天咫偶闻》卷3《东城》，北京古籍出版社1982年版，第60页。
② 《荆旗之一线生机》，《申报》1912年4月9日第6版。
③ 袁熹：《清末民初北京的贫困人口研究》，《北京档案史料》2000年第3期。
④ 《国都南迁以后 北平日趋贫困》，《大公报》1933年2月18日第13版。

占据演替"。①

对于贵族，尚可以通过典房卖地、变卖珍宝、器具获取收入。表面上看，他们仍然维持"体面"的生活，保留着原有的"做派"，但这种方式并非长久之计，如同他们原来那御赐的王府建筑，"和皇宫一样的精美，而内部却是成了一个破落户，连生活也很难支持了"。相对而言，普通旗人生计跌落的幅度更大。虽然他们的收入无法与贵族相比，但一直享受国家官俸，属于"不劳而食"，养尊处优，缺乏谋生技能。民国建立之后，旗人生活来源断绝，"他们本来是家无恒产，从前全靠国家的官俸生活着，不比王爷们是有巨万家产可以变卖，尚能苟安一时。于是生活压迫着他们，不得不自谋生活的出路，但是一向舒服惯了的人，对于生活的技能是一点也没有的，又不能挺着肚子挨饿，于是男的便只得雇给人家做听差，女的便佣给人家做老妈子"。②

此外，一些旗人从事低门槛的苦力工种，如拉车，"据云现时内城满人衣食艰难，其'钱粮'又不按时发给，故常有以人力车业之收入以补助其生活者。常见人力车夫衣朽敝之绸缎衣服，行路亦不矫捷，盖即旗人之落魄而流入人力车业者"。"大多数之车夫毫无储蓄，大抵皆称其收入不敷用"。③ 当时一位在京的外国人描述了他对民初北京旗人生活的观察：

> 他们的数量当然相对来说是有限的，但他们的境遇却相当悲惨，因为他们中的大多数是从富贵与悠然的境地突然堕入贫穷的境地，对他们而言，痛苦也较其他人来得大。不必去观看新闻栏目，任何人今天都可以看到出身高贵的满人在拉洋车，

---

① 孙冬虎、王均：《民国北京（北平）城市形态与功能演变》，华南理工大学出版社2015年版，第85页。

② 倪锡英：《北平》（民国史料工程都市地理小丛书），南京出版社2011年版，第155—156页。

③ 陶孟和：《北京人力车夫之生活情形》，收入其《北平生活费之分析》，商务印书馆2011年版，第124、126页。

他们的妇女被人雇为女佣，最悲惨的是，他们的姑娘过着不名誉的生活，其目的只是为了自己的生存和家庭的生存，众所周知，北平城里至少有七千妓妇，其中大部分是满族人。人们也知道，满人家里的姑娘和妇女们化装或者蒙上头在夜里拉洋车。几乎每周都有人自杀，不是上吊就是投河。当地报纸上充斥着这样的新闻。①

由于旗人大多从事收入极低之工作，加之在前清时期养成的生活习惯，普遍不知"俭省"，"北京本地人俗尚奢侈，而不知撙节，就中以旗人为尤甚"②。在民初北京的贫困群体中，旗人占据了较大比重。旗人由食俸饷为生转向自食其力，因"昔资旗粮为生，不事生产，清室既屋，谋生无从，而懒惰性成，积重难返，故北平贫民，旗人实居多数"③。"北京旗民居全城人数1/4，自国体改革，旗饷欠缺，旗民生计益形，困苦者实居大半。"④ 牛鼐鄂在发表于1933年的《北平一千二百户贫户之研究》中也估计，满族贫民，应占北平市人口之半。⑤ 瞿宣颖曾如此描述："北京的土著，以旗民为大宗。这班人在前清已经沦于末路了。民国以后，并其微渺之旗饷裁去，其年富力强的还可以勉强另谋职业。不然，只有坐以待毙了。公侯将军在街上拉车的，简直不算奇事。至于家境稍为富有的，几年坐吃山空，也就愈趋愈下。有房产的虽然可以指着房租度日，而市面凋落，有房也不易找着租主。"⑥《益世

---

① TONG Y. L., "Social Conditions and Social Service Education in Peking", *The Chinese Social and Political Science Review*, Vol. 7, 1923. 转引自吴永平《论巴迪先生近年来的"老舍研究"——老舍先生百年祭》，《民族文学研究》1999年第1期。
② 陶孟和：《北平生活费之分析》，商务印书馆2011年版，第126页。
③ 北平特别市社会局编：《北平特别市社会局救济事业小史》，北平特别市社会局1929年版，第14页。
④ 刘锡廉：《北京慈善汇编》，北京基督教青年会1923年版，第67—68页。
⑤ 牛鼐鄂：《北平一千二百贫户之研究》，《社会学界》第7卷，1933年6月。
⑥ 铢庵（瞿宣颖）：《文化城的文化（北游录话之九）》，《宇宙风》第29期，1936年11月16日。

报》也报道：

> 有清之日，王公横行京师，甚至所谓皇粮庄头者，亦且凌虐齐民，无所不用其极。清亡，王公虽稍稍敛迹，而利其庄田财宝之厚，仍无识无知，不劳半点心力，以纵其口腹玩好之欲，于大多数旗民之呼饥号寒无所动于中也。溥仪既行，而王公脚跟为之不稳遂相率奔逃租界势力之下讨生活，而以昔日森罗之王府售之外人，其意殆以为不售之外人，恐当局出而干涉，既售之外人，则自不难更以所得转于租界中买室而居耳。一方以毫无代价而得之宅第，私售而取其值，一方又于当局之清理旗地，出而阻挠，以为此殆其私产也，吾人诚不知其跑马圈地之外，复何所据。①

清王朝倾覆，加之受革命派"种族革命"话语等诸多因素影响，民国社会形成了歧视满族的舆论氛围，多视满族为"被征服者""落伍者"。由于旗人与汉人在外貌上不能轻易区分，尤其是旗人男子常常剪其辫发，以混同于汉族，于是许多满人常常隐瞒身世背景。"民国以来，因被其他民族种种之歧视，此种歧视，虽无若何明显之表证，但社会中，彼此接触，及一切互相工作时，大都鄙夷满族，以为被征服者、落伍者。故'满族'之称，多讳言之。""自民国以来，旗族人多冠以汉姓，若询其籍贯，则多以大兴、通县、昌平等县应之。"② 1929 年，李景汉在《北平郊外之乡村家庭》中，以西郊挂甲屯为调查对象，描述了旗人隐瞒旗籍背景的现象："挂甲屯原为汉人居住的村庄，现在也有旗人的家庭百分之一五。当调查的时候询问到种族一事，往往旗人不愿告知他们在旗。有的回答道，还提在旗做什么！说时显出无限的感慨。追忆他们以往的尊严和现在的景况比较起来，不得不使他们伤心。

---

① 《清室王公之产业》，《益世报》（天津）1925 年 5 月 29 日第 10 版。
② 牛鼐鄂：《北平一千二百贫户之研究》，《社会学界》第 7 卷，1933 年 6 月。

何况旗人向来最讲礼貌排场，最会言谈酬应。为要顾全面子所以不欲提起在旗一层。"① 另一位社会学教授许仕廉也曾提及，"自民国十四年溥仪退出旧宫之后，满人多不肯自认为满人"，这种现象在他们有关北平北部清河的人口调查实践中得到验证。②

　　清末民初的北京城，王权领域收缩，政治色彩弱化。伴随帝制解体城市功能发生根本性变革，近代工商业初兴，公众领域拓展，城市化进程启动，城市发展趋向多元。清末以来对人口流动的制度性限制基本消失，但受制于多种因素，人口增长呈现稳定、低速的基本特征，规模扩张有限。在城市功能定位方面，近代北京以政治、文化、教育为主，这些领域对人口的容纳能力不高。大量政客、知识群体云集北京，在此求学的学生群体也形成了相当数量，但他们对北京人口的总体规模贡献不大。经济结构方面，北京作为典型的消费型城市，经济缺乏自主性，依赖性强，劳动人口以服务业为主，现代机器工业化程度不高，对产业工人劳动力需求有限。从区域分布看，南城地区人口变动较大，外来人口聚集，工商业活跃程度较高，但消费层次偏低。同时，清代旗人政治地位与经济地位的双重跌落对于北京城市人口的空间分布起到了重要的调节作用。

　　总体而言，清末民初北京城市人口问题是近代以来国家政治体制变革、城市形态演变与城市功能转化等多种因素发生作用的一种外在表现，同时也是当时整个华北地区政治、经济情形的直观反映。丧失国都身份之后，北京仍是华北区域的中心，虽然城市周边局势一直处于动荡之中，先有军阀混战，后有日军虎视眈眈，但城区内部相对安全，吸引大批避难人口。随着日军步步逼近，进入1930年代之后又逐渐形成中上等人家的南迁潮。同时，相对于农村，北京城内毕竟谋生机会更多，社会救济也在一定程度上

---

① 李景汉：《北平郊外之乡村家庭》，商务印书馆1933年版，第14页。
② 许仕廉：《中国北部人口的结构研究举例》，《社会学界》第5卷，1931年6月。

发挥维持生存的基本作用，但也导致人口结构失衡，非生产性人口所占比重过高，在生产力水平总体低下的情况下，对于城市发展更是一种负面力量。近代北京经济发展相对缓慢，内驱动力不足，或与这种特殊的人口结构有一定关联。

第三章
1920年代北京的文化环境与知识群体南迁

五四运动之后的那几年对于北京而言是一段非常动荡的时期，中央政局不稳，内阁频繁更迭，各派军事势力争夺地盘的战争此时已经威胁到市民安全。政府财源逐渐枯竭，教育经费长期投入不足导致校内局势的不稳，正常的教学秩序无法维持，无论教师还是学生，均不安其位，学业正途无暇顾及，学界内部风波不断，教潮、学潮、索薪潮相互交织，一波未平，一波又起。其中既有学生与学校的激烈冲突，也有学界与"官方"的正面对抗，其间夹杂着学界内部派系的恩怨纷争以及一些政治势力的幕后运作，头绪繁多，纠缠不清。学界成为各方新兴政治势力全力争夺的"阵地"，学生运动的弊端日益显现。

一 新文化运动落幕之际北京大学的学术危机

1935年，鲁迅在一篇文字中回忆1922年至1923年间的北京，虽然是五四运动的策源地，但自从支持着《新青年》和《新潮》的人们风流云散后，"倒显着寂寞荒凉的古战场的情景"①。伴随《新青年》团体的"散掉"，"有的高升，有的退隐，有的前进"②，曾经在同一阵营内部共同奋斗的盟友，因各自立场的分歧走向了

---

① 鲁迅：《〈中国新文学大系〉小说二集序》，载《鲁迅全集》第6卷，人民文学出版社2005年版，第253页。
② 鲁迅：《〈自选集〉自序》，载《鲁迅全集》第4卷，人民文学出版社2005年版，第469页。

不同的人生道路。

鲁迅的观察再次验证了五四运动之后新文化群体的内部分裂问题。同样在1935年，胡适则挖掘出了一个带有标志性意义的事件，即1919年3月26日北京大学开会辞去陈独秀，"不但决定北大的命运，实开后来十余年的政治与思想的分野"，"以后中国共产党的创立及后来国中思想的左倾，《新青年》的分化，北大自由主义者的变弱，皆起于此夜之会"。① 他还颇有预见性地指出，那次会议的重要性只有放在一个更长的时段才能论定。1920年1月，陈独秀离开北京前往上海，《新青年》的编辑工作也随之移往上海，原本建立在一个杂志上的聚合形态失去了依托阵地而逐渐松散。

更重要的是，新文化群体内部的不一致性愈发强烈，对五四运动深有研究的周策纵对此有更加具体的概括，1919年以后中国现代知识分子在思想和行动上的不一致、分道扬镳甚至对面为敌，"一方面自由派和保守派徒劳地要求在军阀统治下实行温和的改革，另一方面左派分子和民族主义者在苏俄与日俱增的影响下加速了他们的组织活动"②。迁往上海的《新青年》杂志也从原来强调"精神之团结"的"同人杂志"转变为提倡社会主义的政治阵地，压在纸背的个人意气之争、明显的党派意识冲破了《新青年》既往思想文化层面的限制。③

新文化群体的分裂实际上宣告了曾经风起云涌的新文化运动的退潮。此时，一直处于新文化运动中心的北大学人开始审视与反省自身的学术本业，所得结论则令人尴尬与不安。或许是在文化运动中倾注精力过多，在1919年至1920年两年的时间中，北京大学以400多个教员、3000多个学生的规模，只出了5本《北京大

---

① 胡适：《致汤尔和（稿）》（1935年12月23日），载中国社会科学院近代史研究所中华民国史组编《胡适来往书信选》（中），中华书局1979年版，第282页。
② 周策纵：《五四运动：现代中国的思想革命》，江苏人民出版社1996年版，第332页。
③ 陈平原：《思想史视野中的文学——〈新青年〉研究》（上），《中国现代文学研究丛刊》2002年第3期。

学月刊》,《大学丛书》也只出了 5 本,甚至找几个翻译人员出版《世界丛书》,收到的绝大部分稿件却不合格,能够达到出版标准的只有一种,胡适把这种现象批评为"学术界大破产"。针对北大在智识学问上的"贫穷",他感到非常惭愧,因此希望北大的同人与学生从浅薄的"传播"事业回到一种"提高"的研究功夫。①

早在 1919 年 7 月五四运动进行期间,将要回校复职的蔡元培就表示,他虽然赞同学生们为唤醒国民爱国心所做的工作,但这只能维持一时,"若令为永久之觉醒,则非有以扩充其知识、高尚其志趣、纯洁其品性,必难幸致",要做到这些,学生首先要使自身"有左右逢源之学力,而养成模范人物之资格。则推寻本始,仍不能不以研究学问为第一责任"。最后蔡元培还希望"与诸君共同尽瘁学术,使大学为最高文化中心,定吾国文明前途百年大计"。② 第二年 1 月,蔡元培再次劝告学生,最要紧的是专心研究学问,"试问现在一切政治社会的大问题,没有学问,怎样解决?"③

1920 年五四运动一周年之际,曾在五四运动中有积极表现的罗家伦从学生的角度反思了自己一年来的得失:"我的天性却是在求学方面比事务方面见长;好不容易辛辛苦苦读了几年书,而去年一年以来,忽而暴徒化,忽而策士化,忽而监视,忽而被谤,忽而亡命……全数心血费于不经济之地。"因此,他认为当时最要紧的就是"找一班能够造诣的人,抛弃一切事都不要问,专门去研究基本的文学、哲学、科学。世局愈乱,愈要求学问"。④ 与此同时,一位叫缪金源的北大学生也在反省,五四之后,大家对于办事和办杂志非常

---

① 《胡适之先生演讲词》,陈政记,《北京大学日刊》第 696 号,1920 年 9 月 18 日第 3 版。

② 蔡元培:《告北大学生暨全国学生书》(1919 年 7 月 23 日),载高平叔编《蔡元培全集》第 3 卷,中华书局 1984 年版,第 313 页。

③ 蔡元培:《去年五月四日以来的回顾与今后的希望》,载高平叔编《蔡元培全集》第 3 卷,中华书局 1984 年版,第 385 页。

④ 罗家伦:《一年来我们学生运动底成功失败和将来应取的方针》,载张允侯等编《五四时期的社团》第 2 册,生活·读书·新知三联书店 1979 年版,第 117 页。

高兴，却把"读书"忘了，其实最有用的药方仍然在于"读书"。①另一位北大学生黄日葵描述了当时很多同学比较普遍的状态，他们"一边要上六七小时的功课，一边要替几个杂志报馆写些东西，一边要当义务学校的教员，一边要出发去讲演"，已经"差不多吃饭洗澡也分不出时间来"，哪里还有"潜心学问、切实研究的余地"？与其说是"修学"，不如说是"猎学"。②

不管是校长还是学生领袖，他们都有几乎同样的认识，确实反映出当时学生过多投入政治运动所引发的学风不良。同样在五四运动一周年之日，一直处于旁观状态的鲁迅在写给友人的信中表达的看法也并没有什么不同："比年以来，国内不靖，影响及于学界，纷扰已经一年。世之守旧者，以为此事实为乱源；而维新者则又赞扬甚至。全国学生，或被称为祸萌，或被誉为志士。"他认为，学生对于国家的影响实在不大，仅是一时之现象而已，"谓之志士固过誉，谓之乱萌亦甚冤"，如果学问没有根柢，爱国只能是空谈，"现在要图，实只在熬苦求学。惜此又非今之学者所乐闻也"。③

学生学业荒疏，学校不能正常运行，北大的发展也就无从谈起。代理校务的蒋梦麟总结1919—1920年间北京的教育界"几乎没有一个月平静的，整整的一年光阴就在这风潮扰攘里过去了"④。作为文科学长的陈独秀也在1920年年底坦率承认，自从蔡元培担任校长以来，北大理科并未发展，"文科方面号称发展一点，其实也是假的"⑤。胡适、陈独秀虽然很早就意识到了北大在学术研究上的危机并发出了警告，但此后情况并未有太大改观。1922年10

---

① 缪金源：《学生杂志革新与学生革新》，《学生杂志》第8卷第7号，1921年7月。
② 黄日葵：《致黄仲苏》，《少年中国》第1卷第12期，1920年6月15日。
③ 鲁迅：《致宋崇义》（1920年5月4日），《鲁迅全集》第11卷，人民文学出版社2005年版，第369—370页。
④ 蒋梦麟：《我们对于学生的希望》（1920年5月），载曲士培主编《蒋梦麟教育论著选》，人民教育出版社1995年版，第195页。
⑤ 陈独秀：《提高与普及》（1920年12月1日），载《陈独秀文章选编》中册，生活·读书·新知三联书店1984年版，第69页。

月，蒋梦麟在北大23周年纪念日上直白表示"盛名之下，其实难副"，"如果要说今天来庆祝我们过去的成绩，现在的成绩，可以说是没有，这是很觉惭愧的！"而所能庆祝的，"只好在将来的希望上了"①。这年年底，他观察到北大校内"人心惶惶，数年前勇往直前的精神，为沉闷不堪的空气所包围，好像一轮红日，为黑沉沉的云雾所围绕，弄得一点不通光了"②。

李大钊亦在北京大学建校25周年之际反省："我们自问，值得作一个大学第二十五年纪念的学术上的贡献实在太贫乏了"，他呼吁，要"从学术的发明上预备将来的伟大的纪念品"，"只有学术上的发展，值得作大学的纪念"。③ 从当时的实际情况分析，几人的表态绝非是谦虚之辞。直至31周年校庆之时，蔡元培仍然告诫北大师生"要以学术为惟一之目的，而不要想包办一切"④。

在许多学人的眼中，五四运动之后几年的北大并非以学术成绩见长，他们往往从另外角度进行评判。后来官至教育部长的王世杰在追忆蔡元培时就认为："用普通教育的眼光，去评量当时的北大，北大的成就，诚然不算特别优异。从思想的革命方面去评量北大，北大的成就，不是当时任何学校所能比拟，也不是中国历史上任何学府能比拟的。"⑤ 胡适也把北大概括为"开风气则有余，创造学术则不足"，因此，他希望北大"早早脱离裨贩学术的时代而早早进入创造学术的时代"。⑥ 北大教师张星烺在致陈垣的信中

---

① 蒋梦麟：《北京大学二十三周年纪念日演说辞》（1922年10月20日），载曲士培主编《蒋梦麟教育论著选》，人民教育出版社1995年版，第212页。

② 蒋梦麟：《学风与提高学术》（1922年12月2日），载曲士培主编《蒋梦麟教育论著选》，人民教育出版社1995年版，第222页。

③ 守常（李大钊）：《本校成立第二十五年纪念感言》（1922年12月17日），载朱文通等整理《李大钊全集》第4卷，河北教育出版社1999年版，第135页。

④ 参见蔡元培为《国立北京大学卅一周年纪念刊》所作序言，第7页，转引自许小青《首都迁移与"最高学府"之争——以北大、中央大为中心的探讨（1919—1937）》，博士后出站报告，中山大学，2008年，第135页。

⑤ 王世杰：《追忆蔡先生》，载陈平原、郑勇编《追忆蔡元培》增订本，生活·读书·新知三联书店2009年版，第65页。

⑥ 胡适：《回顾与反省》，《北京大学日刊》（纪念刊），1922年12月17日。

甚至把北大定位为一个"政治运动专门机关",建议陈垣"不宜再使与纯萃学术牵混"。①

本来应致力于学术与教育的最高学府被评定为政治运动的专门机关,但北大之所以如此却有不得已的苦衷。政治不良,政府职能缺位,在一个极度动荡的社会中,学生与教师纷纷走上街头,卷入各种纷争当中。实际上,北大的遭遇也是五四之后几年北京国立高校的一个缩影。在1920年代的中国,多地学界频发风潮。北京长期作为一国之都,集中了众多国立高校,学生人数甲于全国,受到的冲击也最为严重,学潮、教潮、索薪潮相互交织,一波未平,一波又起。正常的教学秩序被打乱,学校不能称之为学校,学界中人纷纷发出"学界破产"的叹息。② 这些风潮当中,既有学生与学校的激烈冲突,也有学界与官方的正面对抗,同时还夹杂着学界内部派系的恩怨纷争以及一些政治势力的幕后运作,头绪繁多,纠缠不清。

二 薪潮、教潮、学潮:潮起潮落

进入民国之后,北京的高等教育虽然有了比较快速的发展,但一直受困于各种窒碍,经费问题尤其明显。由于中央财政状况一直不佳,在政府有限的收入中,军费所占比重过大,导致财政支出结构严重失衡,对教育经费的投入比例过低。即便如此,本已十分微薄的教育经费时时还被挪作他用,主要依靠教育部财政拨款的国立高校难以为继,拖欠教员薪水成为常态,学界风潮频发。

---

① 陈智超编注:《陈垣来往书信集》,上海古籍出版社1990年版,第209页。
② 1925年,署名"宇文"的作者谈到当时的高等教育,专门辟出一节讲各种"风潮":"凡是学生多一点的班次,教员多一点的学校,差不多没有一个不闹风潮的。"宇文:《高等教育谈(四)——风潮》,《现代评论》第2卷51期,1925年11月28日。对于1920年代的中国而言,不仅北京如此,其他高校集中之地,如上海、南京等地也是学潮频发。

对于北京国立八校①而言，经费困难是普遍性问题，经费筹措是头等大事，甚至成为决定校长人选的主要标准。如北京高师在 1920 年代初期由于缺少日常经费，短短几年致使几任校长（如陈宝泉、陶孟和、李建勋）离任。为了维持学校生存，1922 年 11 月，北京高师筹备委员会召开第一次会议，推选当时在教育界颇有声望的范源濂为校长。一年之后，范源濂才到学校履职。此后他专心校务，以自身人脉关系多方奔走，筹集经费，使局面有一定改观。但在勉力维持一段时间后，范氏终于认识到无力以一己之力带领学校摆脱困境，于是以政局不宁、教育经费无着、对学校不能有所革新等理由，坚辞校长之职，虽经师大师生、董事会多次当面挽留，仍然不改初衷。此后，该校因校长一职长期空缺，几乎陷入瘫痪状态。

北京大学同样深受经费问题困扰。1920 年秋季开学，代理校务的蒋梦麟向全校师生介绍情况，由于政府拨款不及时，校内一些开销只能靠赊账，如果"长久不付钱，下次就赊不动"，仅有的可怜经费也只能投到最紧迫的领域，"譬如电灯、电话、自来水，不能欠钱太多，欠了太多，电和水就不来了，电话也要叫不通了"。临近中秋节，他甚至因躲避建筑公司的欠款而逃到了西山。②作为最高学府的大学校长，竟有如此狼狈之举，确因迫不得已。三年之后，局面仍然非常糟糕，用蒋梦麟的话描述，北大在物质方面"可说是已到了山穷水尽的地步"，政府积欠了八个月的经费，"同人数月来终日奔走经费的事，忙得不得了，几乎天天在街上跑"。③对于许多校长而言，日常奔波仅仅达到最低限度的"维

---

① 所谓"国立八校"：北京大学、北京高等师范大学、北京女子高等师范学校、北京法政专门学校、北京医学专门学校、北京农业专门学校、北京工业专门学校、北京美术学校。至 1926 年，增加北京女子大学，因此又有"国立九校"之说。
② 蒋梦麟：《北京大学全体大会演说辞》（1920 年 9 月 16 日），载曲士培主编《蒋梦麟教育论著选》，人民教育出版社 1995 年版，第 204 页。
③ 蒋梦麟：《北京大学开学词》（1923 年 9 月 10 日），载曲士培主编《蒋梦麟教育论著选》，人民教育出版社 1995 年版，第 256 页。

持"而已,校长职位成为许多人不愿触碰的烫手山芋。后来有一篇评论将教育家比作"撑持门面的寡妇","明明知道现在的教育不过是在敷衍,却舍不得一下就松了手断了气,总还以为好日子在后头哩"。①

1921年3月,因三个月未领到薪水,北京大学教职员工决定集体罢课,此举引发其他几所国立高校的效仿,其中以北京高等工业学校最为迅速。3月中旬成立了由北大教授马叙伦任主席的"八校教职员代表联席会议",并向政府提出了解决方案。4月初,因索薪无果,八校教职员宣布总辞职。在此压力之下,北京政府召开内阁会议,表示部分同意"联席会议"的请求,但最终并未履行承诺。5月13日,感觉受到欺骗的联席会议成员要求二次总辞职。同时,教职员们采取更加激烈的方式,前往教育部公开"讨薪"。6月3日,八校部分教职员联合一些学生至总统府新华门前请愿,期间与守卫发生冲突,酿成流血事件,即"六三事件"(也称"新华门事件")。关于此次事件的是非曲直,当事双方的叙述可谓完全相反,但也在相当程度上反映出当时北京学界动荡、混乱的情形。

如果说"六三事件"还是高校教职员的集体行为,1922年秋季开学之前北京国立八校校长的集体辞职,则已经上升到校长层面,其中的根本原因仍然源于经费问题。在他们上交的辞呈中明确表示:"窃近年以来,教育经费支绌异常,校长等力所能及,无不竭力维持,兹以开学在即,不名一钱,匪特教职员受经济上之压迫,生活不能自由,即学校行政亦复受影响,几于停滞。国家财政困难,校长等未尝不深切顾虑,无如积欠已在五个月以上,实无法以应付。"②作为学校的管理者,校长不仅无法安抚教师情

---

① 陈东原:《教育失败的根本原因》,《现代评论》第2卷46期,1925年10月24日。

② 《八校长辞职之呈文》(1922年8月19日),载王学珍、张万仓编《北京高等教育文献资料选编:1861—1948》,首都师范大学出版社2004年版,第496页。

绪，反而与教育部直接对抗，可见北京的国立教育已经举步维艰。

1925年阴历年关将近，对于北京国立八校而言，经济状况更显紧急，《申报》报道："所有债主，陆续而至。教职员个人方面，大多数亦俱以薪水积欠过巨，典质一空，不克维持其生活。……事实上，学校暨个人两方面，已到山穷水尽之际，负债累累，至少非有一个月之经费，不能应付。"①教育学者舒新城对这一年进行总结："自民国五年而后，教育经费逐渐被军人提用，民十以后，积欠日深，十四年中央教育经费已积欠至一年以上，经费云云自无良好消息。"②

进入1926年之后，北京高校经费紧张的局面没有任何缓解迹象，反而比以往更加严重，被舆论形容为"奄奄一息"，接近"破产边缘"，影响更为深远的是学生的前途。北大教育学教授高仁山分析，由于各校校长平时常常用全力去奔走经费，所以学校行政上不能用全力去谋进步，教职员每每得不到薪金，当然也不能安心教书与办事，学校或早放假或迟开学，一年之中，学生得不到几个月可以安心读书。③《现代评论》也评价："北京国立学校的状况，无论就物质上或就精神上说，恐怕比现今再坏没有的了。国立各校固然维持了一个开门的形式，平稳的结束这个学年，可是下半年的事就难说了，问题的关键还是在经费。今后经费的问题没有根本的解决，各校下年也许不免完全停办；即令敷衍开门，而像这学年的景况那又有何用处，恐怕反而贻误青年咧！"④而《晨报》的语气则更加悲观，几至令人绝望："乃者国立九校经费奇绌，积欠累年，危象迭生，深抱悲观。教员则忍饥授课，职员则枵腹从公。精力耗于校务，苦无点金之术；市肆困于久赊，莫

---

① 《京八校渡阴历年关之困》，《申报》1925年1月28日第11版。
② 舒新城：《民国十四年中国教育指南》，商务印书馆1926年版，第11—12页。
③ 高仁山：《国立九校开不了学》，《新教育评论》第1卷第14期，1926年3月5日。
④ 文：《北京国立教育破产吗？》，《现代评论》第4卷第81期，1926年6月26日。

观乞未之帖。借贷万难,蒿目滋惊,君子固穷,凄其伤矣。甚至雇佣欠赀,校役啼饥,购物无钱,纸墨告罄,此则同人等瞻顾现状、深为危惧者也。"①

国立各校在每年寒暑假结束之时多因无法按时开学而处境尴尬。1926年暑假,北大传出因日常维护经费短缺无法按期开学之事,甚至因无力支付自来水费险些被切断水源,最高学府落入如此境地,《现代评论》感叹"这是何等悲惨的现象"②。《国闻周报》记者听闻北大因拖欠煤钱而差点被法院封门,称"实在是丢国家的体面"③。上海《民国日报》则调侃道:"学校穷到这般田地,不是富翁,当不得校长,如果蔡(元培)氏要去,非得要先赶紧筹这笔煤费不可。否则,人在津浦车上,学校倒封了门了。"④实际情况是,北大直至这年10月中旬才勉强开学,11月中旬才正式上课,但已无力印刷讲义,教室内甚至无法生火取暖。

北大尚且如此,其他学校情况更是可想而知,1926年秋季开学之际,《晨报》介绍了各校的窘境,师范大学"因积欠自来水公司水费过巨,现该公司已将水线撤断,水源断绝,学生洗沐饮料,均无所出。厨房以欠款过多,拒绝开火";工大"积欠煤铺数千元,日前赴校大闹,尚未解决";法大"以积欠电话电灯公司与自来水公司数近万余元,亦欲将撤线断绝火水交通,以示抵制"。"此外如医大女大女师大艺专,均一文莫名,日用之费,俱无所出,而万余学子彷徨歧路,无课可上,为状至哀云。"⑤由于经费无着,无法维持,各校当局无奈之下计划将学校交教育部接收,但教育部亦无筹款办法,"京师教育前途,不堪设想"⑥。对于

---

① 《九校教职员联席会宣言,决于两周之内努力救九校》,《晨报》1926年8月11日第6版。
② 文:《教育经费到底怎么样?》,《现代评论》第4卷88期,1926年8月14日。
③ 慎予:《蔡元培与北大》,《国闻周报》第3卷第29期,1926年8月1日。
④ 圣女:《北京的开学问题》,《民国日报》(上海)1926年8月23日第2版。
⑤ 《国立各校近况》,《晨报》1926年9月30日第6版。
⑥ 《无法维持之北京各大学》,《中华教育界》第16卷第5期,1926年11月。

1926年的北京教育,《大公报》概括为"遍体鳞伤,满目疮痍"八字,"以言上课,一年平均不过三月,放假提前,开课延期;以言经费,代表终日会议,教职不得一饱,于是散而四之;以言风潮,内有校长同学之争,外有主义党派之歧,讲堂宣战,会场相持,头破血出,莫知所底;以言运动,天安门外,时开示威之会,国务院前,满陈烈士之尸"①。

由于大多学校无法保证正常运转,学生无法照常在校上课,导致北京的公寓租赁也受到牵连,"公寓的住客,以学生与谋事人为大宗。去年(指1926年,引者注)北京的学校,几成停顿状态。学生在京住的时间,和在家不相上下。公寓的营业,焉得不衰颓"②。不仅如此,学生群体的流失也在一定程度上影响了北京商业市场的购买力。

高校情况如此不堪,不仅影响到学生学业,也严重冲击到在职教师群体的日常生活,《现代评论》介绍了这一群体的经济窘境:"教员方面有的到别处学校,另谋生活了;有的投笔从戎,各自飞腾去了;其余的那些教书先生们,有的不愿走,有的不能走,就活活的困在北京。有自用车的,已有许多把车夫去了;使听差的,已有许多把听差去了;使老妈子的,已有用不起的了;如果再穷,虽不便对太太离婚,然为减轻负担,恐怕到必不得已的时候,只好一律遣散,送回原籍。薪金积欠已达二十个月之多,就是生活简单,旧有蓄积,恐怕用完了的已经不在少数。这是教育实在的状况,并不是故甚其词的话。"③

顾颉刚当时正在北大任教,他的工资"两个多月之中只领到一个月的一成五厘,而且不知道再领几成时要在哪一月了。友朋相见,

---

① 《误尽天下苍生的北京教育——民国十五年之统计》,《大公报》1927年1月1日。
② 曲殿元:《过去一年北京经济的衰颓》,《现代评论》第5卷第115期,1927年2月19日。
③ 召:《京师的国立各校》,《现代评论》第4卷第101期,1926年11月13日。

大家只有皱眉嗟叹，或者竟要泪随声下"①。其日记中也比较详细地记载了当时生活的拮据，1926年1月，北大不能按时发薪，兼职的孔德学校"亦仅半薪"，无奈请北大研究所国学门主任沈兼士向学校借了八十八元，"可还许多小债"，然此终非长久之计（1926年1月6日）。由于生活困窘，妻子履安"不怿之色，萃面盎背"，更让顾颉刚大为"不欢"（1926年4月2日）。在1926年6月6日的日记记述："近日手头干涸已极，后日须付房金。没有法子，只得向适之先生开口借钱，承借六十元。"（1926年6月6日）

顾潮在为自父所作传记中，披露了顾颉刚当时在致胡适的信中曾开过一份欠款账单："欠家700元，欠适之先生220元，欠学校250元，欠同乡友人460元，欠储蓄会320元。"② 由于穷困到了极端，一向视学术为生命的顾颉刚开始"卖稿"，把学术变成了"生计的奴仆"，"以至有不忠实的倾向而生内疚"。③ 据同在北大的梁实秋回忆，"教员的薪俸积欠经年，在请愿、坐索、呼吁之下，每个月也只能领到三几成薪水，一般人生活非常狼狈，学校情形亦不正常，有些人开始逃荒"④。《现代评论》形容在整个1926年间，"除去几个和外国人直接或间接有关系的机构外，几视发薪为例外"⑤。

索薪是高校教职员基于个人利益而发出的本能要求，属基本的日常生活层面。与此同时，他们亦以较高的姿态，用多种方式表达自身的主张，力图影响政府的决策。据统计，1912年至1928年短短16年间，出任过北京政府教育总长的就有27人，一些人甚至

---

① 顾颉刚编著：《古史辨》第1册，上海古籍出版社1982年版，"前言"第101—102页。
② 顾潮：《历劫终教志不灰——我的父亲顾颉刚》，华东师范大学出版社1997年版，第97—99页。
③ 顾颉刚编著：《古史辨》第1册，上海古籍出版社1982年版，"前言"第96—97页。
④ 梁实秋：《忆新月》，载《新月派评论资料选》，华东师范大学出版社1993年版，第12页。
⑤ 曲殿元：《过去一年北京经济的衰颓》，《现代评论》第5卷第115期，1927年2月19日。

多次担任，可见这一职位更迭之频繁，从中反映出时局的动荡与无序。① 有些教育总长由于在位期间的倒行逆施而引发众怒，有些未及就职便遭激烈弹劾，彭允彝与王九龄即为显例。

1922年11月，与教育界渊源不深的彭允彝出任北京政府教育总长，到任后克扣教育经费、徇私舞弊、勾结官僚，在学界中声名狼藉。同时，彭氏也卷入了北京政府内部的权力斗争，财政总长罗文干因订立奥款展期合同被众议院正副议长吴景濂和张伯烈揭发有"卖国"行为，时任总统黎元洪未经司法程序即下令逮捕罗氏，后又因证据不足予以释放。彭允彝在国务会议上以教育总长身份提出重审罗文干，结果罗氏再次被捕。彭氏因在教育领域的行为已经被视为无耻政客，此举更增加了他与学界之间的对立。

罗文干曾在北大兼课，后又曾与蔡元培同行出国考察，对罗品行多有了解的蔡元培痛感政治清明的无望，于是宣布辞去北大校长之职，以示对罗的声援。听闻此消息，北大于次日召开全体学生大会，决定"驱彭挽蔡"，要求政府罢免彭氏，这一主张也得到其他一些在京国立高校的呼应。1月19日，北大、法专、医专、工专等校学生前往众议院，企图阻止议员对彭氏投赞成票，却招致军警的打压，学生的抗议行为并未改变结果，彭氏安然无恙，蔡元培则在政府的挽留之下收回辞呈，然而此事所引发的高校、学生与官方当局的对峙局面愈发严峻，北京的学界生态持续恶化。

王九龄"武装就职"教育总长一事则是学界对抗教育行政当局的另一显例。1924年11月，王九龄被段祺瑞任命为教育总长，但鉴于当时各方不利的环境，迟迟没有入京就职，直到第二年3月，王九龄在段氏的支持下才明确表示准备就职，这一决定引发了北京教育界内部一些势力的坚决反对。国立八校教职员联席会议于3月14日发表公开宣言，奉劝王自行引退，免惹纠纷。同日，北大评议会形成一致意见，如王九龄悍然到任，北大即宣告与教

---

① 参见刘寿林编《辛亥以后十七年职官年表》，中华书局1966年版，第56—72页。

育部脱离关系。在此情况下，王九龄仍坚持于3月16日前往教育部就职，在门口被各校教职员代表所阻拦，最终在武装警察保护下才得以就职。但上任未及一月，王九龄还是以请假为由离开了教育总长的位置。教育界的声势可以影响到教育总长的去留，一方面说明官方控制力的弱化，一方面确实反映出时局的混乱与社会的无序状态。

在"索薪潮""教潮"潮起潮落之时，学潮亦此起彼伏。王九龄去职之后，司法总长章士钊兼任教育总长。面对北京教育界的种种混乱，章士钊采取了一系列"整顿学风"的措施，中心宗旨即反对学生过多地参与到各种政治运动之中，态度与方式均很强硬。

章士钊遇到的第一个棘手问题即为"五七"学潮。1925年5月7日，北京学生计划在景山召开国民追悼孙中山大会，同时纪念国耻，演讲游行。事先，京师警察厅已经发函，明确禁止此次行为，教育部亦配合警察厅的禁令，要求当日各校照常上课，但游行学生不予理会，仍在军警目视之下在故宫神武门前集会。之后，数百学生奔赴章士钊住宅质问禁止集会游行理由，时章外出，学生破门而入，捣毁室内家具，并与随后赶到的武装警察发生冲突，学生轻伤10人，重伤7人，被捕约30人。① 事件发生之后，北京学生联合抗议，要求罢免章士钊以及京师警察厅总监朱深，释放被捕学生，允许人民集会、出版自由。当时负责北京治安的冯玉祥部鹿钟麟出面调停，学生被释放，段祺瑞亦免去章教育总长之职，但章不久之后再次复职。

在1920年代上半期的诸多学潮当中，牵涉面最广、影响最大的当属"女师大风潮"。卷入其中的许多人物兼具多重身份，虽然多在学校谋职，但往往并非单纯学人，因此这场风潮所波及的范围也超越教育界，其中的是是非非折射出的是1920年代中期北京

---

① 《国内专电》，《大公报》1925年5月9日第3版。

学界、思想界、舆论界的复杂生态。

1924年2月,留学美国、日本,拥有哥伦比亚大学教育学专业硕士头衔的杨荫榆就任北京女子师范大学校长。就职之后,在办校方针、管理方式等问题上与校内一些教职员工发生矛盾,处置不当导致十几人辞职,就此埋下隐患。同年9月,几名国文系学生因故未能按时返校被杨荫榆开除,此举加剧了学生的不满情绪,学生自治会直接与校长对抗,要求收回决定,双方针锋相对,互不退让,僵持几月之后仍然未能缓解。1925年初,学生自治会开始采取更激烈的行为,召集全校学生开会,表态不再承认杨为校长,并派学生代表直接赴教育部,陈述杨荫榆掌校之后的24条罪状,呈请教育部即日更换校长。与此同时,学生自治会还直接致函杨,请其立即离校,至此,女师大学生开始公开驱逐校长。

由于得不到有力支持,此时的杨荫榆处境艰难,但这种局面随着章士钊就任教育总长之后而发生改变。章氏公开支持杨荫榆,后者在这种力量的支持下手段更加强硬。1925年5月9日,杨氏以学校评议会的名义开除了6名学生自治会成员。11日,学生再次集会驱逐杨荫榆,封锁校长办公室,并派人看守校门,禁止杨入内。8月1日,杨荫榆在章士钊特派的武装警察的护送下到校办公,并切断校内外之联络,断水、断电,驱逐学生,但学生不为所动,并得社会各界支援,坚决抵抗。8月6日,杨荫榆提出辞职,教育部准许,同时决定停办女师大,并准备派员接收。女师大学生亦不甘示弱,在校内成立"女师大维持会",决定学生不出校,不接受教育部决定,要求恢复女师大。

当杨荫榆去职之后,章士钊成为女师大学生的首要斗争目标。8月17日,教育部决定将女师大改组为女子大学。22日,教育部专门教育司司长刘百昭带领军警及临时雇佣的强悍女仆强行翻墙进入女师大校园,带走学生几十人。消息传出,一片哗然,教育部成为社会各界耻笑的对象,章士钊也遭致各方人士抨击,成为众矢之的。1925年11月28日,北京市民数万人聚集,发动"首都革命",要求段祺瑞下台。一部分示威游行的学生借此机会进入章士钊住宅,"一拥而入,遇物即毁,自门窗以至椅凳,凡木之属无完者,自插架以至案陈,凡书之属无完者,由笥而摅,无键与不键,凡服用之属无完者"①。半年之内,民国教育总长之家两次被毁。第二天,一直刊发倾向章氏言论的《晨报》报馆被学生烧毁,无奈之下,章士钊于12月初请辞。

女师大风潮的发生,最初仅为学生与学校之间的矛盾,但随着事件的不断深入演化,逐渐由校内扩展到校外,范围远远超越学校本身。政治的因素、学界内部派系的恩怨以及基于不同立场而导致的不同观点的分歧,纷纷牵涉其中,逐渐发展为反映1920年代中期北京知识界多重面貌的立体展示模型,其典型意义值得深入挖掘。

实际上,五四运动之后几年的北京教育界风潮频发,可谓多事之秋,既有外部环境的引发,也有内部因素的促动,内外交织,终于演化为一种极其复杂、动荡的局面。

对于北京国立各校而言,经济的困难是重要原因,浏览报章标题即可见一斑。以1923年北京《晨报》为例,连续有诸如"京师教育势将完全停顿""教育部名存实亡""八校已陷入绝境""八校危在旦夕""国立八校已无法维持,数万青年失学"以及"国立八校已有五校关门"等报道出现。1925—1926年的《现代评论》继续不断出现"北京国立教育破产吗""教育经费的治标方法""教育部与教育经费""所望于学校经费略有着落以后""北京国立几校的前途""国立九校到底怎么办呢"等类似消息。《教育杂志》同样刊登出"啼饥号寒之京华大学教育""北京国立九校之风雨飘摇"的标题。

不过,纵观后五四时期北京学界的各种风潮,病根并非只在一个"穷"字上。1927年1月,正在中华教育文化基金董事会任职

---

① 章士钊:《寒家再毁记》(1925年11月30日),载章含之、白吉庵编《章士钊全集》第5卷,文汇出版社2000年版,第519页。

的任鸿隽在致尚在美国的胡适的信中陈述:"北京的教育界真弄得不像样了。政府没有钱给教育界,固然可恶,教育界本身的腐败,也绝对非言语所能形容。总而言之,照现在的情形,教育界已经死透烂透了,无论有好多的金钱,也不能救活他来。"① 由于任鸿隽与当时北京教育界有着广泛的接触,因此他的这番观察很具有参考价值。这也提示着我们,应该以更宽广的视角去审视那一段扰攘不安的学界风潮。

由于五四运动的成功过于迅速,社会各界对学生的期望很高,将学生地位抬得也很高,受到巨大"鼓舞"的学生迅速形成了"学生万能"的概念。躁动不安的青年学生无法专注学业,而是把更多的精力与注意力投置在各种事端当中,按照罗家伦的形容就是"以为我们什么事都可以办,所以什么事都去要过问;什么事都要过问,所以什么事都问不好",最终导致学生的"虚名"大于实际。② 1921 年,《学生杂志》刊发一篇文章,语言表述与中心思想几乎与罗家伦完全一致:"学生其初亦实在能做一点事。那知后来越做越糟,好名过于崇实;仿佛在社会上居一种特殊的阶级,几于无事不能,无事不问。"③ 蔡元培也观察到了这种倾向:"五四以后,社会上很重视学生,但到了现在,生出许多流弊。学生以自己为万能,常常想去干涉社会上的事和政治上的事。"④ 后来的研究者也对此时学生的普遍心态总结道:"没有不可逾越的边界,也没有不可挑战的权威。"⑤

五四运动是一个非常重要的分水岭,改变了高校的本来面目,

---

① 《任鸿隽致胡适》(1927 年 1 月 3 日),载中国社会科学院近代史研究所中华民国史组编《胡适来往书信选》(上),中华书局 1979 年版,第 416 页。

② 罗家伦:《一年来我们学生运动底成功失败和将来应取的方针》,载张允候等编《五四时期的社团》第 2 册,新华书店 1979 年版,第 106 页。

③ 种因:《学生底新纪元》,《学生杂志》第 8 卷第 1 号,1921 年 1 月。

④ 蔡元培:《对于师范生的希望》,载高平叔编《蔡元培全集》第 4 卷,中华书局 1984 年版,第 36 页。

⑤ 陈平原:《"兼容并包"的大学理念——蔡元培与老北大》,《文汇读书周报》1998 年 6 月 6 日。

教育本来是目的，五四运动之后却成了方法与手段："政府要宽容他，军阀要逢迎他，政客要联络他，就是眼光最短的商人也何尝敢得罪他。所以从此之后，教育界由可忽略的分量，一跃而为政治、外交、军事、财政、政党，总之，一切活动的重要枢纽"；因为"教育变成了一种势力，一种不可侮的势力。谁有敢同他抗衡的，没有不颠扑的"。①

由于学生势力的崛起，学界影响扩大，导致"全国人以学生为先导，都愿意跟着学生的趋向走"②。一些人即使在毕业之后也不愿轻易放弃自身的学生身份，"有大学毕业仍称在学者，盖挂名学籍，可资招摇，一旦出校，若解武装"③。与此同时，学生运动的弊端已经非常明显。在蒋梦麟的描述中，他们往往不问是非，一哄而起，甚至经常把学校当局作为斗争对象，"如果所求不遂，他们就罢课闹事。教员如果考试严格或者赞成严格一点的纪律，学生就马上罢课反对他们"。作为校长，他常常伤透脑筋，"学生要求更多的行动自由，政府则要求维持秩序，严守纪律。出了事时，不论在校内校外，校长都得负责。发生游行、示威或暴动时，大家马上找到校长，不是要他阻止这一边，就是要他帮助那一边"④。

1925年，《申报》评价北京高校"学风之坏，已臻极地，国学垂绝，士德全荒"⑤。著名报人胡政之对上述说法也表认同："今日北京学风之坏，甲于全国。"⑥北大教授燕树棠也在同一时期认

---

① 陶孟和：《现代教育的特色》，《现代评论》第一周年纪念增刊，1926年1月1日。
② 蔡元培：《在北京高等师范学校学生自治会演说词》（1920年10月），载高平叔编《蔡元培全集》第3卷，中华书局1984年版，第465页。
③ 政之：《"三·一八"案之根本善后》，《国闻周报》第3卷第13期，1926年4月11日。
④ 蒋梦麟：《西潮与新潮——蒋梦麟回忆录》，东方出版社2006年版，第161—162页。
⑤ 《学潮缓和中之教长态度—章士钊提出辞呈文》，《申报》1925年5月16日第5版。
⑥ 政之：《"三·一八"案之根本善后》，《国闻周报》第3卷第13期，1926年4月11日。

为:"近年以来学风不好,而尤以北京为甚。"① 1933 年出版的《中国大学图鉴》仍然不忘评论这一时期的北京,"因为是政治的中心,所以大学也跟了政治化,全国大学的风潮,闹得最多最凶,就是北平的高校"②。这些相同的观感确实揭示出了当时北京学界的糟糕现状。学生运动走向极端,愈发表现出盲目性、激进性的特征。

对于教师而言,持续欠薪无法保证稳定的生活,动荡的外部时局激发知识分子群体的议政浪潮,突出的表现即为对社会现实的不满。尤其在民国初年的北京,学界中人往往具有多重身份,《国闻周报》就指出:"教职员之稍稍知名者,大抵身在江湖,心存魏阙。纵令主张异常新奇,而其心志之在于沽名猎官,则与任何腐败官僚,精神上完全一致",学人过多牵涉到政治纷争当中,"不但未收改良政治之功,反令教育界随政治而腐败黑暗"。这篇评论认为,作为国都的北京,官僚之气弥漫全市,学界不可能不受影响,北京学风之坏,主因即在于"政教不分",教育家与政客混而为一。③ 除此之外,还有研究者指出,政治势力与教育界原有的各种派系因素交叉混杂,也使得这些风潮变得更为复杂。④

从教育部的因素考察,作为全国最高教育行政管理机构,它的控制力极其孱弱,缺乏应有的权威,当时即有评论指出,"教育为第一穷部,富有势力者,类唾弃不顾",它部或发现金或搭发纸币,"惟教育部不但无一毫现金,且积欠亦难望补发"。⑤ 教育部情况如此不堪,很难指望它承担起应有的职责。

---

① 燕树棠:《教员与学风》,《现代评论》第 2 卷 41 期,1925 年 9 月 19 日。
② 赵家璧:《中国大学之清算》,载《中国大学图鉴》,良友图书公司 1933 年版,第 17—18 页。
③ 政之:《"三·一八"案之根本善后》,《国闻周报》第 3 卷第 13 期,1926 年 4 月 11 日。
④ 林辉峰:《五四运动后至北伐战争前夕的教育界风潮——以马叙伦的经历为视角的考察》,《中山大学学报》2010 年第 1 期。
⑤ 沃邱仲子:《民国十年官僚腐败史》,中华书局 2007 年版,第 33 页。

1925年3月,陶孟和在评论东南大学学潮时曾有感而发:"我们处在教育衰颓的今日,在一切的教育事业,都莫不是毁于兵,限于经费,限于人才的时代……有多少的仇敌、军阀、官僚、政客,环伺于现今各教育机关的左右。有多少的恶魔、似是而非的学者、似是而非的教育家、似是而非的科学家,都蟠踞或觊觎教育的机关。"① 此言虽稍带夸张,却也形象表明,教育界(尤其是北京国立高校),不再是一片教书育人的领地,它本来的职责已经丧失,教育沦为一种政治斗争的工具。

《国闻周报》在评论"三·一八"惨案时也指出了教育界的"工具"性质:"北京学潮,号为极盛,凡所标帜,莫不光明。然试问表里果尽一致乎?大抵教育家之视学生,如军阀之视其兵士,如劳工运动者之视其工人,胥有据为私有因时利用之之意。故学校等于地盘,争长有如夺帅。……教育界中党争之盛,达于极点"。② 各种政治势力"运动"学生,学界不再承担教书育人之责,独立性逐渐丧失,青年学生的品格受到戕害,前途也因眼前的利益得失被牺牲。

纵观北京教育界的各种风潮,多发生在国立各校之中,而一些私立以及教会大学则得以"幸免",这主要缘于良好的资金保障以及相对独立的外部环境,如清华、燕京等高校都在这一时期平稳发展,逐渐改变了北大在学界一家独大的局面,总体而言,北京的高等教育格局逐渐走向均衡。

当北京学界因为各种风潮扰攘不安之时,作为"南方"的代表——广东、上海等地则是另一番景象,尤其对于知识程度较高的读书人而言,从南方传来的源源不断的信息似乎表明,那里有一个与北京并不一样的"世界"。

---

① 孟和:《东大暴动》,《现代评论》第1卷第16期,1925年3月28日。
② 政之:《"三·一八"案之根本善后》,《国闻周报》第3卷第13期,1926年4月11日。

三 "逃离"北京

1926年6月,著名报人胡政之在一篇政论中略带文学性地描述:"中国政治,诡幻神奇,为世界冠。最近之错综复杂,尤极十五年之大观。军阀、官僚、政客胥为运命所颠倒,不知不觉中受政治的万钧烘炉之锻炼,几于无一人不焦头烂额以去。"① 1980年代,原为奉系郭松龄属下的一位将领魏益三也把1926年称为中国近代史上动荡最激烈的一年,"在这一年,北洋军阀的统治已经处于崩溃的前夕,军阀混战的次数最多,动员的人数最大,涉及的地域也最广,而大小军阀之间互相火并、离合拥拒的形势也发展到最微妙的程度"②。

胡政之和魏益三的描述主要落实到当时中国的军政格局方面,实际上,他们的论断同样适用于思想文化领域。以1926年为一个重要时间节点,当时居住在北京的知识群体③中有相当一部分人被迫离京南下,形成了一场颇具声势的迁移潮流。在这些表象的背后,预示着中国政治与文化格局正在发生重组,一个不同于以往的崭新时代已经来临。

民国肇建以来,北京政局虽然并不稳定,但普通社会层面还不至于陷入混乱。军阀之间争夺地盘的战争虽也时时波及北京(如皖直、奉直几次大战),但多在城市外围,由于交战期间另有一部分中立军队维持城市治安,所以即使战事激烈,对于城内的百姓而言,日常生活所受影响不大。

而1926年是一个重要的时间节点。从年初开始,冯玉祥的

---

① 政之:《错综复杂之时局》,《国闻周报》第3卷第22期,1926年6月13日。
② 魏益三:《我由反奉到投冯投吴投蒋的经过》,载《文史资料选辑》第51辑,中国文史出版社1986年版,第215页。
③ 本文中所谓的"知识群体"主要指当时在北京高校任职的教师,但在1920年代的北京,这个群体的构成比较复杂,很多人的身份并非单一的教师,往往是集作家、论政者、社会活动家于一身的综合体。

国民军与奉系军队以及直系军队就摩擦不断，交火区域逐渐从城外蔓延至城内，自庚子之乱后一直还算太平的京城再次陷入战乱之中，北京百姓的不安感也随之上升。梁启超这年1月写给梁思成的家信中感叹："天下大乱之时，今天谁也料不到明天的事，只好随遇而安罢了。"① 当时正在北京大学教书的顾颉刚也描述到，1926年初，由于北方军事情况的日益紧张，北京长日处于恐怖的空气之中，上午能看飞机投弹，晚上则饱听炮声。普通铺户都是"清理帐目"，饭店酒馆又是"修理炉灶"，阔气一点的铺子则是"铁门有电"，比了阴历元旦的歇业还要整齐。②《现代评论》也验证了这种局面："国奉两军隐隐的枪炮声，呐喊声，痛楚声又打进我们的耳鼓了。不到下午六七点钟，平日的繁华街市都已灯消火息，来往的人们一个个慌慌张张地，好像大祸就在目前一般！"③

国民军与奉、直军队之间的较量始终处于劣势，最终于1926年4月退出北京，但仍留有余部驻扎在城内，此时北京城内的情况非常复杂，著名报人胡政之观察到的情况是："今日环围北京之军队，不下十数万。而一出城门，招兵旗帜，犹随处可见。"④ 分属不同派系的军队之间多有冲突，并波及百姓的日常生活。

对北京的知识群体而言，更具震慑性的事件是"三·一八"惨案。1926年3月18日，以学生为主的团体在铁狮子总统府前请愿，抗议日本军舰炮击天津大沽口，政府卫兵当场向请愿队伍开枪射击，死伤多人，造成"三·一八"惨案。如果说，震惊中外的五卅事件尚是外人残杀中国人，而"三·一八"惨案则是国人

---

① 丁文江、赵丰田编：《梁启超年谱长编》，上海人民出版社2009年版，第689页。
② 顾颉刚编著：《古史辨》第1册，上海古籍出版社1982年版，"前言"第102页。
③ 文：《北京人的生活》，《现代评论》第3卷69期，1926年4月3日。
④ 政之：《北方今后将永无宁日》，《国闻周报》第3卷第18期，1926年5月16日。

自己残杀自己人,因此性质比五卅事件更加严重。鲁迅将3月18日定义为"民国以来最黑暗的一天"①。就连执政府司法总长兼教育总长章士钊都感慨"三·一八惨案"对国家元气的损伤。② 日本人掌控的《顺天时报》也发表文章认为3月18日的惨剧是"民国史上第一可悲痛之事也"③。

无论"三·一八"惨案中的细节如何还原,政府卫队直接向示威群众开枪射杀的行为确实开民国以来未曾有之先例。周作人认为这是晚清以来在北京发生的最残忍的屠杀,开启了"对知识阶级的恐怖时代"。他将"五四运动"与"三·一八"惨案做了一番对比,认为前者代表了"知识阶级对于北京政府进攻的成功",而后者代表了"北京政府对于知识阶级以及人民的反攻的开始"。他回忆道,"三·一八"之后,学生整批被枪击,教员也陆续被捉去杀害,"北大教授星散,多数南行,只剩若干肯冒点险的留在北京"④。

周作人的这种感受实际上反映了1926年开启的居京知识群体的南下趋势。"三·一八"惨案后第二天,执政府就颁布《临时执政令》,以"假借共产学说,啸聚群众,屡肇事端"为由,通缉徐谦、李大钊、李煜瀛、易培基、顾兆熊5人。其中,徐谦为中俄大学校长,李大钊为北京大学教授,李煜瀛为中法大学校长兼清室善后委员会委员长,易培基为北京女子师范大学校长,顾兆熊为北京大学教务长,其他几乎全为教育界、出版界人士。鲁迅也于惨案发生之后至刑部街的山本医院躲避,后又转移到锦什坊街的莽原社。1926年4月16日,奉军查封《京报》报馆,逮捕了总编

---

① 鲁迅:《无花的蔷薇(二)》,《鲁迅全集》第3卷,人民文学出版社2005年版,第280页。
② 《时评》,《甲寅》第1卷第34号,1926年3月。
③ 刘云樵:《所望于智识阶级和舆论界者》,《顺天时报》1926年3月22日第7版。
④ 周作人:《红楼内外》,载陈平原、夏晓虹编《北大旧事》,生活·读书·新知三联书店1998年版,第406页。

辑邵飘萍，4月26日将其作为"赤化分子"枪决。这一事件对于当时在京的知识界人士而言，不啻为一次极大的震动。鲁迅再次转移至东交民巷法国医院暂时躲避，"一间破旧什物的堆积房中，十人聚居，夜晚同在水门汀地面上睡觉，白天用面包和罐头食品充饥"①。

此后，军警又搜查了北大、北师大、女师大、中国大学等地，首要目标即为捉拿"赤化"者，北大是搜查重点，北京一时风声鹤唳，舆论感叹："近数日来，北京社会忽然表现一种恐慌的景象。尤其知识阶级的人士，无论是在教育界或不在教育界的，无论是教员或学生，更无论是所谓赤化或非赤化的，大家都像有大祸临头似的，表示十分不安的状态。"② 不仅如此，社会治安也一片混乱，最终演化成"无法无天"的景象："我们只看见今天甲司令部捕去学生，明天乙机关传押新闻记者，后天丙军事人员架去学校校长。"不可思议的是，"这些捕人的事，究竟为的甚么理由，依着那个责任当局的命令，经过了那种法定手续，莫说小百姓不明白，似乎连所谓内阁也不知道"③。北京城内以往相对宽松的政治环境已经随着张作霖、张宗昌的进入而逐渐带有恐怖的意味。

"恐怖"是当时各方形容北京治安状态普遍使用的词汇。1926年8月5日深夜，《社会日报》经理林白水被军警从报馆带走，翌日便以通敌罪名被张宗昌下令处决，此时距邵飘萍被杀不过百日，所谓"萍水相逢百日间"。林白水死后，"北京的言论界，也一个一个噤如寒蝉，默然不发一语，好像一点人类应有的同情心都没有"④。此时的言论界比较普遍地奉行着"明哲保身"的原则，坚持"不言不论"主义，"一向以报界'明星'自居的报纸，都把社论栏

---

① 曹聚仁：《鲁迅年谱》校注本，生活·读书·新知三联书店2011年版，第54—55页。当时躲进法国医院的还有北大学门主任沈兼士等人。
② 文：《北京的恐慌》，《现代评论》第3卷第73期，1926年5月1日。
③ 纯：《北京政府与恐怖状态》，《现代评论》第4卷81期，1926年6月26日。
④ 云：《可怜的言论界》，《现代评论》第4卷88期，1926年8月14日。

时评栏一律收起，拼命的忍气吞声，一言不发；要是发言，也不过拣一个势力不及北京的甚么'党政府'来骂骂，出口鸟气就够了"①。出现这种局面并不为怪，新闻记者也有不得已的苦衷，因为"在现今恐怖状态的北京城圈里，一开口便有吃枪子的危险"②。

北大教授张慰慈给时在美国的胡适写信，也述及此时国内的这种情形："现在北京一般人的口都已封闭了，什么话都不能说，每天的日报、晚报甚而至于周报，都是充满了空白的地位……同时一切书信与电报都受严格的检查，听说被截留的甚多，并且无故被捕的人也不少……近来北京的局面是差不多到了法国革命时代的 Reign of terror（恐怖统治）了，健全的舆论是不可能的事。"③

民国以来，北京政府对待文人的态度相对温和，整体的舆论环境也比较宽松。五四时期学生大规模的游行示威甚至纵火等带有暴力性质的行为，北京政府也仅仅是对个别学生拘禁几日了事。一直到"三·一八"惨案之前，虽然学潮不断，教师索薪时有发生，但北京政府对此一直比较克制。段祺瑞执政府倒台之后，奉、直两大势力控制北京，一反此前北京政府的宽松态度，随意捕杀报人、学生甚至知名教授。"最近七八个月，北京这个都会永呈一种恐怖状态。最初是空中炸弹的恐怖，接着是军队入城出城的恐怖，接着是无数军官或军事机关任意拿人任意杀人的恐怖。"④

张作霖、张宗昌等人查封报馆、捕杀记者、教授的所作所为体现出与以往北京政府主政者并不相同的思维逻辑，对于民国以来一直生活在比较宽松的舆论环境中的知识群体而言，震慑作用非常明显。如果说在此之前只是生活上陷入困难，那么在此之后则是生存环境陷入危险，群体性的恐慌开始蔓延，逃离北京成为一种更加普遍而现实的选择，知识界的南下趋势更加明显。《国闻周

---

① 万：《从何说起》，《现代评论》第4卷80期，1926年6月19日。
② 纯：《时局与言论界》，《现代评论》第4卷92期，1926年9月11日。
③ 《张慰慈致胡适》（1927年1月16日），载中国社会科学院近代史研究所中华民国史组编《胡适来往书信选》（上），中华书局1979年版，第421页。
④ 文：《北京解严》，《现代评论》第4卷101期，1926年11月13日。

报》观察此时的情形是，"会叫会跳的分子，都匆匆忙忙离开了北京，这样一来，北京的教育界，愈成了黄昏景象"①。《大公报》也报道了当时北京高校教师的流动状态："各校教员最近又纷纷离京，如北大哲学教授张颐，已应厦大之聘。法大教务长潘大道，已应上海法科大学之聘，均于昨日离京。师大代理校长汪懋祖，已应东南大学之聘，不日离京。其余纷纷南下者尚多，大约以上海、广东、南京、厦门四处为归宿。而成都大学所聘亦复不少，成大教务长吴永权，在北京所聘原任国立九校教授如李璜、曹四勿等计十余人，已经陆续出京。"由于离京教授过多，几乎已动摇北京学界的班底，该报甚至还担心，"将来即令教育经费有着，恐不免有教授缺人之叹矣"②。

大约与此同时，厦门大学刚刚新设的国学院正在招兵买马，先前已经从北大国学门移职转至厦大的林语堂正担任文科学长，利用原来的人脉关系，他广泛联系那些经济环境与安全环境都不能得到足够保障的国学门的老同事，开出的薪水条件也具有足够的吸引力，以北大国学门主任沈兼士为首，顾颉刚、张星烺、魏建功、林万里、孙伏园、章廷谦、容肇祖、陈乃乾、潘家洵、黄坚、丁山等人集体南下厦大，鲁迅也是其中的一员。

1926年暑假之后，在国立北京艺术专科学校教书的闻一多同样也因经济困难被迫离开了北京，进入上海国立政治大学任教并担任训导长，尽管这个职务并不适合他，但上海至少能给他提供一个相对安稳的环境。而对于顾颉刚、闻一多而言，他们只是知识界众多离京南下群体中的一员。北京是人文荟萃的古都，论学术积累国内城市无出其右，如非迫不得已，少有学人情愿离开。顾颉刚虽选择了厦门，但他清醒认识到，厦大国学院毕竟属于新开，学术氛围与学术环境与北京相差甚远，因此，在他的计划中，迫于生计的南下只是暂时的选择，在北京的"书籍什物，一切不

---

① 慎予：《蔡元培与北大》，《国闻周报》第3卷第29期，1926年8月1日。
② 《国立九校教授纷纷出京》，《大公报》1926年9月16日第3版。

动,只算作一旅行而已"①。

教师群体南下寻找新的出路,学生群体亦不甘人后。1926年底,《现代评论》刊登了一篇文章,对学生群体在南北两地不同的处境进行了一番对比:"南方政府大可算是青年政府,南方军队大可算是学生军队,所以学生们在南方,可说是时髦之至。宣传主义用学生,侦探军情用学生,图谋内应用学生,组织政府也用学生。"而反过来看那些在北方的学生们,"开会有罪,发行出版物有罪,监视侦查,异常周密"②。学生境遇的不同也反映出两地不同的精神风貌与发展潜力,体现出南方政府更大的感召力。1926年7月北伐正式开始之后,对于像王凡西这些在北京的青年来说,革命斗争"像野火般蔓延开来,整个南中国的天际被烧得通红",他们"从阴暗的北国遥望南天,越发见得这景色迷人,壮丽无比……"③《晨报》也报道:"自北伐军占阳夏,由沪往粤投效者三日之内达三百人,由京往粤投效者六百人,类皆大学学生。"④这份报纸还在1927年3月11日专门刊出一幅题为"孔雀东南飞"的插画,描述居京知识群体的南下潮流。《现代评论》则认定那是一个"人人南下","有力者想去卖力,无力者想去卖智"的时代。⑤

南下青年投身"革命"是一种路径,另外一些人还有不同的选择。1927年底,蔡元培致信时任第四中山大学(前身为东南大学,即后来的中央大学)校长张乃燕,为一批北大学生谋求转学:"北大学生刘念甘、黄继植等27人来晤,述在北京军阀铁蹄之下,生命濒危;北大改组以后,教授课程,两皆腐败,不得已相率南来,恳求转学第四中山大学,使得继续修业等情。谨为介绍,拟

---

① 顾潮:《历劫终叫志不灰——我的父亲顾颉刚》,华东师范大学出版社1997年版,第99页。
② 巫:《学生界有幸有不幸》,《现代评论》第5卷105期,1926年12月11日。
③ 王凡西:《双山回忆录》,现代史料编刊社1980年版,第22页。
④ 百忧:《以科学眼光解剖时局》,《晨报副镌》第50号,1926年10月5日。
⑤ 宇文:《打倒智识阶级》,《现代评论》第5卷116期,1927年2月26日。

请于本年第二学期开始即准其转学。"①

由于大量青年学生离京，导致北京高等教育规模锐减。到了 1927 年春天，北京那些前几年"应运而生，好像雨后苍苔似的私立大学，一个一个的关了门"。而国立各校也是为穷所迫，许多教员们"因故离京"，自谋生路，"寒假以后，学是开了，课也上了，但实际上教员的缺额有三分之一，到校的学生也过不了三分之一"。②此时，媒体上不断有北京青年学生被捕的报道，"北京各校学生，近有四十余人被捕，一时震动，纷起营救"③。

1927 年 4 月 5 日，北京武装警察队会同奉军宪兵，得外交团默契，进入东交民巷使馆区，以"反赤化"的名义，包围搜查俄国大使馆、远东银行及中东铁路办公处，拘捕李大钊、路友于、张挹兰等人并最终处决。三人临刑前的合影竟然也在北京的报纸上刊出，血淋淋的事实是对北京知识界最直观的警示。李大钊死后不久，北大教育系主任高仁山也因为参与国民党活动被张作霖杀害，这一系列事件所造成的政治高压与紧张气氛对北大而言非常严重，《大公报》指出："往年何等光芒万丈，近年蔡元培不来，蒋梦麟亦走，残喘仅属，暮气沉沉"，学术研究基本陷入停顿状态。④史学系主任朱希祖之子朱偰也回忆道，由于李大钊、高仁山等被杀，北大的教授与学生"人人自危"，一时间很多人离开，"留下来的也大多销声匿迹，深自韬晦；走不开的许多教授，也大多考虑如何应变，另谋出路；或者转到清华大学、燕京大学去。北大从第一院到第三院，呈现一片零落景象"⑤。

---

① 《蔡元培致张乃燕函》（1927 年 12 月 30 日），见钱斌、宋培基《新发现蔡元培与北大学人相关的六篇佚文》，《北京大学教育评论》第 6 卷第 3 期，2008 年 7 月。
② 召：《凋敝的北京》，《现代评论》第 5 卷第 118 期，1927 年 3 月 21 日。
③ 《北京逮捕学生事》，《大公报》1927 年 3 月 25 日第 1 版。
④ 《北京国立九校关门》，《大公报》1927 年 4 月 28 日第 1 版。
⑤ 朱偰：《北京大学的复校运动》，载陈平原、夏晓红编《北大旧事》，生活·读书·新知三联书店 1998 年版，第 135 页。

伴随知识群体南迁的还有一批重要刊物。在1920年代的北京，当新文化运动退潮之后，出版界一个突出现象是同人刊物的兴起，现代知识分子借助某种报刊建构起了一个公共的言说平台，在这个平台上发表自己的作品、表达自身的政治态度，这也是知识群体兴起的重要媒介。《现代评论》与《语丝》是其中重要的代表，二者不仅都具有广泛的影响，更重要的是，以这两份刊物为平台，集聚起了一批当时的知识精英，形成相对固定的文人团体，确立起比较松散的联盟。

《现代评论》创刊于1924年12月13日，大部分撰稿人均供职于北京大学，如前所述，在1920年代，北大一直处于北京学界风潮中心。随着北大同人大部分离京南下，围绕《现代评论》杂志的这样一个相对固定的知识群体逐渐走向解体，主编王世杰与周鲠生一同去往武汉，其他如高一涵、燕树棠、皮宗石、余上沅、陈源、王星拱、徐志摩、刘英士、杨端六、梁实秋、叶公超、丁燮林等也于1926至1927年间纷纷南下上海、南京等地。《现代评论》于1927年3月从138期开始，正式迁至上海出版。

同一时期北京的另一份重要同人刊物《语丝》创刊于1924年11月，并在杂志基础上成立了北新书局。鲁迅、周作人、钱玄同、刘半农、俞平伯、林语堂、废名、江绍原、孙福熙、章衣萍、柔石等人为该刊供稿。1927年10月，出版至154期时连同北新书局一起被张作霖查封。早在查封之前，作为"语丝的主将"，鲁迅已于1926年8月离开北京。孙伏园、章廷谦等也先后赶到厦门，章衣萍于1927年夏到达上海。1927年12月，《语丝》第155与156期移至上海出版。

四 知识群体南迁与中国文化格局重组

北京知识群体大规模南下之后，无论是政治姿态，还是生存方式都发生了相应的变化,《现代评论》就指出,随着国家政治中心逐渐南移,"智识阶级内有很多跑到南方去尽力"①。这种观察大致勾勒出 1920 年代中期国民党在知识群体眼中的地位不断上升的曲线。以《现代评论》群体为例,南下之后有相当比例的人物投向新兴的国民党政权。其中,主编王世杰历任湖北省政府委员、武大校长、国民政府法制局局长、教育部部长、国民党中央宣传部部长等要职;高一涵曾任武昌中华大学政治系主任,同时还兼任国民革命军总司令部政治部编译委员会主任委员、代理宣传科科长;周鲠生于 1926 年到达广州,参加了中山大学的筹备工作;杨端六在广州经杨杏佛介绍,加入了国民党;张奚若应蔡元培邀请,出任国民政府大学院高等教育处处长;唐有壬南下后,曾担任关税会议专门委员、湖北省银行行长兼湖北省金库长,复任中国银行总管理处调查部主任等职。

如果把该刊先前刊发的一些对国民党政权的评论性文字进行分析,就可对这些人的政治选择找到合理解释。《现代评论》创刊之后,就对南方政权多有关注,相继刊出了多篇介绍广东的文字,多属正面、肯定性观感。1925 年 7 月广东国民政府建立之后,该刊便对其表达了非常乐观的预见:"广东政府的建立,是一班怀着革新思想的人,不满于中国现代社会的腐败,而想另造成一个局面。"② 同年年底,再次肯定国民党政绩:"广东国民政府自极力整顿以来,政治军事,大改旧观,虽有若干人百般诬蔑,但是事实总不能抹煞。"③ 1926 年 10 月,《现代评论》刊登一篇通信,其中提及:"你在现在的中国里面若要找一个较自由及平等的地方,请你到广州去。"文中还引用了一位美国人在中国考察后发表的文章中的一个论断,即当时在北京所看见的是过去的中国;在上海所

---

① 曲殿元:《过去一年北京经济的衰颓》,《现代评论》第 5 卷第 115 期,1927 年 2 月 19 日。

② 唐有壬:《广东国民政府的形势》,《现代评论》第 2 卷 44 期,1925 年 10 月 10 日。

③ 唐有壬:《时局前途的推测》,《现代评论》第 2 卷 52 期,1925 年 12 月 5 日。

看见的是现在的中国;在广州所看见的是将来的中国。①

与之对应的则是对北京观感的普遍不佳:"走到前门外去看看,所有大小商店都挂出修理门面的招牌,实行变相的停业了。平日充满道路的洋车夫也自动的或被动的从军去了。从前一家住一所房子的现在都实行合居政策了。各衙署机关的灾官时有贫而自杀的了。各学校上半年虽算敷衍过去,下半年恐除关门外无他法,教员们也早就风流云散。……总而言之,士农工商都快完全破产了。"② 而对于1926年双十节的北京,"除掉公共机关门前五色旗飘扬之外,一点儿也看不出国庆的景象",以至于"气象消沉万分"。③ 正是由于这种对比,《现代评论》得出基本结论:"就大体说,南方所希望者为真共和,北方所容忍者为旧专制;南方要实行平民主义,北方要贯彻武力统一;南方着眼在将来,北方注意在现在;南方为新进少年的活动地,北方为官僚政客的逋逃薮。"④

1926年7月北伐开始之后,这种对南方的正面观感也相应转化为对南方军队的政治倾向,尤其是与张作霖入主中枢之后对居京文人的高压政策进行对比之后,更使北方舆论产生了"南北新旧"的判断。⑤ 北方的《晨报》直接将当时的北伐战争定义为"新旧大战争"⑥。在当时的北大,"当北京报纸宣传孙军如何胜利,党军如何溃败的时候,阅报室的人,真是萧条寂寞到极点。迨至近数日九江失守的消息传来,阅报的人踊跃兴奋,异常拥挤,

---

① 龙冠海:《广州一瞥》("通信"),《现代评论》第4卷第97期,1926年10月16日。
② 唐有壬:《这算甚么局面》,《现代评论》第4卷第81期,1926年6月26日。
③ 文:《双十节》,《现代评论》第4卷97期,1926年10月16日。
④ 张奚若:《南北可以妥协吗》,《现代评论》第5卷118期,1927年3月21日。
⑤ 参见罗志田《南北新旧与北伐成功的再诠释》,载《乱世潜流:民族主义与民国政治》,上海古籍出版社2001年版。
⑥ 百忧:《以科学眼光解剖时局》,《晨报副镌》1926年10月5日。

此事虽小,亦可测验出多数学生对此战争的态度与人心之向背了"①。

作为《现代评论》这一群体的核心人物与精神领袖,胡适的选择更带有风向标的意味。1926年7月17日,胡适从北京动身,途经苏联赴伦敦参加"英国庚款咨询委员会"全体委员会议,会后又赴美。1927年4月12日,胡适由美国西雅图登船回国。此时,蒋介石已经开始在上海公开"清党",而张作霖控制下的北京也隐藏着危险与不安,他在中途停留在了日本横滨。在经停日本的几个星期之中,胡适主要通过报纸杂志以及与国内友人的通信了解国内近况。经过权衡考虑,胡适于5月17日自神户乘船离开日本,他没有回到北京,而是选择上海为最终目的地。

在国家最高权力的争夺过程中,知识精英虽然不能起到决定性作用,但这些人的政治选择往往具有重要的象征意义,隐含着历史发展的某种趋向。从这个角度而言,1926年北京知识界的南下潮流实际上是国家政权交割前夕在文化领域的一场"预演",他们的这种行为表明,在胜负未有定论之前,胜利的天平已经向南方倾斜。

南下知识精英们除有一些人进入新生政权的行政领域外,大部分从事的还是更加熟悉的文化教育工作,高校仍是最重要的选择。这对于南方高校学术水准的提升与南北文化格局的调整也具有积极意义。1920年代之前,江浙、南粤等地区虽然贡献了近代中国人数众多的学界人物,但与之产生鲜明对比的则是这些地方却几乎没有产生有全国性影响力的现代学术机构,大批名流主要聚集在北京。1926年前后居京学人大批南下之后,纷纷在南方的一些大学重新上岗,对这些高校的师资力量形成重要的补充,它们日后的发展在一定程度上也得益于此。

如前所述,北大国学门的一批学人转战厦大,对厦大国学院研

---

① 王日新:《南北局势剧变后中外人士的态度》("通信"),《现代评论》第4卷102期,1926年11月20日。

究力量与研究水平的提升起到了非常关键的作用。广东的中山大学也是这股学人南下潮流的受益者。据1927年8月中大《本校文史科介绍》所列的教授名单看，有傅斯年、顾颉刚、江绍原、汪敬熙、冯文潜、毛准、马衡、丁山、罗常培、吴梅、俞平伯、赵元任、杨振声、商承祚、史禄国等。① 这些人在此之前多数供职于北大。其后不久，或受到南方革命气象的感召，或受到北方白色恐怖的逼迫，另一批北大学人鲁迅、容肇祖、董作宾、朱家骅、罗庸、费鸿年等也陆续来到中山大学。这批人的到来不仅大大充实了中大的学术队伍，同时也把北大的学术风气整体移植到新环境，中大也开始成为国内学界新星。傅斯年等人创办的《国立中山大学语言历史学研究所周刊》是北大《北京大学研究所国学门周刊》的继续和发展，所办的《民俗》周刊更是北大"民俗学"研究的南下。而在"民俗学"中，他们特别看好歌谣等鲜活的民间文学，这正是胡适倡导的白话新文学的一个重要的支撑力量。同时，因顾颉刚、江绍原在中山大学执教，带动了钟敬文、容肇祖在民俗学领域的崛起。②

在知识精英们投奔国民党政权的过程中，像蔡元培这样的老资格也对于他们的选择具有很大的引领作用，蔡元培广泛的人脉关系成为知识精英们与新生国家政权之间的重要联络纽带。1928年夏武汉大学筹建，已经担任南京国民政府大学院院长的蔡元培指派刘树杞、李四光、王星拱、周鲠生、麦焕章、黄建中、曾昭安、任凯南8人为筹备委员。其中，李四光、王星拱、周鲠生都是南下的北大教授。后来，王世杰、朱家骅、陈源、郁达夫、石瑛、皮宗石等原北大人物纷纷加入其中，王世杰更是成为初创时期的武大校长。以此为班底，武大创办之后发展快速，在中国高等教育

---

① 转引自陈平原《不该消失的校园风景——〈走进中大〉序》，载《中国大学十讲》，复旦大学出版社2002年版，第223页。
② 参见沈卫威《现代大学的两大学统——以民国时期的北京大学、东南大学—中央大学为主线考察》，《学术月刊》第42卷1月号，2010年1月。

体系当中迅速占有一席之地。此后，王星拱、周鲠生也曾任校长之职。以新兴的武汉大学、浙江大学以及南京中央大学为代表，与原有南方的一些私立高校如圣约翰、东吴、同济、沪江、岭南等，形成了相对成型的南方高校群，在一定程度上打破了民初以来南北文化格局发展的不平衡，同时也大大提升了南方学界的活力与影响力。

由于外部环境发生了较大的变化，南下学人在生存方式、政治姿态、思想言说等方面也在不断调适。以胡适为例，到达上海之后，他没有马上与实际政治发生关联，而是委身于各方面分量都很不出众的私立光华大学，与新生国家政权保持着距离。对于《现代评论》群体的其他一些人而言，除在前文中述及的王世杰等加入政府机构之外，大多数还是选择了他们最为熟悉的学校。潘光旦和闻一多在新月社社友张君劢创办的国立政治大学谋得了位置，叶公超、梁实秋、刘英士、丁西林、饶孟侃等先后加入国立暨南大学。对于这批"不甘寂寞"的文人而言，一直在寻找一个新的阵地以此确立在上海的存在方式。

1927年7月，他们以胡适为中心再次迅速集聚，通过集资方式创办新月书店，胡适任董事长，余上沅任经理，徐志摩、丁西林、张嘉铸、闻一多、潘光旦、饶孟侃、叶公超、梁实秋等为董事。次年3月，《新月》月刊出版，这个群体大多成为该刊的编辑以及主要撰稿人。新月书店的创办以及《新月》月刊的出版是这批知识精英们在一个新的政治环境与言论空间中谋求发言权与政见表达的一种努力。作为一个新兴的工商业明星城市，上海不具有像北京那样盘根错节的上层政治关系网络，也缺乏像北京大学这样的学术重镇做依托，这批自由主义文人试图在"国家权力"与"知识力量"之间，划分出一片自由论政空间，"但这是一种超越了当时社会历史条件的关系设想和自我定位"①。在此后"人权

---

① 相关研究参见叶中强《从知识体制中心走向自由媒体市场——"新月派"文人在上海》，《史林》2008年第6期。

与约法""自由与独裁"的一系列讨论中,胡适与国民党当局的关系一度出现紧张。有研究者认为,胡适在上海的这几年,恰是在"暴得大名"后声誉渐落,左右不甚逢源的时候。① 在党国体制逐渐确立的时代,一向信奉自由主义的胡适也需要重新调整自己在政界与学界的准确定位。

《语丝》南下之后虽然能够在上海继续发行,但迥异于北京的异质环境必然影响到报刊本身的运作模式与表达方式,语丝社北京时期以《语丝》周刊为阵地进行"社会批评"和"文明批评",是典范的同人刊物,是现代知识分子建构言说空间的一个重要平台。南迁上海后,由于同人立场发生嬗变,这一言说平台由建构到解构,表现出明显特征:同人启蒙立场逐渐消解、批评本体色彩逐渐弱化、编辑主体和创作主体由一体到分离、出版策略与文化理想由反抗转变为迎合,读者趣味决定了杂志的取向,商业色彩愈发浓厚,这些现象已经与最初的办刊宗旨出现明显偏离。②《语丝》的最终命运是走向了无可避免的消亡。南京国民政府的建立与巩固实际上已经宣告了一个新的时代即将到来。

从五四运动到1927年南京国民政府建立的那几年是中国政治、军事格局发生重大变动的时期,也是文化教育格局发生大调整的时期。外部政局的动荡持续影响到北京学界内部。由于北京政府控制范围的萎缩,财源逐渐枯竭,军阀割据,庞大的军费开支严重挤占本就十分微薄的教育经费,长期的投入不足导致校内局势的不稳,正常的教学秩序无法维持,无论教师还是学生,均不安其位,学业正途无暇顾及,经济生活陷入低谷。

更加严重的是,知识群体借助于各种公开的请愿、游行活动,

---

① 罗志田:《个人与国家:北伐前后胡适政治态度之转变》,载《乱世潜流:民族主义与民国政治》,上海古籍出版社2001年版,第265页。
② 《语丝》周刊是一个典型案例,参见张积玉、赵林《〈语丝〉周刊与中国现代知识分子言说空间的偏离》,《海南大学学报》2008年第1期;颜浩《民间化:现代同人杂志的出版策略——20世纪20年代的〈语丝〉杂志和北新书局》,《北京社会科学》2005年第2期。

以愈加高昂的姿态不断挑战着当权者的容忍底线，加剧了他们与北京政府之间的紧张对立。以"三·一八"惨案为标志，北京政府开始改变以往一贯比较宽松的文化政策。张作霖控制中央政权之后，对知识界的高压政策不断升级，李大钊这样一个知名学者因政治态度被杀，《语丝》《现代评论》等重要刊物被迫转移，表明此时的北京已经不存在容纳多元思想的言论空间，知识群体大规模南下。广阔的文化市场、良好的经济环境以及相对宽松的政治环境，尤其是租界内特殊的言论环境，使得上海对知识界人士构成了极大的吸引力，这些优势又通过与北京的对比，得到不断放大，于是上海成为知识阶级南下的首选。

不过，对于一直以来依托于最高学府的知识精英而言，上海相对宽松的政治空间、发达的文化市场虽然为他们提供了更加充裕的物质生活环境，但浓重的商业氛围与功利气息并不十分适合他们，学风浓厚的北平古城以及意境悠远的学院派生活仍然时时勾连着许多人的内心眷恋，一旦环境发生变化，他们会再次对未来的出路进行选择。随着20世纪20年代末、30年代初北平局势的逐渐平稳，南下上海的许多学人辗转回到北平，再次出现在了那些根基深厚的高校讲台上与书斋中。① 蒋梦麟、胡适重掌北大，借助中国教育文化基金董事会的经济支持以及原有的学术网络，北大的发展重新走向良性轨道，由此奠定了30年代中期北大中兴的基础。同一时期，清华大学也因改制，再次吸引了一批曾经的南下学人以及一些留学生，燕京大学、辅仁大学也纷纷崛起，形成北平的"四大高校"，再次占据国内学术的顶尖阵地，而民国北京的学术与文化，正是在这种不断的迁徙流转中，一直向前。

---

① 有论者对此进行了统计，1930年前后北上的学人包括胡适、傅斯年、顾颉刚、杨树达、余嘉锡、刘文典、汤用彤、徐志摩、潘光旦、罗隆基、吴泽霖、闻一多、陈嘉、雷海宗、浦江清、向达、王万里、王绳祖、陆维钊、王庸、郭廷以、陈梦家、陆志韦、吴有训、赵忠尧、顾毓琇、曾昭抡等。作者认为这是中国知识界内部机理的深刻反应。参见刘超《现代中国知识界的"南北问题"——以东大和清华为例》，《社会科学论坛》2011年第2期。

知识分子的南下与北上，大致可以视为中国近现代史上政治与文化的风向标。1926年前后北京知识群体的南下潮流是以往数年多种因素积聚的必然反应，反映出新政治中心对知识精英的吸引力以及政治中心与文化中心的互动关系。可以认为，知识群体的大规模南迁与当时中国政治中心、文化中心的南移是同一个过程，这种迁移本身既是文化中心转移的重要表征，也是一个相应的结果。北京已经不能为知识界提供基本的外部条件，而上海、江浙等地无论是在政治氛围，还是在经济环境等方面，都有着一定的筹码。因此，出于或主动或被动的各种因素的累积，知识群体的南下已经不是单独的个体行为，而是转化为一种整体的时代潮流，形成一种引人关注的时代现象。

第四章
国民党组织在北京的早期发展

近代中国,一个政党的早期组织形态往往呈现特定的区域特征。① 以北京为例,在国共两党的早期历史中承担了不同的角色与功能。与北京作为中国共产党重要发源地的历史地位不同,中国国民党长期立足于南方,在北方地区的发展规模与程度都比较有限。国共合作政策确立之后,在孙中山的安排下,李大钊作为跨党党员,与丁惟汾等人共同领导了国民党在北京的革命运动,国民党组织在北方迅速发展壮大,但内部纷争一直没有停息,反而愈演愈烈。孙中山逝世之后,国民党中央层面的分化进一步加剧并传导至各地,北京亦受到明显影响,共产党联合国民党左派与西山会议派相互对峙,国民党北京执行部与民治主义同志会、孙文主义学会的激烈斗争则直接走向前台,各种力量相互缠结,国民党在京党务呈现非常复杂混沌的局面。②

---

① 有研究者指出,国民党最初是一个地域色彩比较浓厚的政党,以中国同盟会成立前的三个主要革命团体为例,孙中山领导的兴中会成员绝大多数是广东人,他后来一直信赖的干部也以广东籍为主;华兴会成员则多是湖南人,光复会的主要成员都是浙江人。参见金以林《地域观念与派系冲突——以二三十年代国民党粤籍领袖为中心的考察》,《历史研究》2005年第3期。

② 对于国民党的早期组织发展,既往研究多侧重南方,而对以北京为中心的北方地区,关注不够。这种情况一方面缘于相关资料比较缺乏,且显凌乱;另一方面也与国民党在北方的早期组织系统比较繁复有关。国共合作关系确立之后,借助于一批出色的共产党人的有力推进,国民党在北京有了较快发展,但此时很多党员都具有"跨党"双重身份,国共关系混淆不清,两党的工作往往同时进行,二者不易区分。比较而言,共产党在北京的历史受到的关注明显更多,这也在一定程度上遮盖了国民党在北京的发展情形。一些国民党通史对此的叙述通常也比较简略。

一　国共合作与国民党北京党务逐渐恢复

国民党自清末同盟会时代开始，一直以长江以南为主要活动基地，北京作为"帝都"，清政府防范严密，国民党在此投入力量不多。不过，由于南方起义屡遭失败，同盟会一些人士主张深入北京直接进行"中央革命"。宣统时期，越来越多的同盟会会员来到北京，一方面开展政治宣传，如创办《帝国日报》《国风日报》《国光新闻》等；另一方面主要通过暗杀手段，为革命"造势"，如时年28岁的汪精卫就有刺杀摄政王载沣之举。1911年7月京津同盟会在天津成立后，一度将暗杀清廷要员视为革命成功的捷径，先后组织成员刺杀袁世凯、良弼、载泽等，革命党人在北京的"声名"开始传播。

1912年2月，清帝退位，京津同盟会随即解散。当年8月，孙中山北上，国民党与袁世凯的关系经历了一段短暂的"蜜月期"。8月25日，孙中山在北京湖广会馆主持了中国同盟会、统一共和党、国民公党、国民共进会、共和实进会五个党派团体的合并大会，中国国民党宣告成立。此后，国民党在北京政府国会内部一度比较活跃，一些国民党人主要在政界、军界、教育界等上层社会周旋，但并未顺势向基层社会渗透，"国民党在北京的势力本极脆弱，在国会及新闻界中，只有国民党党员个人的奋斗，而没有国民党组织的建立"①。1913年国民党发动"二次革命"失败之后，在北方再遭重大打击，势力"凋落"，基本处于"蛰伏"状态，部分国民党议员选择继续留在国会之中，寻求通过政治手段而非军事方式处理与袁世凯以及其他政治对手的关系，但效果不

---

① 李云汉：《从容共到清党》，台北：及人书局1987年版，第250页。本书对1920年代初期国民党在北京的组织发展有较为清晰的勾勒，见第250—259页。

佳。随着袁世凯成为正式总统，民初议会政治暂告一段落。①

经历护国运动、护法运动之后，国民党在北京的活动开始零星恢复。1918年之后，国民党人卢钊在北京设立了"壬戌俱乐部"和"中社"。其中，"中社"为一社团，成员多为青年知识分子，隶属于"壬戌俱乐部"，以拥护和实行"中山主义"为共同信仰。在卢钊的构想中，"壬戌俱乐部"上承国民党本部党务部之命，秘密策划北京党务，对"中社"有发号施令之权，而"中社"的设立是为"收罗党员之梯阶"，"此中分子较为复杂，但经试验之后，即由钊介绍入党"。② 总体而言，这些机构都比较松散，可视为国民党在北京的外围组织。

进入1920年代之后，国民党在北京的活动渐有起色。1922年5月直奉战争结束，直系重新控制中央政权，并迎回黎元洪就职总统。在吴佩孚的主导下，北京国会重开，北方政治呈现新局。面对此种局面，在孙中山的指示下，邹鲁与谢持等人利用赴北京出席国会的机会，积极谋求向北方扩展国民党党务。他们把重点放在教育界，联络北京高校学生，宣传主义，逐步发展了一批年轻的积极分子。受此影响，"中社"在这一时期发展较快，最初没有固定社址，只轮流在中央公园、天坛、郊外或学校内集会，稍后设社址于励群学院及西城帝王庙内的中华教育改进社。组织略分总务、编辑、交际等部，发行《民中周刊》，也称"民生社"。1923年3月，他们继续扩大活动范围，组织读书会，开办平民学校，创立大中公学（后改称大中中学），并在"中社"基础上成立"民中俱乐部"。青年群体的加入壮大了国民党的组织体系。由于此时国民党在北京尚处于地下状态，这些学生组织对于国民党北京党务的开展也起到了重要的掩护作用，"自民国二年二次革命失

---

① 余杰：《国民党留守议员与"二次革命"后的北京国会》，《四川师范大学学报》2011年第5期。

② 《卢钊上国民党本部报告北京党务情形函》，原件藏台北"中央"党史会，转引自李云汉《从容共到清党》，台北：及人书局1987年版，第251页。

败后，本党在北方之势力，为袁世凯摧残殆尽，至此始恢复活动。北京青年学生受本党主义之感召，莫不欢欣鼓舞……其后北方革命运动之蓬勃兴起，于兹已树其基"①。

就在国民党在北京再次崛起的过程中，国共合作政策逐渐酝酿。1923年初，国民党本部决定在广州、上海、湖南、湖北、四川、北京、奉天等地设立支部。孙中山任命张继为北京支部的支部长，李大钊为总干事。由于张继奉命赴奉天，同时身兼本部要职，无法到北京履职，李大钊成为国民党在北京党务的主要负责人。共产党此时呼吁国民党要发展普遍的国民运动，建立普遍的国民组织，李大钊在《向导》上向国民党喊话："国民党从前的政治革命的运动所以没有完全成功的原故，就是因为国民党在中国中部及北部没有在社会上植有根底的组织。国民党现在惟一要紧的工作，就在向全国国民作宣传和组织的工夫，要使国民党普遍于全中国，不要使国民党自画于广东，要使全中国为国民党所捉住，不要使国民党为广东所捉住，要使国民党成功一个全国国民的国民党，不要听他仅仅成功一个广东和海外华侨的国民党。"②

1923年5月20日，李大钊在北京组织"青年国民俱乐部"，号称"在京国民党青年的集合机关"。他尝试借此将国民党在京组织统一起来，但由于各方立场不同，感情对立，未能成功。此时，国民党在北京已经表现出分裂的迹象。1923年年初，"中社"负责人之一的北京大学学生傅汝霖与徐清和等人发起成立了民治主义同志会，以北京各大中学学生为主，并有后来居上之势。中社与民治主义同志会等组织，成员互有交叉，但宗旨一致，即拥护中山主义，主张团结"纯粹的国民党人"，创建"纯粹的国民党组织"，表现出排斥、防制共产党及社会主义青年团的明确倾向。如《民治主义同志会宣言》就标示："我们赞成真实纯洁的国民党员，并且愿意为真实纯洁的国民党员；反对盗窃国民党的'假国民党

---

① 邹鲁：《中国国民党史稿》第1册，中华书局1960年版，第303—304页。
② T. C. L.：《普遍全国的国民党》，《向导》第21期，1923年4月18日。

员'；反对一切不忠实于三民主义，及不忠实于中国国民党的任何份子……挽救中国，只有中山先生的三民主义一条路可走，只有真正纯洁的国民党党员才可靠。什么中国共产党（C.P.）、社会主义青年团（S.Y.），都是骗钱吃饭，共人之产，胡行妄为罢了。所以我们反对 C.P. 和 S.Y. 的'假革命党'，尤其反对盗窃国民党的共产份子之无人格无党德的'假国民党'。"①

这一时期，随着国共合作政策的逐步确立，共产党以及社会主义青年团在北京学界也日趋活跃，由于国共双方都将工作重点放在北京各高校之中，相互之间不时爆发冲突。1923 年 5 月 16 日，社会主义青年团负责人邓中夏在致北京的施存统、朱务善等人的信中曾提及："之光派组织什么'民治主义同志会'及'民中俱乐部'活动甚力，人数已满百余，似此他们势力骎骎可取我而代，兄等犹不可不格外努力。"②

1924 年 1 月，李大钊被孙中山指派为北京特别区代表参加国民党第一次全国代表大会。在本次会议上，正式确立了国共合作政策。会议决定国民党中央执行委员、中央监察委员一部分留在广州国民党中央党部工作，一部分赴上海、北京、汉口等五地，组织中央执行委员会派出执行部，孙中山派李大钊与丁惟汾、王法勤等人共同负责北京执行部的筹建工作。

1924 年 4 月 20 日，国民党北京执行部在织染局 29 号成立，成为中国国民党中央执行委员会在北京的执行机关，领导成员有中央执行委员李大钊、石瑛、于树德、王法勤，丁惟汾、恩克巴图，下设一处七部。北京执行部直辖北京、直隶、山东、河南、热河、察哈尔、绥远、奉天、吉林、黑龙江、山西等 15 个省区。北京执行部建立之初，因北京尚在北洋政府统治之下，国民党处于半地下状态，不能完全公开活动，为党务发展带来了诸多不便。此外，经济问题"尤为困难中之困难"，"因经济不给，致党部活

---

① 《民治主义同志会宣言》，《醒狮》1925 年第 44 期，1925 年 8 月 8 日。
② 冯资荣、何培香编著：《邓中夏年谱》，中国文史出版社 2014 年版，第 139 页。

动之能力减少，指挥不便，党员之活动遂不能完全统一，工农全体之组织遂不能着手进行。执行部所属各省区各级党部，情形亦复相同"。① 北京执行部虽然任命了各部部长，但很多不能正常到职，致使大多数部门处于"虚拟"状态，实际能够运转的只有秘书处，其中设有常务委员，秘密筹组各地党部。1924年7月，因在京中央执行委员赴广州参加一届二中全会，北京执行部仅留秘书一人，负责与各省通信，并退掉办公地点。随后，直隶、山东、河南、察哈尔、绥远、奉天、甘肃、吉林等另成立省党部。

国民党北京执行部建立之后，北方基层党务有所改观。1924年7月，国民党北京市党部在翠花胡同8号成立，由执行委员会执行一切党务，内设秘书处以及组织部、宣传部、工人部、实业部、青年部、妇女部。共产党人陈毅、范鸿劼、李国暄、刘清扬等人加入其中，于树德担任负责人，一年后改称国民党北京特别市党部。市党部依据所辖之地域，依区域之接近、交通之便利以及各学校人数之多寡，划分为九区，每区设一区党部，区党部下设区分部，先后开办的宣传品有《新民国》《国民周报》《实践》《冲锋》等，但存在时间都不长。

二 孙中山入京与国民党在京组织的进一步分裂

随着国民党北京执行部党务工作的逐渐展开，国民党在京组织系统内部的裂痕也进一步放大，并随着1924年年底孙中山入京而呈现出更加焦灼的状态。

1924年10月，冯玉祥发动"北京政变"。之后，孙中山北上入京，重要原因之一即在于其筹划已久的"中央革命"计划。"中央革命计划是在直系控制的华北和华中地区，通过秘密方式发动，直捣黄龙，武力和思想占领政治中心首都北京以及辛亥首义之地

---

① 《北京执行部报告书》（1926年1月），见中国国民党第二次全国代表大会秘书处《中国国民党第二次全国代表大会日刊》第10号，1926年1月11日。

武汉的系列相关革命行动。"① 同时，孙氏希望借此机会，扩大三民主义在北方的传播，尤其是对北方军队与军人的影响。从这一角度说，孙中山在北方开展的革命，已经不局限在单纯的军事层面，而是涵括军事、政治、主义、外交等综合内容的国民革命。

以孙中山本次入京为契机，国民党及孙中山的影响迅速向北方社会渗透，同时与广大民众发生直接关系，国民党北京执行部也于1925年2月在翠花胡同8号重新设立办公地点。据报道，截至1925年3月，国民党北京党员人数骤增，其中各大学学生大约占"十分之六七"。北京市党部为此一方面重新登记党员资格，补发新证，另一方面公开征求新党员，"以满足信仰中山主义、敬仰中山人格之要求"②。国民党北京市党部负责人于树德后来指出："北方自从总理北上之后，北方群众渐渐了解本党，渐渐热烈的参加国民革命的工作。所以说总理北上以后，对于政治上虽然没有多大的效果，但是唤起北方国民革命的要求，其影响实在深刻了。"③

国共合作时期，国民党在北京的组织架构形成了一条相对明晰的"左右之争"。左派主要集中在国民党北京执行部与北京特别市党部，右派则以民治主义同志会以及后来在此基础上成立的孙文主义学会为代表，二者之间激烈对峙，纷争不断。孙中山北上入京，不仅未能弥合双方的嫌隙，反而引发了更深层次的矛盾与冲突，并在孙氏踏入北京的那一刻起即直接达至高潮。时任社会主义青年团北京地方执委会秘书的刘伯庄在向团中央的报告中生动地描绘了下列细节：

---

① 谭群玉、曹天忠：《孙中山的讨陈方略与北伐开局》，《历史研究》2018年第2期。
② 有研究者指出，1920年代青年学生加入国民党最多的时期，一是在改组前后，一是1925年3月孙中山北上及逝世前后，见吕芳上《从学生运动到运动学生（民国八年至十八年）》，台北"中研院"近代史研究所，2005年，第255页。
③ 《于树德同志的北方政治状况报告》（1926年1月6日），载《中国国民党第一、二次全国代表大会会议史料》上册，江苏古籍出版社1986年版，第203页。

> 中山今日已来京,本来此次民治派在中央公园发起的各团体欢迎中山联合大会,他们表面上团体虽比我们多,而群众则相持,最有趣的是今日于无形中已由我们领袖了群众中,因在站时我们集合于车站,他们先集合于天安门,他们预定二十个指挥员,我们先到,他们尚无人来。我们的同学即用巧妙的方法取得不少指挥员徽章,并且将传话号筒获得,在站中一切传话司令,大半就由我们包办了……中山一出站,我们的旗子即前导而行,群众也就随着来了,一直送到了北京饭店,我们的同学首先占据一最高处,无形中即成了会场的高台,群众到齐开会,立即由我们的同学提议请中山出来讲演……中山不能讲演,由代表出面答谢,于是我们即乘此提出他们所不肯提的打倒军阀,打倒帝国主义,取消不平等条约等口号,全场一致高呼赞成,声势颇壮,虽然这样不能算我们得着群众,但是日我们的口号能为全场一致采用,总算我们领袖了这次的运动。①

对于国民党北京执行部而言,民治主义同志会只是他们表面的对手,而背后更强大的敌人则是国民党内的"反共产"势力,具体而言,就是国民党同志俱乐部与西山会议派,而民治主义同志会以及后来在此基础上成立的北京孙文主义学会只是他们的"前锋"队伍。

1924年年底孙中山进京之后,各地国民党人也陆续集聚京城,将中央层面的斗争转移到了国民党力量一直薄弱的北方。1925年1月7日,已被孙中山开除党籍的冯自由联合一批反对"容共"政策的国民党老同志在京成立了"国民党海内外同志卫党同盟会",提出七项推倒共产党的办法。② 第二天便与此前不久刚刚在京成立

---

① 《刘伯庄给团中央的报告》(节录)(1924年12月31日),原件存中央档案馆,载中共北京市委党史研究室编《第一次国共合作在北京》,北京出版社1989年版,第130—131页。

② 《国民党海内外同志卫党同盟会提出七项推倒共产党的办法》,《晨报》1925年1月14日第3版。

的由邹鲁、谢持领衔的"各省区国民党护党同志驻京办事处"共同集会。3月8日，两个组织进一步联合起来，在北京大学第三院成立"中国国民党同志俱乐部"，公开表明准备取代国民党中央执行委员会，并高调亮出排斥共产党的态度。会议通过的章程规定，俱乐部以"联络感情，拥护三民主义为宗旨"，总部设于北京，凡前同盟会会员、民国元年国民党党员、民国三年中华革命党党员以及民国九年中国国民党党员者，均可加入。但有跨党行为者，有违反三民主义情形者，有叛党事实者，不得成为会员。① 而由左派力量执掌的国民党北京执行部而言，自然成为他们最明确的反对目标。

相对于国民党同志俱乐部，西山会议派与国民党北京执行部的冲突则更加直接，历史恩怨也更深。如前文所述，作为西山会议派的代表人物，邹鲁、谢持等人在北京开展国民党党务活动更早，扶植了一批追随力量，如中社、民治主义同志会等。国民党北京执行部建立之后，"左派"势力居于主导，大力在北京各大学招募年轻力量，与民治主义同志会产生了直接的竞争关系。对于北京执行部，邹鲁等人并不认同。1925年8月15日，国民党北京特别市党部在北大三院召开改选大会，共产党人与国民党左派占据了大多数。当天下午，以民治主义同志会为代表的另一派国民党力量在骑河楼大中公学开会，另组一国民党北京市党部，这是国民党在北京分裂的最明显标志。

1925年10月14日，林森、邹鲁等人率国民政府外交代表团从广州到达北京。10月25日、26日，趁国民党北京执行部在新华门组织关税自主游行的时机，林森、邹鲁、傅汝霖等人曾两次冲入翠花胡同8号，"大半皆持铁手杖，其势汹汹，大有用武之势"，试图强力接收国民党北京执行部，但未能成功。② 事后，国民党北

---

① 《国民党俱乐部章程》，《大公报》1925年3月10日第4版。
② 《革命派党员群起反对北京右派会议》，《政治周报》第2期，1925年12月13日。

京执行部对此严正声明:"北京执行部乃为国民党合法之组织,即或有非法的行动违背党义,应按照党的章程解散之,而决不能允许由某一派抢占。而邹鲁、林森、谢持等居然带领私人抢占执行部,意在企图以北京执行部名义召集违反党纪律的中央执行委员会。此种举动岂是爱护国民党的党员行动?"①

1925年11月23日至1926年1月4日,邹鲁、谢持等人联合国民党内部一些反对"容共"政策的人士在北京西山碧云寺召开"国民党一届四中全会"(通称"西山会议"),通过了《取消共产派在本党之党籍》等议案,主要内容是既反对汪精卫,也反对共产党,并有与广州中央争夺最高权力的意图。12月3日,西山会议通过了《北京执行部组织案》,要求原国民党北京执行部交出相关文件,并将登报声明取消翠花胡同之执行部。② 会议结束之后,大部分参加西山会议的中央执行委员前往上海,邹鲁、谢持、林森等人于1925年12月14日在上海成立了另一个国民党"中央"党部机关,与原广州中央党部对峙,互争"正统",相互指责对方为"非法",这也是国民党在改组之后的第一次正式分裂。这种局面也不可避免地波及地方,北京相应也存在两个支部,一"左"一"右",各立门户,分庭抗礼。前者位于翠花胡同8号,以国民党北京执行部为代表,受到共产党人以及国民党左派力量掌控,服从广州中央本部;后者位于南长街南花园1号,以民治主义同志会以及后来的孙文主义学会为主,背后受国民党同志俱乐部以及西山会议派扶植,听命于上海中央。③

孙中山逝世之后,各地纷纷涌现以"中山主义"或"孙文主义"命名的团体,他们标榜信仰、研究、宣传、实行"孙文主

---

① 《我们最近在北方国民党工作中应取的态度》(1925年11月25日),见京师警察厅编译会编《苏联阴谋文证汇编》(1927),引自《第一次国共合作在北京》,北京出版社1989年版,第215—216页。

② 《北京执行部组织案》,见荣孟源主编《中国国民党历次代表大会及中央全会资料》(上),光明日报出版社1985年版,第366页。

③ 从广义考察,北京、上海等地的孙文主义学会分子也被认定为"西山会议派"。

义",宗旨为纯净国民党的组织,排拒共产党团。受西山会议召开的直接影响,1925年12月12日,在中社和民治主义同志会的基础上,北京孙文主义学会在北京大学三院礼堂召开成立大会,主要负责人为周德润、沈定一,林森、邹鲁出席并发表演讲。① 据报道,孙文主义学会成立之后会员踊跃加入,仅两个月时间已达1600余人。其中,北大学生有491人,法大有352人,中大有178人,大中公学有115人。②

民治主义同志会以及在此基础上成立的孙文主义学会是西山会议派的前台代理人,西山会议上也曾讨论《北京孙文主义学会呈请拨给补助费案》以及《民生周刊》经费案。邹鲁后来回忆,"西山会议"虽然被人攻击,但响应者"海内外遍处皆有",孙文主义学会作为青年组织,"也作桴鼓之应"。③

国民党在京组织的分裂与争夺对于双方都造成了很大的困扰。1926年1月初,国民党北京特别市党部通知党员准备改选执行委员,并重新划分区分部。与此同时,位于南花园1号的国民党北京市党部则在北京各报发布"中国国民党全体党员注意"启事,要求党员分七区登记。④ 这给国民党北京特别市党部造成了混乱。为此,他们只能再次刊发通告:"本党部自十三年七月成立至今,领有党证之党员共2813人,离京及赴黄埔军校者786人,故目下党员在京者共有2027人。惟查已向本部报到而划入各区分部者为1782人,尚有231人未曾报到,此中不无误向南花园一号冒称北京执行部之非法机关登记者。特再通告,望未向本部报到之党员,务于本月20以前将住址函报翠花胡同8号本部,以便划入区分部。"⑤

在国民党"二大"上,丁惟汾报告陈述,制约北京党务发展的原因有很多,包括北京政府的武力压迫、经济缺乏等,这些都

---

① 《北京孙文主义学会成立》,《民国日报》(上海)1925年12月20日第3版。
② 《北京孙文主义学会最近概况》,《京报》1926年2月12日第7版。
③ 《邹鲁回忆录》,东方出版社2010年版,第139页。
④ 《中国国民党北京市全体党员注意》,《京报》1926年1月8日第2版。
⑤ 《中国国民党北京特别市执行委员通告》,《京报》1926年1月11日第2版。

可以克服,唯独"内部分子意见的不能一致""真使我们的工作感受无限的痛苦",其中针对的即是民治主义同志会。丁氏指出,右派组织成立国民党同志俱乐部,"首先加入者,便是民治主义同志会","我们每次被人捣乱时,都是民治主义同志会的分子暗中在内面活动。即如这回西山会议向北京执行部捣乱,都是这班民治派的人物占多数"。"自从总理北上之后,北京党务的进行本来比较从前容易活动。但因为每次活动都有民治派反动的运动,而且十分出力,所以独感困难。"① 于树德也在本次大会上列举了北京国民党组织的种种分裂事例:

> 两年以来,本党自身之组织,犹未达于坚强之地位,实为今后最应注意之问题。此种现象,以北京为最甚。北京党员在本届北京市党部未改选以前,组织训练十分欠缺,反动分子复从中破坏纪律,故发生欢迎总理时,一在北大第一院设筹备处,一在中央公园设筹备处。筹备国民会议促成会时,一在虎坊桥,一在江西会馆。正在对抗英日惨杀同胞时,既有北京学联会,复有北京各校沪案后援会之现象。此数种组织中,前者皆承受北京执行部指挥,后者则自由活动。至最近复有西山会之发生。以上种种,颇与社会上以不良之印象。②

尽管如此,但总体而言,国共合作时期国民党北京党务还是呈现出比较明显的"左派"特征。合作之初,共产党人谭平山担任国民党中央组织部部长,曾安排一定数量的中共党员与青年团员到国民党各地开展基层党务,国民党一些省及地方党部也由中共党员负责筹建。邹鲁一直对此耿耿于怀,他后来回忆指出:"组织

---

① 《中国国民党第二次全国代表大会会议记录(第三日第六号)》,见第二历史档案馆编《中国国民党第一、二次全国代表大会会议史料》上册,江苏古籍出版社1986年版,第217—218页。
② 《北京执行部报告书》(1926年1月),见中国国民党第二次全国代表大会秘书处《中国国民党第二次全国代表大会日刊》第10号,1926年1月11日。

部是党中最重要的机关,由共产党的谭某主持。本党一切的组织章程,由他拟定;各地组织方面的人员,由他委派。而各地党务的筹备员,有共产党的就派,没有共产党的竟不派;并且派出去的人员,只收容共产党和接近共产党的人,弄得本党的忠实党员,都不愿登记,普通人入党的,更被拒绝。这种事情,各地常常发生……共产党人数不多,各地可派的人,事实也很少,所以各地能够成立党部的,为数寥寥。"①

在国民党北京执行部内部,共产党人所占比重很大,甚至主导着国民党在北京的党务发展。据1924年4月17日汪精卫致戴季陶函称,北京执行部中央执行委员李大钊、于树德、王法勤、丁惟汾、石瑛;候补执行委员韩麟符、于方舟、张国焘、傅汝霖9人,"除丁、石、傅三人外,皆社会主义青年团人物"。②陈独秀曾在1926年时自信地表示,广东、上海、北京等一些重要地区的国民党组织都处于共产党的"包办"之下,"在北京方面,K.M.T.工作,无论左派右派均极消沉,所有工作皆守常同志在那里提调,几乎K.M.T.就是李守常"③。郑超麟的看法相对保守一些,但他也认为,广州和上海这两个地方还有一些"右派分子"能与共产党员抗衡,其他各地党部"几乎完全操在共产党员手里"④。

从共产党人的视角出发,国民党在京组织都比较"涣散"。1925年底,社会主义青年团北京地委向上级报告:"在京民校(国民党)过去工作不大好,下层的教育工作,一点没有,区分部党部均不能开会……大多数党员不过问实际工作。"⑤一些当事人

---

① 《邹鲁回忆录》,东方出版社2010年版,第117—118页。
② 《汪兆铭函告戴传贤,国民党北京执行部已被共产分子混入把持》,见中华民国史事纪要编辑委员会编《中华民国史事纪要(初稿)中华民国十三年(1924)(一至六月份)》,中华民国史料研究中心1974年版,第823页。
③ 《陈独秀关于国民党问题报告》(1926年11月4日),载中央档案馆编《中共中央文件选集(1926)》,中共中央党校出版社1989年版,第425页。
④ 《郑超麟回忆录》(上),东方出版社2004年版,第209页。
⑤ 《中国共产主义青年团北京地方执行委员会报告第一号(节录)》(1925年12月5日),载《第一次国共合作在北京》,北京出版社1989年版,第233页。

的回忆也指出了这个事实，正在北京大学读书的共产党员王凡西就说："那时北京积极的地下工作者，简直没有一个是真正的国民党党员。除了极少数几个右派政客之外，那里没有任何国民党组织。"他曾以跨党党员的身份参加一些国民党的会议，但他发现，在一次有大约20人参加的会议上，"只有一个是真正国民党员，其他的都是自己同志"。甚至后来有一次，"邀请参加的真国民党员没来，到会的成了清一色的共产党员"。王凡西曾向自己的上级表达了这种疑问，得到的答案是，南方的国民党是"真实的力量"，而北京这边的做法只是在执行"统一战线"的政策。① 当时在北京大学任教的经济学家陈翰笙就有类似的经历。他经过李大钊和于树德的介绍，加入了国民党，并领到一个党证，"但从来没有开过会"②。

如果说，以上说法主要来自共产党方面的话，那么，来自国民党方面的叙述则在另一个侧面更加印证了共产党对于国民党党务的重要影响。1925年12月23日，国民党中央青年部部长邵元冲在看到《C. Y. 之决议案及组织》时在日记中感慨："具见其工作之已切近实际，吾党中散漫无绪，各逞私图，尚何言耶?"③ 1926年8月，顾孟余在与维经斯基的一次谈话中提及，在国民党省一级的地方党部以及大量基层组织中，共产党人均占多数，而在另外一些地方，共产党人即使处于少数，也能通过"党团"来领导国民党。④

三　从学生运动到市民运动

1920年代国民党在北京的党务呈现明显的左右之争，但各方

---

① 王凡西：《双山回忆录》，现代史料编刊社1980年版，第33—34页。
② 陈翰笙：《四个时代的我》，中国文史出版社1988年版，第32页。
③ 王仰清、许映湖整理：《邵元冲日记》，上海人民出版社1990年版，第223页。
④ 中共中央党史研究室第一研究部编：《联共（布）、共产国际与中国国民革命运动（1926—1927）》（上），北京图书馆出版社1998年版，第422—423页。

对如何开展"革命"的认知与做法差异不大,即主要依靠发动民众运动,吸收青年党员,扩张组织规模,民众运动成为国共两党发展党务的重要方式与手段。尤其是自1924年年底孙中山北上之后,为北京注入了一股新鲜的政治空气,革命氛围异常高涨。另一方面,1924年北京政变之后仓促组建的段祺瑞执政府,由于自身实力的虚弱导致社会控制能力严重下降,也为北京民众运动的大规模爆发提供了比较充裕的行动空间。

段祺瑞执政府自成立之日起就在内政外交上面临一系列困境。外交方面,1925年3月的善后会议,四月的金佛郎案,以及五卅惨案,都点燃了非常强烈的民族主义情绪。10月下旬,北京政府决定与英、法、美等国举行"关税特别会议",无法正面应对国内高涨的"关税自主"呼声,引发舆论声讨。此时,奉浙战争爆发,郭松龄倒戈,执政府的命运可谓风雨飘摇。中共党员王凡西描述此时北京的政治情势"势颇不稳定,在不稳定中急剧地向左倾斜","一次奉直军阀的混战因冯玉祥的'倒戈'而结束;溥仪在紫禁城里的傀儡朝廷给扫去了;因孙中山的死,在古城里造成的政治生活还在激荡;南方相继发生的五卅惨案、沙基惨案,以及使世界震惊的省港大罢工,又使这种生活在广大的知识分子中不断地提高着,加紧着。段祺瑞的政权是依靠在几个军事势力相持上的一座空架子,它自身全无力量,作恶作善都谈不上,这使政治势力和思想流派的分和更加自由和顺畅"。① 国家主义派主要领导人李璜的回忆也从另一个角度呼应了王凡西的说法,"当民十四至十五,北洋军阀已是到了强弩之末,段祺瑞的执政府在这一年中,可说是在苦撑待变,毫无作为,而且号称中央政府,但穷得要命,对于北京各国立大学的教职员薪水都大打折扣,甚至只发二成,那就令人无法生活,非闹事不可了!"②

中国共产党成立之初,就非常重视将民众组织起来,发动社会

---

① 王凡西:《双山回忆录》,现代史料编刊社1980年版,第16页。
② 李璜:《学钝室回忆录》,台北:传记文学出版社1978年版,第122页。

运动，实现社会动员。国共合作之后，借助孙中山北上之后引发的革命浪潮，国共两党联合在北京组织发动了一系列民众运动，包括黄埔从军运动、国民会议运动、关税自主运动、五卅雪耻运动、反奉倒段运动等，国民党党务快速扩张。

五卅运动期间，国共两党在北京联合领导的几次大规模民众运动已经显示出了较高的组织化水平。其中，声援上海的三次大规模集会先后有数百个团体参加，范围覆盖北京的学界、工界、商界、新闻界等，国民党人李石曾、于右任、顾孟余分别担任大会主席，国民党北京组织也在这些大型活动中经受锻炼，并将自身的触角不断渗入北京基层社会。

关税会议的召开是国民党北京组织成长的重要契机。1925年10月25日与26日，北京学生联合会与北京各校沪案后援会先后在天安门前组织两场大规模示威集会，一致主张打倒关税协定、实现关税自主。虽然当时国共之争以及国民党内部的左右分化渐趋激烈，但在关税自主问题上，各方态度基本一致。11月28、29日，在国共两党的组织下，包括民治主义同志会、北京学生联合会、北京国民外交代表团、广东外交代表团等30余公共团体，以及众多学校、行业等团体聚集在神武门、天安门等地，发动了以驱逐段祺瑞、召开国民会议、组织国民政府为宗旨的"首都革命"。时任北大地质系教授兼德文系主任、国民党北京执行部常委的朱家骅担任总指挥兼主席，于树德担任副总指挥。

国民党北京特别市党部负责人之一的郭春涛曾将这一时期的民众运动划分为三个阶段：第一个阶段自北京执行部建立至孙中山北上之前，可称之为"学生运动时期"，"北京之种种运动，参加者仅学生群众，其余各阶级之人可谓绝无仅有"，国民党主要是利用"五一""五四""五五""五七""五九""六三"等革命纪念日，进行宣传鼓动。第二个阶段从孙中山北上到关税自主运动，称之为"市民运动化时期"，"除学生外市民实占多数，可见吾党之宣传已由青年学生而普及于一般市民，故北京运动亦由学生运动渐渐进为市民化矣"。第三个阶段从关税自主运动到反奉倒段的"首都革命","参加此几次运动之群众异常热烈,对于北京政府深恶痛绝,恨不得将其立时推翻,故发生种种暴动,有不可抑止之势",谓之"革命运动化时期"。①

发动民众运动的过程也是国民党北京组织的成长过程。前述几次大规模民众运动中,国共两党做了大量组织工作,充当了领导角色,国民党北京执行部在"二大"上对此总结:"自本年(1924年,引者注)起,本党在北京之群众运动工作,已取得领导地位。所有示威运动之行列,十之九,皆以本党党旗为先导,且十之九皆有本党同志为领袖。除少数商人外,多数群众,不但对此不起反感,且逐日增加其信任之程度。所属各省区党部,则因所处形势之不同,或以(已)在公开,或迄今犹在秘密;然对于所有该地方之群众运动,已强半能居于主动地位。"②北京市党部的陈述甚至在语调上也与此类似:"一切的民众运动也都起来了,并且都有党的势力在里面,差不多北方群众运动的指挥领导,都是我们同志。他们的传单,他们的口号,都是我们国民党的,所有一切议案,也都是合于国民党政策的……国民党的精神,已经深入了北方民众之中,北方大多数民众,都在期待我们革命军的到来。"③

纵观国共合作时期两党在北京的组织扩张,主要集中在青年学生群体之中。作为近代中国高等教育的重镇,经过五四新文化运动的洗礼,北京的学生群体在思想意识以及知识结构方面完成了最初的储备,学生势力崛起,成为引人关注的社会现象。在不断遭遇官方打压的背景下,他们开始寻求外部力量的支持。中国共产党的创建以及中国国民党的改组为北京的学生提供了新的结盟

---

① 《郭春涛同志北京特别市党部党务报告》,载《中国国民党第一、二次全国代表大会会议史料》上册,江苏古籍出版社1986年版,第249页。
② 《北京执行部报告书》(1926年1月),见中国国民党第二次全国代表大会秘书处《中国国民党第二次全国代表大会日刊》第10号,1926年1月11日。
③ 《于树德同志报告北方政治状况》(1926年1月6日),载《中国国民党第一、二次全国代表大会会议史料》上册,江苏古籍出版社1986年版,第203页。

对象，政治为学运提供了一个新的出口与通道，二者不谋而合，迅速达成合作，彼此借助。

1920年代初期，国民党就是首先从学生群体入手而重新崛起，青年学生充当了国民党"先锋队"的角色。国民党的主要方略是选择那些已有一定基础与规模的组织整体入党，在短时期内迅速扩张。邹鲁、谢持等人通过民治主义同志会、孙文主义学会等外围组织大力发展党员。后来，国民党北京执行部部址转移至北京大学附近的翠花胡同8号也是为了更加便利地开展工作。

可以说，学生群体构成了国共两党在北京发展的重要社会基础以及发动国民革命的主力军。根据当时在北京地委工作的一位共产党人的观察，"北京惟一的群众是学生"①。不过，革命运动过于局限在学生层面也造成了国民党员社会来源的单一。同时，由于学生群体自身的一些特点，也限制了学生运动的开展，北京青年团就曾自我检讨，"内部训练工作仍太缺乏，同学及各支部大多数缺乏活动能力，因之在组织上未能十分严密，工作亦未作得很好，纪律仅能有大体上的不差错，铁的纪律尚未做到"②。

另一方面，随着学生运动的重要性越来越凸显，国共两党对学生的争夺也日趋白热化。五卅之前，北京学联虽也有不少国共党人，但此时党派的作用尚未完全发挥。随着学生运动的深入，政党势力越来越多地渗入其中，国共两党都在学生组织内部设立"党团"，党派纷争传导至学生。1925年五卅运动期间，北京学联成立国民党党团，共产党人发挥了主导作用，引来其他派系学生的不满，"以党言，北京左右派之党员由此分化而益趋明显"③。五卅之后，北京学生群体发生分裂，北京学联由共产党以及国民党

---

① 《李渤海关于北京学生运动的报告》（1925年1月16日），载中央档案馆、北京市档案馆编《北京革命历史文件汇集（1922—1926）》，1991年内部出版，第210页。

② 《中共中央北方局》资料丛书编审委员会：《中共中央北方局·北方区委时期卷》，中共党史出版社2000年版，第162页。

③ 《郭春涛同志北京特别市党部党务报告》，载《中国国民党第一、二次全国代表大会会议史料》上册，江苏古籍出版社1986年版，第250页。

左派掌控,另一派则成立"北京各校沪案后援会"以对抗。

总体而言,共产党以及国民党左派在北京的学生运动中占据上风,《国民党北京执行部报告书》自称,自1925年北京学联会成立党团后,"所有一切北京群众运动,始渐归北京执行部所主持"①。王凡西曾说:"那时与我们作对的是属于西山会议派的国民党右翼分子,其领袖为王钟祺与傅启学等。不过他们是没有群众,所以无法与我们认真抗争。"②李璜也指出,"几次大游行后,国民党左派势力大为扩张于北京学生界中,中共秘密在各大学所设立的小组活动也有进展,人数增加,于是共产党便在革命运动中来争领导权,在学生会及各种会议中,均排斥异己,动加威胁,而露出包办把持作风"③。虽然语气愤慨,但也确实揭示了事实。

不过,在这个过程中,共产党人与国民党内反共势力的裂痕进一步加深了,双方的关系剑拔弩张,日益走向"不可控",并呈现出越来越严重的"暴力化"倾向。1925年7月18日,北京各校沪案后援会、民治主义同志会、救国团等团体,在天安门发起国民大会,期间就与北京雪耻会、北京学联、北京国民党市党部等左派团体发生冲突。在11月29日的天安门集会示威过程中,又发生了国民党内共产派与反共派的内斗互殴。④青年团北京地方执行委员会书记刘伯庄在向中央的报告中也提出:"民校(国民党,引者注)在西山召集中央执行委员会议决开除我们,并已一次强占市党部,失败后正筹划第二次强占,现他们已走入在〔法〕西斯蒂的道路,方阴谋暗杀我们的同学,并拟用强术为武器。"⑤

---

① 《国民党北京执行部报告书》,(1926年1月),国民党"二大"《大会日刊》第10号,1926年1月11日。
② 王凡西:《双山回忆录》,现代史料编刊社1980年版,第23页。
③ 李璜:《学钝室回忆录》,台北:传记文学出版社1978年版,第125页。
④ 东篱:《记北京民众革命运动》,《政治生活》第59期,1925年12月1日;罗敬:《北京民众反段运动与国民党右派破坏阴谋》,《向导》第140期,1925年12月30日。
⑤ 《中国共产主义青年团北京地方执行委员会报告第一号(节录)》(1925年12月5日),载《第一次国共合作在北京》,北京出版社1989年版,第233页。

1926年1月召开的国民党"二大"对各地党务的组织形式与领导方式等问题进行了讨论,广州国民党中央党部有如下评价:"过去两年中各地执行部,除北京执行部外,不惟成绩甚少,且有时妨害工作,以时势,以事理,均无继续存在之必要。"① 2月25日,国民党中央执行委员会北京执行部在《京报》上刊载启事说明,北京市内党务仍归北京特别市党部(翠花胡同8号)办理,北方国民党的工作由即将成立的国民党中央政治会议北京分会负责。3月1日,中央政治委员会北京分会成立,作为国民党中央政治委员会设在北方的最高权力机关,成员有李大钊、吴稚晖、于右任、李石曾、徐谦等,其中徐谦为主席。

1926年"三·一八"惨案发生之后,北京的政治环境日益紧张,中共北方区委、北京地委以及国民党北京特别市党部由翠花胡同迁入东交民巷苏联大使馆西院的原俄国兵营之内。张作霖入主中枢之后,打出"反赤"旗帜,国民党在北京的活动空间受到进一步挤压。1927年4月,李大钊以及一批国民党左派人士被捕牺牲,国民党在京的党务处于蛰伏状态。9月,国民党中央政治委员会北京分会撤销,北京党务完全走入地下。

1927年4月国民党厉行"清党",国共关系彻底破裂。相较于长江以南,北方地区的共产党遭受损失较小,共产党以及国民党在北京的"左派"力量得以部分保存下来。另一方面,对于国民党人而言,北京仍处于北洋政府的统治之下,他们延续了以往相对激进的政治路线与行为模式,以至于在很多人眼中,国民党与共产党很难有效区分,"一只手拿着国民党的党证,一只手拿着共产党的传单","午后四点列席国民党的区分部会议,午后十时又参加共产党的会议",令人无从分辨,无法查验。②"清党"之后北方国民党的基层组织状况与南方江浙、两湖一带相比,呈现明显

---

① 《中央党务总报告决议案》(1926年1月18日),载荣孟源主编《中国国民党历次代表大会及中央全会资料》(上),光明日报出版社1985年版,第114页。

② 革子:《再论北方党务》,《革命新声》第17期,1929年9月10日。

差异。

国民党虽然在北京较早开展党务,但受制于各种原因,一直处于零星状态,发展程度受限,尤其是没有向基层渗透。至1920年代初期,随着中国共产党的创建以及国共合作政策的确立,以中国国民党北京执行部的建立为标志,北方各级组织系统逐渐步入正轨。1924年底孙中山进京带动了一批国民党人集体北上,显著提升了国民党在北方地区的存在感与辐射力,尤其是增强了北方民众对国民党的认知度,国民党的发展进入一个全新的历史阶段。不过,仅仅两个多月后,孙即在京逝世。此时,国民党中央层面的分裂趋向日益明显,高层的政治变动迅速波及地方,并与基层原有的潮流形成合力,在多地引发连锁反应。国民党在京组织分裂为从属国民党广州中央与上海中央的两股势力,以李大钊、丁惟汾为首的国民党北京执行部与西山会议派的对峙进一步加剧,双方为了争夺北京党务的主导权展开了各种形式的斗争。

国共合作时期国民党在北方的组织拓展,也是国民党将国民革命向纵深推进的一个过程。一方面,通过军事北伐,国民党从珠江流域向长江流域推进,最终指向北京中央政府所在地;另一方面,运用政治方式,在各地建立的基层组织,通过发动民众运动,增强渗透力与影响力,双管齐下,国民党开始逐渐摆脱较强的地域色彩,成为一股引人关注的新兴力量,为走向全国,问鼎最高政权奠定了政治与思想基础。

从总体上检视第一次国共合作时期国民党在北京的发展轨迹可以发现,共产党人及国民党"左派"在其中占据优势,国民党北京党务表现出比较鲜明的"左派"特征。但以西山会议派为代表的"右派"力量在声势与规模上亦不可忽视,尤其在青年群体中同样拥有广泛的号召力。

不管是对于共产党,还是国民党"左派"与"右派",青年学生都是各方竞相争夺的重要对象。正是有了学生群体的积极参与,国共两党才能在较短的时期内迅速壮大自身的组织系统,开展一系列社会政治运动,掀起一股又一股时代波澜。而在国共两党处于地下状态之时,分属不同派别的学生群体在前台的斗争则构成了国民党在京左、右之争的重要表现方式。不过,学生群体的优点与缺点同样明显。如果仅仅依靠学生,必然带来社会基础的单一,正是预见到这种前景,国共双方都在主动或被动寻求转变。

1926年春季段祺瑞执政府倒台之后,北京政治环境持续恶化,国共两党矛盾也日益激化,水火不容。以李大钊遇害、南方"清党"为标志,国共两党关系彻底破裂,共产党组织在北京再次走向"地下",国民党亦受到明显牵连,失去了共产党人的组织与领导,加之北京的政治环境走向"恐怖",国民党北京党务再次走向沉寂。直到1928年6月北伐告成,国民党北京市党部重新建立,虽然只经历了一年多的时间,但此时的组织构成以及运行模式与国共合作时期相比已有明显差异。

第五章
1928年京津易帜与国民党人的北京论述

早在清末，以孙中山为代表的一批早期国民党人初步形成了一套有关国都北京的论述，并在之后的一段时期内支配了国民党方面对北京的基本认知。1928年6月，京津易帜，北京纳入南京国民政府的行政版图，"国都"地位不再，南京成为新都。国民党人继续沿用了先前的话语策略，大力抨击北京作为帝制余孽、官僚巢穴、腐败温床的身份与标签，并建立起"国都"与"国运"的逻辑关联，北京被定义为"中华民族衰落的中心场"，南京则是"近代中华民族复兴的纪念地"。国民党形成的这套北京论述既是一种主观认知，也是一种主动建构，背后具有鲜明的政治意旨。

早期国民党人主要以珠江流域与长江流域为活动基地，不管是从个体生活经验，还是从主观意识形态方面着眼，对北京普遍观感不佳，进而逐渐形成了一套有关北京的特定印象与论述，北京难以摆脱被"污名化"的命运。基于政治革命与种族革命立场，国民党人多将北京视为官僚政治污染之地与满洲游牧民族盘踞的腥膻之地，需要借助革命之力改变这种面貌。[1]

辛亥革命期间，孙中山与袁世凯围绕定都问题展开交锋，孙继续沿袭先前的北京论述，以此作为定都南京的重要依据，但无力改变最终归属。[2] 1928年6月，南京国民政府辖下的军事力量进驻京津，自民初以来第一次打通南北，从政治上确立了对北京的统

---

[1] 季剑青：《南社等革命党人的北京想象与书写》，《中国现代文学研究丛刊》2012年第3期。

[2] 高翔宇：《民元孙中山北上晤袁与迁都论争》，《史学月刊》2017年第5期。

治,北伐告成。北京的国都身份被剥离,南京成为新的国都。但国民党人对于北京的抨击并未停止,而是在以往认知的基础上进一步聚焦,大力抨击旧都的官僚政治之弊,继续凸显北京的负面形象,两相对比之中,南京作为新都的合法性也由此强化。①

一　国都之争与国民党人的北京观感

辛亥革命期间,南京临时政府与北京政府围绕国都问题展开拉锯,争执不断。孙中山坚持否认国都留守北京,此举是为使袁脱离北方,斩断其与清廷的联系。他当时对美报密勒氏记者言及,国都由北京迁移为"革命成功之要件",可以铲除"专制遗毒","盖中山先生深信欲革命成功,非与任何事物之可以代表满清专制政府者完全脱离不可"。②黄兴当时也解释说:"袁公虽与清廷脱离关系,尚与清帝共处一城……移节南来,感情易惬,于袁与清帝关系断绝,尤足见白于军民各界,而杜悠悠之口。"③不过,袁世凯最终并未南下,3月10日在北京宣誓就任临时大总统,此举也宣告了北京国都身份的再确立。1912年4月1日,临时参议院迁往北京。

但是,孙中山对于定都南京仍念念不忘,在1912年8月北上与袁世凯会晤时再次提出迁都主张:"地点或在南京,或在武昌,或在开封均可",并在与各报记者的谈话中比较系统地陈述了理由:从地理位置考察,北京偏于东北,"当此满、蒙多事之秋,每易为外人所挟制";"东交民巷乃有大炮数尊,安置于各要隘,殊

---

① 相关研究可参见高郁雅《北方报纸舆论对北伐之反应:以天津大公报、北京晨报为代表的探讨》,台北:学生书局1999年版;林志宏《北伐期间地方社会的革命政治化》,《政治大学历史学报》第36期(2011年11月);郑师渠《只缘不在"此山中":京津报纸舆论对南京国民党政权的观察——以〈晨报〉〈大公报〉〈益世报〉为中心》,《澳门理工学报》2020年第2期。

② 《美报论北京不宜再作国都》,《申报》1928年5月28日第9版。

③ 黄兴:《复庄蕴宽李书城书》(1912年2月24日),载《黄兴集》,湖南人民出版社2008年版,第130—131页。

与国体大有损辱";北京为"前清旧都","一般腐败人物,如社鼠城狐,业已根深蒂固,于改良政治颇多掣肘"。① 孙还在北京参议院欢迎会上发表演说,力陈迁都理由。北京以地势论,本可为民国首都。但庚子之后,国权丧失,形势已变,"南北险要,荡若平夷,甚至以一国都城之内,外人居留,特画区域,炮台高耸,兵队环集,是无异陷于外人势力包围之中,被束缚其手足!"② 与此同时,代表国民党激进派立场的《民主报》《天铎报》等也配合孙中山的主张,发动舆论攻势,攻击北京是滋生封建余孽的土壤,与共和政治背道而驰。概而言之,迁都有"刷新"政治之义。

不过,此时的孙中山只能在口头上呼吁,在事实上无法挑战北京作为民国国都的地位,他与袁世凯的关系也随之破裂。但是,孙中山构建的这套建都话语一直延续了下来,成为重要的政治遗产,在随后的几次国都之争中被国民党人沿用。而且孙中山否定建都北京这一事实本身,也成为国民党人的"尚方宝剑",似乎具有不可置疑的正当性。

1925 年 7 月,国民党在广东组建国民政府。1926 年 7 月,国民革命军从广州出师北伐,同年 10 月攻克武汉,成为北伐战场上的重要转折,国民政府亦随之迁入。1927 年 4 月南京国民政府建立之后,以武汉《中央日报》下的《中央副刊》为中心,出现了一场关于建都地点的小规模讨论,其中也牵涉到北京。③ 政治倾向偏重于国民党的张其昀以地理学家的身份在《中国之国都问题》开篇即"痛乎言之":

  中国历代京师风俗之不良,迨无过于现代之北京。北京为

---

① 孙中山:《在北京与各报记者的谈话》(1912 年 8 月),载《孙中山全集》第 2 卷,中华书局 1982 年版,第 426—427 页。
② 孙中山:《在北京参议院欢迎会的演说》(1912 年 8 月 31 日),载《孙中山全集》第 2 卷,中华书局 1982 年版,第 425 页。
③ 许小青:《南京国民政府初期两次迁都之争》,《暨南大学学报》2012 年第 6 期。

官吏渊薮，自满清中叶以来，官僚政治之腐败，达于极点，习俗移人，积重难返。都下官吏莫不热中富贵，挥霍自豪，上下相接，有谄媚而无忠爱。其作事也，初非本于学理，只以姑息之策，粉饰一时，寡廉鲜耻，未可穷述……外人早以北京士气之堕落，对于中国前途，下悲观的观察。①

上述这种认识反映了相当一部分国民党人对北京的典型观感，时任国民政府教育行政委员会委员的经亨颐认为北京"暮气太深"，如果定都于此，"难免要挫折革命的精神"。②《中央副刊》则称北京在文化上是博物馆、古物的中心点，一切方面都是表现"东方式"和"老调子式"，"至于革命中心更讲不到"。③因此，他们对北京长久以来形成的"封建帝都""军阀巢穴"身份大加挞伐，并以此作为此地不宜建都的重要论据。这些人的观点与主张也与后来国民党统一全国之后的官方宣传口径一脉相承。

1928年5月底，国民革命军进抵京津一带，同时也在与奉方举行和平移交北京的谈判。北伐战事大局已定之际，国都定在何处引发各方关注。6月5日，国民党元老吴稚晖在南京市党部"总理纪念周"演讲时明确表态："北京和南京两两相较，北京较为整齐，不过只能算是历史上的陈列物，红墙头，黄墙头，不能就可算首都。南京固然简陋，以前有人谈起，建设上要表现出一些简朴的美德来。"他重申："南京建都是总理理想的主张，总理还要将遗体葬在南京。"④时任国府委员兼华北政务委员会主任委员张继也对记者发表主张："北方情形甚复杂，非彻底澄清不可，迁都

---

① 张其昀：《中国之国都问题》，《东方杂志》第24卷第9号，1927年5月10日。
② 经亨颐：《从八大山人说到南京在目前》，《民国日报·中央副刊》第85号，1927年6月19日。
③ 易一苇：《对于讨论北京问题及改良中央日报的意见》，《民国日报·中央副刊》第91号，1927年6月25日。
④ 《首都与国民会议问题》（1928年6月5日），载罗家伦、黄季陆主编《吴稚晖先生全集》卷八《国是与党务》，台北：中国国民党中央委员会党史史料编纂委员会1969年版，第646页。

北京一层本人极端反对，因建都南京，系总理遗训，国民政府断不能再迁都于北京，而受各国铁蹄下之压迫，且北京恶化势力太深，无丝毫生气，断不宜于建都。"①

国民党内改组派主办的《革命评论》也刊发文章，反对国都定于北京："北京为多朝专制君主建都之地，封建思想习毒于人民头脑甚深，而且北京居民强半为清室及所谓公，侯，将，相，吏，宦，侍，卒的余族，民国以来，名号虽改，但是习俗依然，所以普通人一到北京，未有不为所同化。"此外，改组派也借此机会表达了对国民党内政治实况的不满："现在国民政府，因为得了一班所谓'老前辈'的领导，本来就一天一天望'古'的一方面走，再加添一班从北京方面'转过来'的'十足官僚'，腐化得已是够受，一经迁到北京，那还了得？"②

从南京国民政府的立场出发，北京作为延续数百年的封建帝都，腐化污浊，另建南京新都，即是洗刷旧迹、重造崭新气象之举，是用"革命"的意识形态改造过时的封建伦理，从而与那个"旧世界"作根本断绝。实际上，1928年6月8日国民革命军第三军进入北京当日，《大公报》刊发社评即认定："今者以南京为首都之国民革命军入京，北京首都之地位，事实上遂暂告废止。即单就历史眼光论，民国十七年六月七日党军之入京，诚可特纪之一大事也。"③ 文章题称"五百零七年之北京"，即特指1420年朱棣从南京迁都北京的史事，表明五百多年以来北京连续作为国都历史的终结。6月11日，《顺天时报》刊发一则消息，报道蒋介石主持召开特别会议，议题之一即为"首都仍决设南京，北京设政治分会"④。此举也已经传递了新都已定的消息。

1928年6月18日，蒋介石在南京军校纪念周讲话中明确表

---

① 《国都问题》，《大公报》1928年6月12日第3版。
② 萧淑宇：《打到北京以后》，《革命评论》1928年第2期，1928年5月7日。
③ 《五百零七年之北京》，《大公报》1928年6月8日第1版。
④ 《国府之重要决议》，《顺天时报》1928年6月11日第2版。

示:"国都问题不应再来讨论,总理早已确定,并强调国都设在北京"毫无理由"。① 6月20日,国民党中央政治会议议决:"追北伐完成,全国统一,中央为贯彻定都南京的主张计,以旧京兆特别区之京兆二字与直隶省之采用直接隶属于京师之义,均为不当,乃于中央政治会议第一四五次会议议决,改直隶为河北省,旧京兆各区各县并入河北省,北京改为北平。"② 这一举措进一步确认了南京取代北京成为新都的事实,"连北京的京字都已取消,北京的不能复为首都当然是毫无疑义了"③。《申报》当日刊发评论:"都城问题,已属定局,各方所说空话,不算数。使团系客体,当视主人定夺。"④

1928年7月5日,蒋介石在致段祺瑞的函件中解释定都南京的理由:"先总统以北都帝居闳侈,易启奸人妄念,污秽丛集,荡涤尤难,因议建都南京,以立民国万年不拔之基。"⑤ 第二天,蒋氏在祭奠孙中山的仪式上宣读《克复北平祭告总理文》时再次表示:"今宛平旧都,已更名号,旧时建置,悉予接收,新京确立,更无疑问。凡我同志,誓当拥护总理夙昔之主张,努力于新都精神物质之建设,彻底扫除数千年封建之恶习,以为更新国运之始基。"⑥

从国民党的政治理念出发,北京既是革命对象,又是改造对象,北京早已腐朽不堪,国民党人以解放者的姿态宣称,南京取

---

① 周美华编:《蒋中正"总统"档案·事略稿本》第三册,台北"国史馆",2003年,第529—530页。
② 《国府秘书处电蒋中正国府会议议决直隶省改名河北省北京改名北平》(1928年6月26日),载台北"国史馆"审编处编《蒋中正"总统"文物——革命文献(一)北伐史料》,台北"国史馆"数位典藏计划出版系列,2002年,第338页。
③ 马饮冰:《新都确定以后》,《申报·首都市政周刊》第25期,1928年6月26日。
④ 《国都问题已属定局》,《申报》1928年6月20日第4版。
⑤ 周美华编:《蒋中正"总统"档案·事略稿本》第三册,台北"国史馆",2003年,第582页。
⑥ 《蒋冯阎告祭孙灵记·蒋中正祭文》,《国闻周报》第5卷第27期,1928年7月15日。

代北京不仅是新政权对旧政权的代替，更是"新政治"战胜"旧政治"的标志，是革命胜利的象征，可以表现国民政府的崭新革命精神："数百年北京旧有名称，毅然改为北平，所以铲除帝王思想，巩固新都地位，不特军阀余孽不敢作死灰复燃之想，而腐败官僚政客根本盘据之地，一旦廓清摧陷，俾四万万人民之耳目，焕新一新，此诚我国历史上一大纪念也。"①

此时，《申报》也积极配合国民党的官方宣传，阐释新旧都城转换的合理性："北京，一种因袭腐败的旧势力，实在是可说根深蒂固的了。任何一种人，一到了北京，便没有一个不受环境的融化，如同入了污泥而不能自拔。倘若仍旧把他作为国都，我想我们的革命政府不要多时就可变成了一个不革命而极腐化的政府。政府一腐化，还谈甚么新的政治呢？所以为彻底澄清与民更始起见，实以迁地为善。"②他们都把新都的确立作为中国历史的一次大转折与革命事业的新起点，无论对于南京，还是北京，均有标志性意义。《大公报》也转变了先前的论调，宣称"迁都含有非常伟大的革命意义，也是这次北伐成功的惟一表现"③。表述虽有些武断，但表达出来的政治立场则非常明确。

国都之争本质上是一场权力斗争与政治交锋，从当时情势分析，文人们对于北京、南京优劣的表述虽也有一定道理，但并不能左右国都归属，关于城市特点的论述更多只能充当决策者做出决定的附属依据，无法左右全局。国都的选择背后涉及多方政治势力的博弈，最终地点的确定也是各种因素平衡与考量的结果，但作为主要决策者对于北平的基本观感还是在某种程度上成为定都南京的依据之一，则无可疑议。

---

① 《陈绍由请改南京为中山市》，《申报》1928年7月11日第10版。
② 马饮冰：《新都确定以后》，《申报·首都市政周刊》第25期，1928年6月26日。
③ 刘荫远：《北平的繁荣问题》，《大公报》1928年9月7日第10版。

二 易帜之后国民党人的"旧都"刻画

1928年6月北伐告成之际,本为革命胜利之日,训政开始之时。但在国民党方面传递出来的态度其实比较复杂,其间夹杂着两种相反的"音调"。一方面,国民党官方层面展示出胜利者的意气风发、雄心勃勃,对未来的极度乐观,将此视为中国历史的新纪元;与此同时,在国民党内部,也有一部分人表露出巨大的隐忧,甚至声称国民党又到了最危险的时候。他们发出危机预警,指出当时党内存在诸多问题,包括派系分裂、小组织、小团体的活跃、武装军人的割据等,因此提醒国民党人不能重蹈辛亥革命失败的覆辙。在各种情绪的交织中,北平作为"前朝"旧都,继续成为国民党人的论述议题,各方都在借题发挥,在"刻画"北平的过程中其实另有所指。在这种舆论交锋之中,北平附着的一些固有城市特性也被不断放大。

从国民党人的视角出发,北京作为长期"帝都",政治空气沉闷,民众心理麻木,革命意识不高,见风使舵。政治态度明显偏重于国民党的《申报》总编辑龚德柏概括说:"从来掌握北京政权之人,非帝制自为,即恋栈而不忍去者,盖帝王思想之遗毒也。"① 刚刚率军进城的国民革命军第四集团军前敌总指挥白崇禧很担心国民党人的革命意气被旧都的专制气息"污染","京津之间,政治空气,阴晦太久。数百年官僚政治之余毒,三十年北洋军治之恶风,深中社会,几入膏肓……是以得到京津,固北伐之成功,而稍有疏忽,反演革命之失败"②。

就在同一时期,战地政务委员会委员仇鳌以辛亥以来的一系列事例提醒国民党人要特别注意:"我们革命党的失败,每每在革命

---

① 龚德柏:《驳白眉初君〈国都问题〉(续)》,《国闻周报》第5卷第32期,1928年8月19日。

② 《珠江流域之思想与武力》,《大公报》1928年6月14日第1版。

成功以后","北京一向为我国政治中心,也同时为我国万恶渊薮,稍一不慎,即入于万劫不复之境而不自觉,康庄歧路,各自努力!"① 吴稚晖也对当时的局面有类似表述:"每到登峰造极之时,亦即一败涂地之日。"② 国民党上海市党部的一份刊物也感受到了革命中潜在的危机,警惕国民党新生政权有被北京的官僚政治"同化"的风险:

> 北平社会,原似一麻木不仁之病体,腐败细菌,寄生太多,此次名为革命。实仅易帜,对于一般败类,不惟未加刷洗,寄生如故,稍异者,即昔日之长衫先生,今皆中山装矣!而传染所及,将珠江流域革命发源地之青年,亦渐次腐化,我今日始确信"谁在北京久了谁就糟了"之语……现在北平社会,必须积极作一番洗刷及修整的功夫,而后可以谈建设;否则北伐完成之价值,不仍在虚无缥缈之中乎?③

对此,蒋介石也有清醒认识。在 1928 年 7 月 6 日召开的北平政治分会成立典礼上,他表示:"北平是先总理莅止之区,亦为中国数百年帝王都会之所在地,所有坏的旧的恶习惯总是由北平做中心点。先总理游历所经异常痛愤,且北平为外交上压迫束缚,几于不能动转。加之空气恶劣,习染极深,虽系力自振拔之人,久居北平,亦虽难免堕落。"④ 白崇禧作为北平政治分会委员,在向分会所提的议案中也强调:"北平为专制政治唯一策源地,亦即吾党革命之唯一对象","积弊既深,拔出非易,且外

---

① 《本会第十次纪念周》(1928 年 6 月 25 日),《战地政务委员会公报》第 3 期,1928 年 7 月 1 日。
② 何浩:《北伐成功与辛亥革命之比较观》,《党军半月刊》第 3 期,1928 年 7 月 1 日。
③ 吕立言:《党军到后之北平现象》,《先导月刊》第 1 卷第 4 期,1928 年 9 月 15 日。
④ 周美华编:《蒋中正"总统"档案·事略稿本》第三册,台北"国史馆",2003 年,第 604 页。

国使馆丛集,直接予外论以资料,间接影响于一般国际政治",因此,分会成立的首要任务就是要改革北平的消极方面,"由除旧而后谋求布新"。①蒋、白二人的表态既是沿袭了先前国民党人的一贯看法,同时也代表了当时国民党官方评价北平的一套固有说辞,并在一定程度上影响到日后国民党在北平的相关决策与行为。

"腐化"与"恶化"是当时国民党人形容北平时出现频率很高的词汇,"北京天津,是军阀、官僚、政客的逋逃薮,腐化的精神,恶化的手段,比什么还要高明","试看北京什么老旧呀,名流呀,安福系呀,交通系呀,将军团呀,都在那里摇旗呐喊,把和平治安几个字叫得洪钟似的响亮。他积极的行为,就是与我们对抗;消极的行为,就是要混到本党里面来捣乱,用腐化的手段根本来消减我们的革命势力"。②战地政务委员会主席蒋作宾在总理纪念周时表示:"北平这个地方,是再龌龊不过的,所谓贪官污吏,土豪劣绅,以及共产党徒等,莫不栖身其间,暗中活动。"因此,他希望委员会不受各种谣言干扰,振作革命精神,"于阴霾沉沉中冲出一条光明之路"。③

白崇禧在中央公园演说革命经过,强调要防止腐化、抑制恶化,"恶化系指军阀及依附军阀之一般人物而言,凡恶化者,吾侪革命同志,急应根本加以肃清;所谓腐化,非以年龄之老幼为标准,乃以其人是否有进取心,思想是否落后为判断。老迈之人,思想迎合潮流,头脑颇为清晰,其年虽老,吾仍认其为同志;青春少年,不求进步,思想落后,其年虽幼,吾仍认其为腐化,亦在我革命同志应打倒之例"④。国民党中央宣传部制定的标语中,

---

① 《向北平政治分会提议案》(1928年7月12日),载黄嘉谟编《白崇禧将军北伐史料》,台北"中研院"近代史研究所,1994年,第340页。
② 任:《克复北京以后》,《策进周刊》第2卷第40期,1928年6月19日。
③ 《本会第十一次纪念周》(1928年7月9日),《战地政务委员会公报》第3期,1928年7月1日。
④ 《昨日中央公园之扩大纪念周》,《益世报》1928年6月26日第6版。

多有"要把腐化分子盘踞的北平,彻底的革命化""要严防北平腐化官僚,侵入我们革命的势力"等条目。① 一些极端者甚至提出"将腐化份子一齐杀尽"的主张,"不是我们的残毒,是革命的要求。腐化份子之存留社会,就如同人身上长了毒疮,毒脓流在甚么地方,便甚么地方腐烂"。②

国民党人对于北京"腐化"与"恶化"的攻击,主要焦点还是落实到"官僚政治"方面,"谁都知道北京是满清数百年和民国十七年来官僚政治的中心,万恶的政客官僚都集中于此,政治上的万种罪恶也都发源于此,官僚政客在这里有根深蒂固的基础……所以打下了北京以后,我们认为头一件最值得注意和研究的,便是如何处置这帮万恶的政客和官僚"。③ 国民党《中央日报》刊文,指陈北京的旧官僚是"革命"的对立面——"反革命",因此要"严防北方官僚政客混入本党"。④

不过,实际的情况恰恰相反。国民政府接管之后,一些原北洋政府的旧官僚摇身一变,进入新政权,北平市政府的许多机构也多半由北洋时期直接演化而来。放眼全国,政权虽然实现鼎革,但各地政府的人事构成并未实现根本性洗牌,大多仍是脱胎于旧有体系。即使在南京中央政府内部,也为原北洋政府官员预留出部分位置,进而形成"军事北伐、政治南伐"现象。⑤ 这种现象很令人担忧,上海的《党军半月刊》就提醒,京津克复以后,虽然有大量敌人投降或被收编,"我想未必都是信仰我们的主义,大多

---

① 《中央执行委员会宣传标语》,《申报》1928年12月8日第17版。
② 正明:《救党的第一步——杀尽腐化份子》,《青年呼声》第5期,1928年6月10日。
③ 钟天心:《克复北京以后目前最紧急的两个问题》,《再造》第10期,1928年6月12日。
④ 雪崖:《严防北方官僚政客混入本党》,《中央日报》1928年6月12日第3版。
⑤ 南京国民政府建立初期,司法、外交、财政、海军、交通等部的很多官员都来自原北洋政府,相关研究参见鲁卫东《民国中央官僚的群体结构与社会关系》,中国社会科学出版社2017年版,第280页。

是屈服我们的威力"①。

如果从国民革命设定的步骤看，克复北京只是完成了革命目标序列的第一步，即打倒军阀、统一全国的阶段性任务。在此基础上，还需要打倒帝国主义，废除不平等条约。因此，虽然京津已经"克复"，但还需要继续革命，不断革命。但是，北洋官僚大量涌入国民政府，不管是在思想观念方面还是在实际利益方面都与国民党内部的一些群体尤其是年轻人产生了直接的利益冲突，引发他们的强烈不满。因此，他们声称要严防腐化分子"混入政局"，侵蚀国民党的基础，要求森严国民党党纪，严密国民党组织，建立一个纯粹三民主义的革命集团。他们对准的矛头其实也不仅仅局限于北平，其中还牵涉自身的际遇以及国民党内的新旧势力之争。

几年之后，对北平掌故非常熟悉的瞿宣颖回顾这段历史时感慨："记得往年北伐初就之时，有人说北平是腐化势力所在，不宜奠都。竟没有人肯公公道道的说：假如没有北平，则腐化势力依然存在。"② 实际上，瞿氏的记忆并不准确，当时北平社会对于所谓的"腐化"说辞有很多辩驳的声音。典型者如周作人就谈到，至于腐化，"恐怕中国到处差不多，未必由于北京的特别的风水"③。《国闻周报》刊文提出："所谓腐败的现象，都是发生于全国政治与社会的堕落，并不限于一个地方，更不能归罪于建筑物。挽救的方法全在政治与教育的革新，决不在于迁都。如果国民政府认北京地方风气太不开通，那就更应该在北京建都以开通北方，统一全国，更不应该躲到东南一隅去。"④《大公报》也曾发出类似的质疑："人们常说北平太腐败，所以应该建都南京。我们承认北

---

① 何浩：《北伐成功与辛亥革命之比较观》，《党军半月刊》第 3 期，1928 年 7 月 1 日。
② 铢庵（瞿宣颖）：《文化城的文化（北游录话之九）》，《宇宙风》第 29 期，1936 年 11 月 16 日。
③ 岂明：《北京通信》，《语丝》第 4 卷第 29 期，1928 年 7 月 16 日。
④ 叶叔衡：《国都问题》，《国闻周报》第 5 卷第 29 期，1928 年 7 月 29 日。

平腐败是不错,然而究竟还是人的腐败,抑是地的腐败?我们不相信人以地腐,只相信地以人败,所以听说南京近来也一样地相当的腐败起来了。"① 北京各团体在致国民政府通电中则表达了期望:"腐化与否,关键在于主政者之力行。"②

南京国民政府在北平的统治确立之后,通过多种方式进行有意刻画,不断强化北平作为"帝制余孽、专制遗物、腐败温床"的刻板印象,主要意图之一即为消解国都回迁的可能性。1929年4月国民政府隆重纪念建都南京两周年,由中央宣传部统一制定的宣传大纲再次定调北平是"中华民族衰落的中心场",南京则是"近代中华民族复兴的纪念地":

> 北平古都,久沦专制,封建势力,根深蒂固。近百年来,更为贪官污吏的汇集场,藏污纳垢的便利地。辛亥以降,北京政府完全赓继亡清末年之余续,政治腐败,与日俱增。贪污之风,流毒于全国,要皆发源于风气久成之北平,革命政府必尽其力以荡涤之……廉洁政治的建设,南京实较容易。至于革命政府下服务人员,倘仍有贪污荒淫之习,本党领导之革命势力,决不能任其存在于青天白日旗帜之下。新植之腐机,决当不住坚强的革命力量的攻击。③

此后,国民政府的宣传部门不断强化这样一种论断,即民初北京国都身份的保留使其沿袭了"满洲政府专制系统之旧习"而成为"官僚政客的渊薮",而南京新都的确立是对这种错误的纠正,是"先进"对"落后"的压制,是"正义"对"腐朽"的胜利,含有解放大众的意味。只有将国都从北平迁出,才有建设廉洁政

---

① 《疑问?》,《大公报》1928年7月31日第2版。
② 《京兆各团体电国府 吁恳奠都北京》,《益世报》1928年6月25日第2版。
③ 《建都南京二周年纪念宣传大纲》,《中央周报》第45期,1929年4月15日。

治的可能。① 从属于国民党宣传系统的《北平日报》也发表社评，称南京国民政府建立是"革命势力发展中最值得纪念的一天，也是国民党过去清共运动中最值得纪念的一天"，"自从建都南京以后，革命的中心才由广州移到长江，革命潮流才由一隅扩展到全国……建都南京，是革命过程中最重要的一个枢纽，是革命史中最光荣的一页。建都南京以前，国民革命是一个阶段，建都南京以后，国民革命又到了一个新的阶段"。②

这些内容代表了国民党官方的意识形态，经过这样一种阐释，南京作为国家首都地位的严肃性得到进一步确认。中央党部专门举行建都南京两周年纪念会，首都各机关均休假一日，悬旗志庆。而在北平，除市党务指委会召集各民众团体代表在党部大礼堂举行纪念会外，"全市商民均悬旗庆祝，前门大街及东单西单等热闹市街，满目国旗，殊足表示商民对于奠都南京之心云"③。

三　南北之见

总体而言，清末以来国民党人主要在南方活动，对北方的渗透有限，对北京普遍观感不佳。在北伐胜利后的国都之争中，他们列举了许多不宜建都北京的理由，尤其是糟糕的政治生态不利于新生国家政权建设，这在一定程度上仍然承袭民初以来逐渐形成的"南北新旧"认知框架。在此过程中，国民党人对北京的刻画进一步凸显了"南北之别"，不仅未能因国家形式上的统一弥合南北之间在政治与军事上的裂痕，反而推波助澜，拉大了北方民众对于南方政权在心理情感上的距离。

在中国历史上，自秦汉以来，南北之间的地域分别一直都存

---

① 《一周大事述评·党务报告》，《中央周报》第46期，1929年4月22日。
② 《奠都南京二周年纪念》，《北平日报》1929年4月28日第5版。
③ 《建都南京两周纪念 昨日中央党部之盛会》，《大公报》1929年4月19日第3版。

在，并逐渐形成不同文化体系。至清后期，这种南北之别逐渐超越了地理、环境、习俗等方面的自然差异，越来越带有一定的价值判断色彩。大体上，南方代表西洋文化，北方代表传统文化。① 辛亥革命期间，中国出现了一南一北两个政府，分别为南京临时政府与北京政府，政治上的南北畛域进一步明确。南京为民国奠基之地，孙中山在南京就任临时大总统。而袁世凯则在北京接收了一整套清朝中央政权，就任临时大总统。南北博弈的结果是，南京临时政府解散，参议院北上。

1912年8月孙中山北上期间在塘沽答记者问时说道："予此次北来之意，不外调和南北感情，巩固民国基础。"② 此时，"南"与"北"已经有明确所指。1913年宋教仁被刺后，国民党本部缺少领袖主持，在袁世凯的分化政策下渐呈分裂之势。不久，孙中山发动"二次革命"，袁世凯解散国民党，取消国民党籍议员资格，国民党人纷纷南下。

在南北对峙逐渐加剧的同时，孙中山也开始赋予二者以"新旧"之别："革命起于南方，而北方影响尚细，故一切旧思想，未能扫除净尽。是以北方如一本旧历，南方如一本新历，必新旧并用，全新全旧，皆不合宜。"③ 孙中山还以共和与专政分别指代"南北"，"君主专政之气在北，共和立宪之风在南……故南人有慕君主专制之风者，必趋附于北方；北方人有慕共和立宪之风者，必趋附于南方，自然之势也。今日欲图巩固共和，而为扫污荡垢，

---

① 民国时期，陈序经对此问题进行了比较深入的探讨，参见其《中国南北文化观》，《岭南学报》第3卷第3期，1934年5月。相关研究还可参见《知识分子论丛》第15辑，江苏人民出版社2018年版。本集收入了《京派海派论争与南北文化差异》《中国历史中的南北文化》《作为文化、政治和学术的"南北"》《农耕、游牧与海洋文明视野中的南北文化》《从商业制度史看中国历史中的南北文化》等。

② 孙中山：《在塘沽与某报记者的谈话》（1912年8月23日），载《孙中山全集》第2卷，中华书局1985年版，第405页。

③ 《在上海国民党欢迎会的演说》（1912年10月6日），载《孙中山全集》第2卷，中华书局1985年版，第485页。

拔本塞源之事，则不能不倚重于南方"①。1916年蔡元培被北洋政府教育部任命为北京大学校长时，曾遭到身边很多朋友的反对，但孙中山对此很支持，他认为这样可以将革命精神传播到历代帝王与官僚气氛笼罩下的北京。②陈独秀当时虽然也认可南北政治的巨大差异，但仍表示："此二派人之思想之政见，殆若南北两极之不相及，水火冰炭之不相容。求其调和相安，各得其所于同一国家组织之下，自非昏瞶，知其难也。"③

1917年，张勋复辟，黎元洪下令解散国会。段祺瑞领衔讨逆，再次组阁，拒绝恢复中华民国临时约法和国会。孙中山以捍卫民国法统为号召，在广州召开"非常国会"，组建了以"护法""讨逆"为目标的军政府。此时，自民元之后，中国再次出现了两个法统、两个政府、两个国会并存的对峙局面。段祺瑞奉行武力统一中国战略，开始征讨西南地方势力，护法战争爆发，民初以来的各路军事混战逐渐演化为以国民党以及一批西南军阀为代表的"南方"④与以北洋军阀为主要代表的"北方"的政治分野与军事对抗。

不过，对于是否可以用"南北"这样简单的框架分析当时非常复杂的政治格局，早有质疑。"南"与"北"是一个比较笼统的划分标准，并非楚河汉界那样界限分明，而是你中有我，我中有你。《大公报》记者胡政之就认为："南北之间，则南方军民长官，固多北籍之人，北方执政诸公，又多南省之贤，形迹绝无扞格。"他直言，南北之说之所以能够流行，"或外人藉为挑拨离间之资，而国人习焉不察，相与传说，黠者则更假借以供纵横游说之用，其实揭破真相，不值半文"。⑤陈独秀也指出："同一北洋系，而

---

① 《答广州某报记者问》（1917年7月25日），载《孙中山全集》第4卷，中华书局1985年版，第125页。
② 吕芳上：《革命之再起——中国国民党改组前对新思潮的回应》，台北"中研院"近代史研究所，1989年，第33页。
③ 陈独秀：《时局杂感》，《新青年》第3卷第4号，1917年6月1日。
④ 从北洋一方观察，他们所指的"南方"，既包括孙中山，也包括与孙中山有关联的南方各路军阀和地方实力派。
⑤ 冷观：《西南　南北》，《大公报》1917年7月28日第2版。

冯、段又未必相容；同一民党，而孙、岑素不相得；同一护国军，而滇、粤势不相下。分裂之象，已至于斯。"①

陈独秀的观察颇具预见性。后来的情况是，当时的南方力量多来自广东、广西、湖南、云南等地的地方军阀，属临时拼凑，行动的逻辑仍是金钱与地盘，护法运动很快失败。1918年孙中山在辞去大元帅之职时感叹："南与北如一丘之貉，虽号称护法之省，亦莫肯俯首于法律及民意之下。"②

1920年代，国共合作态势逐渐形成，伴随南北政治上的持续对峙，经过国民党人以及一些知识群体的主观"发挥"，南北之别愈加"放大"，逐渐在知识界和舆论界催生出"南北新旧"的大体认知，价值判断色彩不断凸显。③ 1926年北伐战争开始之后，国共两党的宣传部门继续强化这种视角，其中以北京大学教授张奚若的概括最具代表性："就大体说，南方所希望者为真共和，北方所容忍者为旧专制；南方要实行平民主义，北方要贯彻武力统一；南方着眼在将来，北方注意在现在；南方为新进少年的活动地，北方为官僚政客的逋逃薮。"④ 这在当时已经日益发展成为一种比较普遍的社会心理，并被认为对于"北伐"的成功起到了无形的"战力"作用。⑤

---

① 陈独秀：《时局杂感》，《新青年》第3卷第4号，1917年6月1日。
② 《辞大元帅职通电》（1918年5月4日），载《孙中山全集》第4卷，中华书局1985年版，第471页。
③ 不过，对此也不能一概而论。如同为国民党人的叶楚伧在1923年就认为：中国的变乱，有正负两方是不错的，但分别正负的，决不是甚么"西南"和"北"等指示方向的名词，"我以为，十二年来，无南无北无东无西，只是新旧之争"。（楚伧：《主义之争与南北之争》，《民国日报》1923年10月31日第2版。）
④ 张奚若：《南北可以妥协吗?》，《现代评论》第5卷第118期，1927年3月11日。
⑤ 罗志田：《南北新旧与北伐成功的再诠释》，《开放时代》2000年第9期。王奇生：《国共合作与国民革命（1924—1927）》专门讨论了"南北地域观念与宣传战"，江苏人民出版社2006年版，第277—293页。王尤清《民国前期南北地缘话语与政治演进》，《安徽史学》2012年第2期。李在全以当时居住在北京的黄尊三的个体经验为例指出，用"南北新旧"诠释北伐史，效力与不足并存。见李在全《北伐前后的微观体验——以居京湘人黄尊三为例》，《近代史研究》2018年第1期。

南方军队在战场上的最终胜利似乎进一步印证了"南北新旧"之说的合理性。在国民党人的解说中，由于北京作为长期的封建国都，是"帝制"的代言人，是封建势力的大本营，"一切反革命力量的总汇集，国际帝国主义者据之以为分割中国的中枢，军阀依之以为拍卖中国的商场"①。因此，他们把国民革命军攻入北京定义为"克复"，是为完成辛亥革命的继续事业，"我们已经把数百年来封建势力的遗毒，军阀官僚盘据的巢窟肃清，我们可以把贪官污吏土豪劣绅所麇聚的薮泽彻底扫除，我们要给予腐败社会以充分的革命活力，我们要使北方被压迫民众得着扶助与解放的利益。一切反革命的势力将因此而永远消灭，中国国民党民有民治民享的国家将由此而实现"②。

正是在这种心理意识的支配下，国民党人进驻北京之后，不可避免地呈现出居高临下的俯视姿态。白崇禧在与《大公报》记者的谈话中继续强化南北之别，他以黄河流域、长江流域、珠江流域作为划分标准："黄河流域，人强马壮，故足以凌南。且其俗尚保守，人贵服从，故适于专制之政。长江流域，较开明矣，而人民较懦弱，思想贪安逸，故亦不适于革命之发源。独自近代海通以来，珠江流域，欧化最早，感触最深，其人民以后起之秀，而独多革命之热情……故此次之革命战，乃以珠江流域之思想，而合三大流域之人才物力以成之者也。"③ 1928年9月，作为国民党员的罗家伦成为清华大学的新校长，在就职讲话中强调："这回国民革命军收复北平，是国民革命力量彻底达到黄河流域的第一次，这是中国历史上一个新的纪元。国民政府于收复旧京以后，首先把清华学校改为国立清华大学，正是要在北方为国家添树一个新

---

① 《江西省政府为庆祝国民政府成立三周年纪念及克服北平敬告全省民众》，《策进周刊》第2卷第42期，1928年7月3日。
② 《克复北平天津宣传大纲》，《中央周报》第9期，1928年8月6日。
③ 《珠江流域之思想与武力》，《大公报》1928年6月14日第1版。

的文化力量!"①

白、罗二人不约而同都用大江大河比喻革命的推进程度,潜意识中流露出的仍是南方对北方的"征服"意味,而一位年轻的国民党人对此的表达则更加露骨。北伐战事大局已定之时,北京大学学生钟天心就已经在头脑中夸张地想象了北京民众尤其是青年学生在"青天白日旗飘扬下欢欣鼓舞的图画":

> 他们这一年多都在愁云黯淡的凄惨中和狂风暴雨的恐怖里过生活,一旦忽然望见雨过天晴,云开雾散,旭日的红光从朝阳射到景山顶,从景山顶散布遍了全城,辉映着紫禁城的红墙金瓦,闪烁着硃红的大门,雪白的石阶,这自然是比青天白日照在市声噪杂的黄鹤楼,蛛丝结网的北极阁要富丽堂皇得多,他们兴高采烈的心情自然更是不能形诸文字了!②

实际上,1928年6月国民革命军兵临城下,政权更迭,大量南方人随之涌入。在最早一批进驻北平的战地政务委员会举行的总理纪念周中,主席蒋作宾表示:"北方民众,压迫于军阀铁蹄之下者较久,对于我们国民党尚不十分了解,对于国民党主义,犹有怀疑,究竟国民党是什么呢?三民主义又是什么呢?方在引领翘足,观望我们的行动。"因此,他要求:"各位总要将党的整个精神,在北京充分表现出来,使人见了发生出一种可敬可爱的感觉,万不可做出堕落行为,使人藉口。"③ 这里传递出理所当然的胜利者姿态与口吻。但对很多北方人而言,则是另一番意味。他们直接的感受不是国家统一,而是南北之争,北方被南方人征服。

一直居住在北京的瞿宣颖几年后曾提及这段史事:"北伐的革

---

① 罗家伦:《学术独立与新清华——民国十七年九月于国立清华大学校长就职典礼时演讲》,载罗家伦《逝者如斯集》,中华书局2014年版,第6页。
② 钟天心:《克复北京以后目前最紧急的两个问题》,《再造》第10期,1928年6月12日。
③ 《本会第九次纪念周》,《战地政务委员会公报》第3期,1928年7月1日。

命军初到北平,对于北平旧政府下的人们有视作俘虏之概。"① 当时正在北京大学教书的国家主义派人物李璜后来曾回忆指出,当时国民党虽在形式上统一了中国,但"在精神方面,北人对于南人,在此次国民革命之后,怀着一种嫉视的心理。革命而既以主义号召,而要称作'北伐',这足使北人感到南宋之对金人,把北人当作异族看待……此一误解与怨言相当的普遍于北方社会"②。周作人在回忆录中谈及北京的改名时也表示,北平是一个"古已有之"的地名,"未始不可以用",但国民党人的用意是"北方安宁,这就不大好了。"③

清末以来,南方国民党人一直将北京作为革命对象,这种将北京作为"对手"的设置与定位也在潜意识中影响着他们的心理。在很多国民党人的解说中,北京是帝制巢穴、专制策源地与腐败温床。即使北伐告成,北京已经被纳入国民党的统治范围,是国民政府下辖的特别市,但对北京的"污名化"并未停止,而是沿袭原有思路,继续对北京的负面特性大力挞伐,抨击旧京封建色彩浓厚,民众心理保守,思想不开化。这套论述,既是一种主观认知,也是一种主动建构,两种因素汇合在一起,更加凸显了北京腐朽、专制的一面。

长期作为国都的政治身份使北京被近代中国的一系列"败局""拖累",清政府和北洋政府一系列政治与外交上的危机很容易被转嫁到它的身上,北京不仅是封建专制制度的化身,还被戴上了"丧权辱国"的标签,这是一个巨大的减分项。国民党人对此加以充分"发挥",一方面从种族革命的角度攻击北京作为清朝巢穴的合法性,另一方面从政治革命的角度瓦解北京作为北洋政府国都的正当性,北京被称为"拍卖中华民国的交易所"。在两种叙述的夹击中,北京成为近代中国一系列内政与外交失败的缩影,要为

---

① 铢庵(瞿宣颖):《北游录话(七)》,《宇宙风》第26期,1936年11月1日。
② 李璜:《学钝室回忆录》,台北:传记文学出版社1973年版,第165—166页。
③ 周作人:《知堂回想录》,香港:三育图书有限公司1980年版,第536页。

近代中国不断沉沦的"国家命运""埋单"。解读国民党人的北京论述，需要充分考虑这一特定背景。

京津易帜之际国民党人的北京论述中，隐藏着"南北畛域"的潜在意识。民初以来随着南北政治对峙局面逐渐明朗，原本只是地理意义上的南北之别与文化差异逐渐被附加了价值判断。在此基础上，国民党人构建了一套特定的话语体系，将主要立足南方的国民党政权与主要立足北方的北洋政权的更替阐释为正义对非正义、进步对落后、光明对黑暗的压制与胜利。因此，北京"克复"之日就是"新纪元"开始之时。他们怀着强烈的政治优越感，力图洗刷陈迹，再创新局，努力祛除旧京的"封建"色彩，改造民众的精神世界，传递国民党的官方意志，完成胜利者的自我书写，进而构建一套与新生政权相匹配的意识形态与文化秩序。

不过，北京保持了强大的历史"惯性"，国民党人的行事风格在故都显得格格不入，导致各种纷争不断。可以说，南北之见与国民党人的北京论述相互作用，加剧了南北社会在政治以及文化上的裂痕与隔阂，这种分立并未随着国民党形式上的统一全国得到缓解，反而在一定程度上影响到北方民众对于新政权的认可与接纳。国民党一直未能深刻植入北平社会内部，始终无法摆脱外来政权的色彩。

1928年京津易帜前后国民党人的北京论述，具有鲜明的政治意指。一方面，南京国民政府试图在意识形态方面彻底消解北京作为国都的合法性与可能性，从而为新都南京确立稳固的思想基础。同时，这种论述也夹杂大量借题发挥的成分，具有攻击以阎锡山、冯玉祥等为代表的北方实力派的潜在意图。北平虽在名义上服从国民政府统治，但党政军大权全由阎锡山实际掌控，在一段时期都是蒋介石无法染指的半独立性质的"地方王国"，与中央的关系若即若离。国民政府始终无法信任北平、亲近北平。

在京津易帜之际国民党人的论述中，北京成为一个带有明显负面意义的政治符号。从长远看产生了不利影响。国民政府一直未能在北平稳固扎根，在党化建设方面乏善可陈，在意识形态方面的影响更是有限，国民政府在北平的存在感一直不强，追根溯源，都与国民党人对北京的政治态度以及构建的这一套论述有一定关联。

第六章
涤荡旧京

——故都初期国民党人对北平的文化改造

1928年6月，一种全新的政治组织形式——国民党"党治"政权在北平建立并推展开来。几年之后，北洋旧人瞿宣颖曾将这一年视为北京历史上具有转折意义的政治变动节点，"整个的多年蕴藏之重器国宝，逐渐移转，而丧失其固有意义，其多年沿袭依赖的社会秩序、人民生计，也受绝大之波动……北平之历史意义，从此殆摧毁无余矣"①。正如瞿氏指出的那样，这不仅是名称上的更易，也是城市身份的再确立，北京丧失沿袭多年的国都身份，被纳入国民党的统治之下，这也是历史上从未有过的新现象。

在很多国民党人看来，北平是帝制遗物、腐败温床，是传统官僚政治的物质载体与空间象征，故都民众普遍革命意识淡漠，思想不开化，新政权建设的第一步亟须从改造旧京民众的精神世界出发，在思想与行为层面进行一番洗刷，实现文化改造，进而再造一种全新的政治局面。为此，他们在进京之初举办了一系列旨在庆祝北伐胜利与"旧京光复"的大型民众集会与纪念活动，通过对国民党以及孙中山的个人历史进行重新阐释，对故都民众进行"党化"宣传，灌输党义，力图普及一套全新的意识形态系统，进而建立起与新生政权相匹配的政治与文化秩序。但是，北京作为一座具有悠久历史的"帝都"，传统的惯性异常强大，对外来者

---

① 铢庵（瞿宣颖）：《北游录话（七）》，《宇宙风》第26期，1936年10月1日。

具有强烈的同化作用。国民党人急于在短时间内单纯用外力强行骤改,最终的结果只能非驴非马,或者回到原点。

一 仪式展演:胜利者的自我书写

北京作为长期的"帝都",一直被国民党人批判封建色彩浓厚,革命空气沉闷,民众心理麻木,见风使舵。刚刚率军来到此地的白崇禧就表示担忧:"京津之间,政治空气,阴晦太久。数百年官僚政治之余毒,三十年北洋军治之恶风,深中社会,几入膏肓。而此辈根本反对革命,又惯于纵横捭阖之伎俩,而惟恐新势力之不腐化不分裂。是以得到京津,固北伐之成功,而稍有疏忽,反演革命之失败。革命自珠江兴,而不至到黄河流域败,此又愿当局诸人于祝捷之余,刻刻自砺者也。"①

"腐化"与"恶化"是当时国民党方面对北平出现频率很高的形容词,"北京天津,是军阀、官僚、政客的薮逃薮,腐化的精神,恶化的手段,比什么还要高明"②。中央宣传部制定的标语中,多有"要把腐化分子盘踞的北平,变为革命化""要严防北平腐化官僚,侵入我们革命的势力"等条目。③《大公报》记者就观察到:"大致南来人物,对于北方民众,都感觉沉闷,太嫌无生气。于北方官僚,则最感腐败厌恶,几成南来者之共同心理矣。"④ 基于这种认识,国民党人在进城之初的一段时间内集中举行了一系列旨在庆祝北伐胜利与"旧京光复"的大型民众集会与纪念活动,通过对集会程序、演讲内容、标语口号等方面的安排设计,以仪式展演的方式,高调宣扬新政权对旧政权的更替,传递国民党的官方意志,灌输主义,运动旧京民众,完成胜利者的自我书写。

---

① 《珠江流域之思想与武力》,《大公报》1928年6月14日第1版。
② 任:《克复北京以后》,《策进周刊》第2卷第40期,1928年6月19日。
③ 《中央执行委员会宣传标语》,《申报》1928年12月8日第17版。
④ 《旧都新闻见》,《大公报》1928年6月17日第2版。

发动大型民众集会是国民革命时期国民党熟练掌握的一项重要的政治技术与看家本领。南京国民政府在北平确立统治之后,继续沿用这一手段,其中以祭奠中山最为典型,意义最为重大,内涵也最为丰富。北平为孙中山革命之重要对象,又为孙逝世之地,对于国民党而言具有特殊意义。国民党中央与北平市党部不仅举办规模空前的祭告大典,而且利用各种纪念日,包括诞辰日、逝世日,甚至伦敦蒙难日,开展纪念活动,重新塑造孙中山的革命形象,普及三民主义,宣扬党国观念。孙中山作为无可置疑的象征符号,成为国民党执政合法性的重要来源。

1928年7月3日,蒋介石乘专列于清晨7时平生第一次到达北平,在陆军部稍事休息之后即赶往西山碧云寺,拜谒孙中山灵柩,"不忍见其遗体,不忍使其不安,故未启柩,俟正式祭告,再见万感交集,不知所怀,惟有忍泪而已"①。当日,蒋即宿于碧云寺含青斋。第二天一早再次冒雨前往中山灵前。此后一直到7月6日,蒋氏一直晚间居住在这里。

1928年7月6日,蒋氏联合阎锡山、冯玉祥、李宗仁等几大集团军总司令在西山举行盛大的公祭大典,参加者还包括白崇禧、鹿钟麟、蒋作宾、周震麟、吴稚晖、方本仁、田桐、何其巩、何成浚、石敬亭、黄少谷、商震、张荫梧、楚溪春、陈绍宽、郭春涛、李品仙、方振武、陈调元以及所有在北平之二三四集团总部、战地委员会等处军政要人,河北省党部、北平市党部、天津市党部代表,各工会代表,孙学仕、冷家骥等商会代表以及各学校代表等,班禅喇嘛派大堪布罗桑为代表参与,全部人数超过千人。报馆、通讯社等均派记者参加报道,"全场气象严肃悲壮,诚不多见之盛举":

> 当蒋等行抵灵塔之下层时,哀乐大奏,一时在场各人,顿

---

① 《蒋介石日记》(1928年7月3日),原件藏美国斯坦福大学胡佛研究院。

形静默。在蒋等之前引导者为总纠察张群,蒋等至灵前,皆按照预定部位站立,当由总部交际科长魏尔圣司仪,依预定仪节呼奏乐,台下乐队即奏乐三遍,呼主祭就位襄祭就位与祭就位。蒋即立于正中,冯、阎左右,与祭者如李宗仁、白崇禧以及其他亦均依次排立。复奏哀乐,乐毕,呼主祭者献花,蒋即如仪奉献,共三次。次呼主祭者向总理遗像行三鞠躬礼,全体随同行礼,蒋及全体一律行礼。蒋是时微流泪,礼毕由商震读国府及蒋个人祭文,商读时声音甚高,音节亦合宜,读毕,司仪呼主祭者偕襄祭者诣总理灵柩前恭谒遗容与祭者静默追念,蒋、冯、阎特趋柩前去棺盖恭谒。蒋是时流泪益多,几将痛哭出声,冯、阎、李(宗仁)亦如之,因之全场流泪者极多,一时以手帕拭目者,几全场一致。旋蒋、冯、阎等复位,一律为革命先烈静默三分钟志哀,至八时五十分又奏哀乐,主祭襄祭与祭均退,礼成!①

1928年8月13日,北平市总商会在碧云寺发起全国参谒孙中山总理先灵大会。11月12日,北平举行纪念孙中山诞辰63周年大会,蒋介石亦派代表参加。会后,阎锡山、李宗仁等率100多名政要再次赴西山参谒孙灵。同在这一天,北平各界在天安门内太和殿举行庆祝总理诞辰纪念会,参加者有各军政训部人员、市政府八局职员、北平政治分会以及河北省政府代表、总商会及各行分会、平奉平汉等铁路工会、总工会等250余团体,民众近5万

---

① 《碧云寺严肃悲壮之祭灵典礼》,《大公报》1928年7月7日第2版。蒋介石在7月6日日记中写道:"八时祭告总理。余率各总司令,总指挥谒灵前主祭。秩序整然,哀乐悠扬,虽欲遏止悲哀,不知泪自何来?体力不支,及观遗容,哀痛更不自胜,全堂几亦下泪。呜呼,悲哉,三年半中之冤曲不知何自声诉矣。"(原件藏美国斯坦福大学胡佛研究院。)不过,亲身参与祭奠的李宗仁则在回忆录中称蒋、冯、阎等人的举动为"矫情"的表演:"窃思总理一生,事功赫赫,虽未享高寿,然亦尽其天年。如今北伐完成,中国统一于青天白日旗下,功成告庙,也足慰总理和诸先烈的英灵于地下。抚棺恸哭,拉泪相陪,都似出于矫情,我本人却无此表演本领。"《李宗仁回忆录》(下),李宗仁口述,唐德刚撰写,广西人民出版社1980年版,第580页。

人。天安门搭建了彩色牌楼,太和殿前搭建了临时讲演台,端门、午门前均悬挂布质标语,讲台正中悬孙中山遗像,下悬总理遗嘱。北平市党部及各军政训部印制了总理诞辰纪念宣传品,如画报及小册子多种,当场散发,外团亦有赴太和殿前观礼者。①

1929年3月11日至13日,为纪念孙中山逝世四周年,北平市政府分别在西山碧云寺、中山公园社稷坛等处举行公祭,以资追悼。碧云寺处参加者有北平政分会主席张继、河北省府主席商震、北平市市长何其巩等。中山公园参加者包括北平特别市政府全体、国立北平女子大学、北平特别市工务局、北大学生会、汉平铁路同人会等20余团体。各学校各机关均放假,戏团电影院均停业,全市学校机关商铺均悬半旗,各校学生及党员挂黑纱、佩白花。此外,京津卫戍司令部、河北省政府等均各在公署设坛致祭,北平各中小学校学生也由本校校长及教职员率领,先在校中致祭,再往中山公园公祭。②

1929年5月,南京紫金山中山陵建成,国民政府安排迎柩宣传列车专程赴北平。6月1日,北平市各界在天安门举办总理奉安纪念会,各学校团体机关除交通机关外均依照中央通令放假一日。参加者有卫戍部、警备部、市政府及所属之八局、市党部及所属之五民众团体、各区分会、各工会、平绥铁路管理局、河北烟酒事务所、河北兼热河官产总处、中大等大学、汇文十七中等中学、公私立各小学校等150个左右的团体,民众万余人。③

伦敦蒙难也成为纪念的题材。1929年10月11日,北平市党部开会纪念孙中山伦敦蒙难第三十四周年,市党部指导委员会主席张明经将1895年10月11日孙中山被清廷驱逐出境,蒙难伦敦并被诱捕的历史称之为具有"救国家救民族"的大无畏牺牲精神,"这次蒙难实给中国有志青年一深刻的认识,自是以后,一般同志

---

① 《太和殿盛大庆祝会》,《申报》1928年11月13日第4版。
② 《中山逝世四周年北平纪念会详志》,《大公报》1929年3月13日第3版。
③ 《北平奉安纪念昨在天安门开会公祭》,《大公报》1929年6月2日第4版。

舍身革命，前仆后继，都是受了这蒙难精神的影响，本党才有今日在民众中的地位与国民政府的统一"①。

纵观那些大型民众集会，虽然举办主体不同，但在会场布置、具体程序及演讲内容方面往往大同小异。为维护会场秩序，北平军警以及宪兵需要与纪念活动的筹备方面接洽会商具体办法，如禁止群众游行，规定参加活动的各团体整队进出，军警及宪兵现场驻守、武装巡逻等，对于呼喊的口号也有规定。军政要人的演讲一般由两部分组成，一方面追溯孙中山的革命历史，歌颂其伟大人格，百折不挠的奋斗与牺牲精神；另一方面，不忘对政治现状进行影射，抓住机会大肆攻讦对手，将纪念仪式转化为政治斗争的前台。他们往往强调革命尚未成功，同志仍需努力，要求谨遵总理遗嘱，恪守总理遗教，实现总理遗志，与各种"反动"势力不断搏战。至于何者为"反动"势力，则指向各异。有针对帝国主义及封建主义者，有针对西山会议者，有针对改组派者，有针对共产党者，不一而足，有时甚至在同一场合出现对立双方互指为"反动"势力的情形。

从国民党人的视角出发，对孙中山的大规模纪念一方面是对旧京民众"革命"意识的启蒙；另一方面，孙中山已经被塑造为一个具有绝对正当性的巨型政治符号，对这面旗帜的争夺相当于带上了一个"护身符"，"中山信徒"成为自我标榜的有效政治身份。

与此同时，孙中山的痕迹也以其他方式渗透进故都人民的日常生活中，"革命"演化成"生意"，"自从国军入北平以后，因要悬挂青天白日旗，所以各成衣局里做了一批好买卖。那知近几日来，其他像洋服店亦大做中山服，扇铺亦大印中山扇，书局亦大制中山章，钟表行亦大买中山钟，眼镜公司亦大售中山镜……中山这个，中山那个，简直的闹了个不止，这亦可以看出京人崇拜中山先生的一斑了"②。另据报道，8月4日至8日，北平艺专戏剧

---

① 《伦敦蒙难 北平省市党部昨开会纪念》，《大公报》1929年10月12日第4版。
② 月伴：《关于中山》，《大公报》1928年7月2日第5版。

系计划在该校大礼堂连续上演话剧《孙中山》，此剧为熊佛西专为庆祝北伐胜利而作。不过，北平市党部以本剧"对总理遗嘱，矫造模仿，与提高党权统一思想之旨相违，一面令其停排，一面对熊侦察"①。

除了祭奠中山之外，北平市党政部门也举行了一系列旨在庆祝北伐胜利、旧京光复的大型民众活动。1928年7月7日，北平各界在天安门召开祝捷欢迎大会，参加团体约200个，到会十万余人，包括李宗仁、鹿钟麟、邵力子、吴敬恒、何其巩、何成濬、蒋作宾、李品仙、张荫梧、魏益三、罗家伦等党国要人，且纷纷演讲，"诚北平空前未有之盛会"②。市党部为此做了充分准备，"印就小册十万本，传单二十余种计三十余万张，标语十万张，计八十种，分贴全市，并邀蒋阎冯李出席。无线电公司义务装设放送机于天安门、前门、中山公园、北海及市党部等处，备放送讲演辞"③。本次活动呼喊的口号包括"庆祝北伐胜利""唤醒革命同志""继续总理遗志""打倒帝国主义""肃清残余军阀""扑灭共产党"等。④

悼念阵亡将士也是不可缺少的环节。1928年7月9日，冯玉祥在南口追悼国民军南口之役阵亡将士，蒋介石、李宗仁等亲往参加。8月1日，北平各界与各集团军官长及各机关长官各团体代表等在北海公园天王庙举行国民革命阵亡将士追悼大会。同日，国民革命第四集团军前敌总指挥部在南苑举行国民革命军阵亡将士追悼大会，白崇禧及各部重要人员均到会，总参加人数万余人。⑤

大学作为知识青年的主要聚集地，自然也不会落于人后。7月10日，北京大学在北河沿第三院大礼堂举行庆祝北伐胜利大会，入门路旁红灯罗列，党旗飘扬，满墙满壁贴有"北大复活""反对

---

① 《北平党部之工作》，《申报》1928年7月29日第7版。
② 《北平市民昨日举行祝捷欢迎大会》，《益世报》（天津）1928年7月8日第3版。
③ 《北平筹备民众大会》，《申报》1928年7月6日第4版。
④ 《种种口号》，《大公报》1928年7月8日第2版。
⑤ 《追悼阵亡将士会地点在北海公园》，《大公报》1928年8月2日第2版。

改名华大""欢迎革命同志"各色标语。到会者八百余人，包括李宗仁、吴稚晖、蒋作宾、方振武，以及阎锡山、白崇禧、张荫梧的个人代表者。①

10月7日，北平市党部组织市民约5000人在天安门前召开庆祝克复津东大会，到会团体30余个，市长何其巩参加。② 10月10日是国民党在北平确立统治之后的第一个国庆节，意义特别。北平市举办双十节扩大国庆纪念会，主席团由市党部、"四前"总部、陆大政训部、各界济案后援会、学联会、妇女协会、总商会、农民协会、市总工会等组成，北平市党部为会场总指挥，警备司令部、公安局、"四前"总部、总工会为副指挥。整个活动有很强的仪式感，其中程序包括奏乐、肃立、升旗、向党国旗行三鞠躬礼、向总理遗像行一鞠躬礼、恭读总理遗嘱、演说等。具体安排是晨六时举行升旗礼、鸣礼炮，七时阅兵，九时开大会、演讲，十二时主席团全体赴碧云寺参谒孙灵；下午在天安门内、中山公园社稷坛以及中山公园草场分三处举行游艺会；晚间举行提灯会。③

1929年元旦被北平特别市政府认定是革命成功后第一次元旦，因此决定提升庆祝力度，"除举行各项游艺，以引起市民之新年兴趣外，并于府前高搭彩坊，其形式较昔年尤为完美。至天安门前之彩坊，构造新奇，点缀雅致，彩坊中间，并交叉党旗国旗各一面。马路两旁，满缀红灯，自今晚起，即行燃点，街市上气象，为之一新。此外各机关商店亦皆扎彩悬旗，准备庆祝"④。当日上午九时，北平政治分会在中南海怀仁堂集合北平各军政机关领袖举行庆祝民国成立十七周年纪念。北平市政府及市党部也于上午十时在天安门及市党部大礼堂内举行庆典，各团体、机关皆有参

---

① 《日昨北大之庆祝大会 李宗仁吴稚晖等有讲演》，《大公报》1928年7月11日第2版。
② 《北平市民庆祝克复津东》，《申报》1928年10月8日第7版。
③ 《国庆日之北平市民大会》，《申报》1928年10月15日第9版。
④ 《庆祝元旦 中央发表宣传大纲 全国各地筹备情形》，《大公报》1928年12月31日第2版。

加。北平全市各机关学校等均休假三天，并分别筹办游艺大会。天安门内历史博物馆亦开放三天，同时并将中山公园、太庙、古物陈列所各旁门开放，以便游览。①

一个值得注意的现象是，这些仪式往往伴随着游艺活动。为此，北平市党部还曾专门设立民众娱乐革新会，熊佛西等七人被委任为委员，目的为"党化民众、革新娱乐"，推进艺术的革命化，训练观众有秩序地欣赏革命艺术，审查及编制各种民众娱乐材料，计划及设计各种民众娱乐场所与机关。② 为了吸引民众参与，组织者往往在纪念活动中安排娱乐项目。一般在天安门前或天安门内太和殿召开庆祝大会，在中山公园等地开游艺会，夜晚有时举行提灯会。如1928年11月12日孙中山诞辰纪念会结束后，民众赴太和殿游览参观。当日下午还在第一舞台开游艺会，内容包括音乐、国技、跳舞、魔术、清唱、新剧、口技等，采取向各团体赠票方式限制人数以志欢庆。

各种活动连续举行，令人应接不暇，会越开越多，三日一小会五日一大会，确实烘托了故都的政治氛围。据报道，1929年10月的国庆大会参加民众达20余万人，"诚稀有之盛会，是日风和气清，万民欢腾，各机关一律放假志庆，即负有交通使命之电车公司，亦休息一日。家家悬灯，户户结彩，党国旗到处飘扬，凋敝冷落之旧都，一时顿呈活跃生动之气象，盖为近年所罕睹者"③。与此同时，还产生了另外的效果，在故都初期低迷的经济状态中带动了一些行业，成为北平的一点亮色点缀，"开会时附带所需要的，就是扎彩牌楼。扎彩牌楼也可以调剂一种手艺工人，所以据说穷北平八个月以来，只有他们棚匠行是对于开每一次会，是富有十足兴味的，其他的人只有慨叹！"④

---

① 《普天同庆大统一》，《大公报》1929年1月1日第2版。
② 《北平市党部之工作》，《北平日报》1928年9月5日第6版。
③ 《国庆汇志》，《大公报》1929年10月12日第4版。
④ 《穷北平》，《大公报》1929年3月24日第16版。

二 "非除旧无以布新"

除了仪式展演之外，国民党人还利用其他方式，在北平传播三民主义。他们认为，北平民众缺少革命的启蒙与唤醒的环节，必须通过有效的宣传工作，进行文化改造。国民党北平市党部建立之后，首先行动起来的就是宣传委员会。1928年6月29日，北平市党部召集各学校党团开紧急宣传委员会，讨论宣传工作，"谓北方民众，对革命思想，太觉迟钝冷静，宣传工作，有积极进行之必要"，决定组织讲演队，分发内外城，讲演三民主义，提倡民众革命精神，各校组织的宣传队需要到宣传委员会登记，讲演之前还需事先通知卫戍司令部、警备司令部，"请其谅解，并随时保护"。① 与此同时，伴随蒋介石抵达北平，大批宣传品也从南京军事委员会总政治训练部同时运到，种类包括蒋总司令北上告民众书、总理及总司令像片、各项标语、各种画报以及宣传小册子，共计两万余件。② 或许是对宣传工作不满意，几周之后，市党部决定对各校党团宣传队进行改组，"凡宣传员须经党部审查，了解主义，认清党纲者，方合格，以后统受党部支配，工作独立"③。

学校是国民党人争夺的主要阵地，青年学生是国民党极力争取的对象，蒋介石在1928年与1929年的两次北平之行中，在北大、陆大等地多次发表演讲。北平市党部也在各级各类学校中多次举办过党义演说竞赛。同时，总理纪念周也在北平出现了，据《申报》报道："白崇禧率领第四集团前敌各军到达北京后，颇与民众接近。故久伏军阀专制下之北京人民，对之特生一种好感，而学

---

① 《北平市党部提倡民众革命精神》，《益世报》（天津）1928年6月30日第6版。
② 《北平党部会议 加紧宣传党义》《大批宣传品 运到北京》，分别见《大公报》1928年6月29日第2版、第3版。
③ 《本馆要电二·河北党务之进行》，《申报》1928年7月20日第8版。

生青年，亦渐有活气。白氏睹此情形，知北方民气受抑日久，殊有因势利导灌输三民主义革命精神之必要，爰于二十五日在中央公园开扩大总理纪念周大会。是日适值大雨，但到者仍达千人。"①白崇禧演说革命经过，强调要防止腐化、抑制恶化，"恶化系指军阀及依附军阀之一般人物而言，凡恶化者，吾侪革命同志，急应根本加以肃清；所谓恶化，非以年龄之老幼为标准，乃以其人是否有进取心，思想是否落后为判断。老迈之人，思想迎合潮流，头脑颇为清晰，其年虽老，吾仍认其为同志；青春少年，不求进步，思想落后，其年虽幼，吾仍认其为腐化，亦在我革命同志应行打倒之列"②。

1928年6月25日，国民党北京特别市党部指导委员会召开总理纪念周，布置一周的工作：（1）组织宣传队，赴各通衢及繁盛所在地，分别讲演；（2）党员赴内外城通俗图书馆，及各地方教育机关讲演，并宣传三民主义；（3）制就各种标语及传单，要求电影院、电车公司、代为悬挂演映；（4）通告各商店住户，须党国旗并悬；（5）通告北京内外城住户，每家须悬孙总理遗像一帧；（6）通告各界民众，废除长衫及马甲，一律须着中山装。此外，对于宣传部经费，亦有讨论。因北京政治分会尚未成立，无处可以拨款。当电南京中央党部，请速拨一万，划定作为宣传费。③

除总理纪念周外，经北平党政军扩大宣传联席会决议，定1928年10月1日至6日为三民主义宣传周，每日安排演讲，一日在中山公园对公众讲，二日对各团体讲，三日对学生讲，四日在各街巷讲，五日在各游艺娱乐场，六日在四郊讲，"除普通讲演

---

① 《国内要闻·白崇禧召开各界扩大总理纪念周大会》，《申报》1928年7月3日第10版。
② 《昨日中央公园之扩大纪念周》，《益世报》（北京）1928年6月26日第2版。
③ 辛才：《废除长衫马甲　北平市党部新努力》，《益世报》（天津）1928年6月26日第4版。

外,加化妆游艺戏剧等讲演,宣传品为三民主义问答等八种"①。北平市党部为此专门召开会议,筹划布置。另据《北平日报》报道:"北平市指委会宣传部,近来编印革命歌曲第一集业已出版,取材丰富、装订精华。此外,三民主义图解、孙文主义表解、三民主义特刊,及双十节特刊等书,尚余甚多,各中小学校、各团体及各机关,均可前往领取。"②

1928年9月15日,北平市党部成立党义教师检定委员会,对国民党"党义"的学习程度也被视为党员登记资格认定的重要标准。③ 北平市党部利用暑假余暇,创办小学教师暑期党义训练所,"为党义教育之实施"。这一机构的宗旨就是实现思想与行动的革新,打破个人主义、封建思想及部落观念,消除一切浪漫习气。同时,北平市党部宣传部还拟定了编辑《北平党务月刊》的计划。④ 即使在北平教会学校也开设三民主义课程,做总理纪念周。⑤ 北平佛教会呈党部,愿作纪念周,改着中山服,参加群众运动,请予立案。⑥

标语口号是国共党人娴熟运用的一种宣传载体。国民党北平市党务公开之后,仍然延续了这种方式,"平市党部,迩来对于党务之工作非常努力,如标语一项,除于日前印刷数万张分贴各城外,现又制备大铅铁牌数面,上尽蓝漆,用白粉书'平均地权''节制资本'等标语,张挂正阳、崇文、宣武各城门。此外又备有阔五尺高三尺余同样之牌十数面,界以粉格,用白粉恭录孙中山先生之建国大纲、拟即张挂于正阳门之东西两个双门洞中间,大概明后天即可挂出"⑦。同时,对标语的内容及形式也有较细致规定,

---

① 《本馆要电二·平津近闻》,《申报》1928年9月22日第8版。
② 《平市党讯》,《北平日报》1928年10月19日第3版。
③ 《市党部工作》,《北平日报》1928年10月21日第3版。
④ 《北平市党部党义训练所已成立》,《北平日报》1929年7月12日第7版。
⑤ 《北平教会学校施行党化教育》,《申报》1928年11月28日第8版。
⑥ 《北平佛教会之党化》,《申报》1928年12月2日第9版。
⑦ 《北平市党部日见发展》,《益世报》(天津)1928年7月1日第2版。

如规定一律用白话,"务使简单明了,字体放大"①。北平市党部还曾决定发漫画交各影戏院宣传。②

中央公园自民初建成之后,不仅是供市民日常游览的一处休闲娱乐空间,也是北京重要的政治空间,见证了一系列重大事件,如第一次世界大战胜利庆祝大会、孙中山逝世等。1928 年 7 月,中央公园董事会奉北平特别市政府令,改称"中山公园",在此连续多日举办各种活动,庆祝北伐胜利。中山公园由此成为国民党开展宣传、宣讲党义的重要空间,一时间"标语满园飞":

> 国军入平后,最足惹人注意者,便是贴标语。标语贴于沿街各处,而以中央公园为独多。第一,中央公园由市党部改名"中山公园",特制青底白字招牌挂上,又于大门左右墙上,刷蓝色漆,用白字,大书国民党党纲,固已令人触目惊心,深入脑海矣,而第四集团军政治训练部,又特制白布横标语,长丈许,或两丈许,遍挂各门口及大树上,东西两廊又有第十二军政训部及山西各界后援会所贴标语、市党部标语、总司令部警卫队标语,就中"打倒帝国主义""肃清残余军阀"及"欢迎某总司令""某先生""某同志"之类,固无人不一目了然,妇孺咸解矣!至于"党权高于一切""平均地权"之类,则已嫌陈义较高,每有不得其解者。而"破除男女间一切隔膜"一条,更时惹起一般俗子之误会,酒后茶余,每有引为谈笑资料者,即此可见北平民众思想幼稚,对于党义多欠明了,尚有待于党部之努力宣传,为之普遍讲解也。③

与此同时,北平市政府还下令北海公园在园内添设标语布告栏

---

① 辛才:《北平市党部提倡民众革命精神》,《益世报》(天津)1928 年 6 月 30 日第 6 版。
② 《本馆要电·平津党部之活动》,《申报》1928 年 6 月 29 日第 4 版。
③ 游若:《青白旗下的北平(二)》,《大公报》1928 年 8 月 7 日第 8 版。

牌,"专备党部暨政训机关之用"①。北平到处被各种宣传品、标语覆盖。至于宣传效果虽未可知,但对旧都风貌却多有冲击:

> 现在的建筑总该好好地保管,最小限度也要整理得整齐清爽,叫人看了发生美感,现在各处公共地方,除掉了宣传品五花八门地贴得到处皆是外,不但不能增进人们的美感,把原有的美观,反都失却不少。即如中海南海,开放过后,本来很可供人游览,但是墙头树梢,满贴传单,甚至描金砌玉的大柱上也横横竖竖贴上无数的宣传品,把景物宜人的名建筑,变成了现下普通的大会场,令人一去之后,未必还想再去。……就是中央公园,从前何等风雅,现在也变成了"宣传品大观园",名园景色,远不如前,我们希望莫说建设新北平,姑且保存一点旧北平,但是这宗落伍的思想,恐怕不能得当局要人们的采纳吧。②

对于各地出现在大街巷口的各种标语口号,蒋介石对此并不支持,曾电令北平政治分会:"幽燕甫定,残敌待清,外交悬案既多,地方秩序未复,各种标语口号,仍应停止张贴。"③ 北平政分会闻此之后,即训令市政府及其他各机构,要求停止粘贴标语。④ 此举遭到了北平市党部的"严词驳复","谓特别市党部除中央命令外,一概不能接受"。⑤ 经过各方疏通,允许在党部内部以及一些冲要地点之墙壁张贴,涂以蓝底白字,并在内容上有所取舍,"其范围限于三民五权各项,其较为广泛者,概行摒绝"⑥,尤其是

---

① 《令北海公园委员会呈园内添设标语布告栏牌专备党部暨政训机关之用由》,《北平特别市市报》第 51 期,1929 年 2 月 23 日。
② 《这就是新北平?》,《大公报》1928 年 12 月 4 日第 3 版。
③ 参见《布尔塞维克》第 2 卷第 1 期,1928 年 11 月 1 日。
④ 《北平禁贴标语 政分会遵照蒋电办理》,《益世报》(天津)1928 年 8 月 11 日第 4 版。
⑤ 《国内要闻·北平党潮爆发》,《申报》1928 年 8 月 23 日第 10 版。
⑥ 《北平指委会之工作》,《益世报》(天津)1928 年 8 月 10 日第 2 版。

一些所谓可能伤害"友邦"感情的标语被明确禁止:

> 北京挂了青天白日旗了,而且改名为北平了,但是结果呢?……阎总司令入城,亲往东交民巷去拜访一回"公使团",如是而已。标语是奉总司令之命禁止张贴的,经了许多磋商请求之后,总算准许贴了几张,但是贴了不久,就被警察刮去或涂黑,有人亲见无量大人胡同中国"艺术家"梅兰芳门口站岗的巡警用了刀鞘在刮墙上"革命成功万岁"的标语,据说是怕洋人见了生气。天津电车上所贴"打倒帝国主义"的字条,也经某方饬令洗刮净尽才准开入租界。京津到底是好地方,如此的恭顺有礼!①

阎锡山进入北平之后也曾下令各种标语只有经过京津卫戍司令部核准后才能张贴,其在回答《申报》记者提问时解释:"一国政治之贯输人民,必须以语言文字为符号,标语即以语言文字发扬政治之意义。余在十年前,治山西之方法,即系到处粘揭标语,并无反对之意。惟前此来平,恐惹起不幸事件,故暂时限止,绝非永久反对。"② 在对待标语的问题上,蒋、阎二人态度一致。但实际的情况是,北平街上的标语屡禁不止,而且也并非全由党部组织张贴,张贴标语成为激进青年表达政治倾向的一种重要手段,市公安局也只能要求"所有各街巷所贴标语,一律扫除,连日侦缉队甚忙,到处查抄激烈青年"③。

国民党人在将标语贴满北平城的时候,也在极力铲除一切带有旧日帝制痕迹的遗物与遗风,"前清宫之红墙,现已改涂蓝色,并拟撤去黄瓦"④。中央公园的红墙也被要求改为蓝色。虽然北平市

---

① 白木:《随感录·唯物与唯心》,《语丝》第 4 卷第 28 期,1928 年 7 月 9 日。
② 《阎锡山与北平新闻界之谈话》,《申报》1928 年 8 月 3 日第 10 版。
③ 《本馆要电三·北平军警严防共党》,《申报》1928 年 12 月 23 日第 7 版。
④ 《北平刷洗帝制臭味》,《申报》1928 年 7 月 17 日第 8 版。

政府与市党部之间多有分歧，但对此问题则达成了共识，据《新晨报》报道，北平市政府工务局也曾有粉刷皇城城墙的计划，"工务局长华南圭，因皇墙红砖黄瓦帝制遗物，不但有惹起帝王思想之危害，且阻碍党国主义之进行，拟改刷青白色以兴青天白日之观感。此事业经市政府批准，惟文物维护会曾有保护红墙主张，尚须一度接洽，即可动工"①。市政当局试图通过此举传递驱逐专制气息、振刷士气的意图，从而再造匹配党治政权的新气象。不过，正如后来外来者所反思的那样："在北平蓝底白字差不多把满城的黄墙都盖没了，黄墙果然是封建思想的表示，但是青墙又给了我们什么呢？"②

与城墙颜色一同发生变化的，是北平商业中心的橱窗。在廊房头条几家相馆的玻璃橱窗里，在此之前那几年曾先后摆出过曹锟、吴佩孚、冯玉祥、张作霖等人的照片，北平市党部为此向市内各照相馆发去函件："据本部调查员报告，贵馆悬挂反革命份子像片甚多。查反革命份子，本系民众之公敌，社会之蟊贼，党国之罪魁，凡属国民，莫不同心戮力，铲除此种败类。贵馆现仍悬挂反革命份子像片，殊属不合，兹特函达，务希将该项反革命份子像片，自行焚毁为要。"③

对北平"封建"旧迹的刷新还包括那些含有"帝制"色彩的街巷名称，"北平街名之有帝制臭味者，均将更改"④。"北平市地方，多有含蓄帝制作用者，如王府大街、内宫监、司礼监、学院、按院等巷，以及大高殿、帝王庙、宗人府等，亟应从新更改地名。"⑤一些含有"封建意思"的街名被清查出来，如王府仓、石驸马大街、武王侯胡同、二龙坑、郑王府夹道等，被列入更名行

---

① 《华南圭要刷皇墙：有这笔经费吗？》，《新晨报》1928年11月9日第6版。
② 欣欣：《从"北京"说到"北平"（北游琐记之二）》，《民力》第1卷第5期，1931年11月21日。
③ 《反革命分子像片 市党部禁止悬挂》，《北平日报》1928年11月6日第6版。
④ 《北平刷洗帝制臭味》，《申报》1928年7月17日第8版。
⑤ 《公安局令各署清查各街巷名称》，《顺天时报》1928年7月13日第7版。

列。1928年12月，北平市政府正式颁布："本市街巷名称，雅俗杂见，重复尤多，公安局局长赵以宽，前呈市府，拟将含有封建思想，及鄙俗过甚，毫无意义者，酌加变易，或取同音文雅字样，以壮观瞻，计共有92处之多，现经市府参事室，详晰审核，酌加改正，已令公安局遵照办理。"① 将近一年之后，北平市第六区党部还提议，"本市各街巷名称，为八王子胡同，定王府大街，等等，均系专制时代之命名，拟呈请市党部转咨市政府，赶日撤换，以免民众思想之错误"②。

一方面是铲除，一方面是新立。1928年8月，北平市工务局向市长呈文，建议对天安门至中华门南北一带以及天安门前东西道路命名。市政府采纳了相关意见，"查自中华门内至天安门外，拟即定名中华路，比之天安道名称似较允协。又东西长安门间原定中山街，拟改为中山路尤觉冠冕"③。国民党新政权的痕迹开始在北平的街巷道路中得到体现。

与此同时，北平市政府也开始筹备建设各类革命纪念物，从而将自身历史以建筑的形式镶嵌在城市空间之中，一方面"显革命成功之伟绩"，一方面"除封建之余臭"。④ 据《申报》报道："方振武请市府在东车站，建吴樾铜像，已奉中央核准，市府又决在西城建彭家珍铜像，又决在什刹海银锭桥汪精卫炸摄政王处，建一纪念塔，并在总理病故之地，汪精卫幽禁之狱、秋瑾题诗之陶然亭，均标证革命史迹"⑤。依照国民政府的训令，北平还计划建

---

① 《旧都刷新 市政府改定各街巷之鄙俗名称》，《益世报》1928年12月16日第2版。
② 《六区党部昨开常会》，《北平日报》1929年10月5日第7版。
③ 《国民党北平市政府关于改定天安门一带名称案的指令》，北京市档案馆，档号：J001-001-00001。
④ 《北平特别市工务局、土地局关于报送修建彭家珍烈士纪念堂和立祠修墓铸像等规划地址、用款及家属要求的呈以及市政府的训令、指令》，北京市档案馆，档号：J017-001-00351。
⑤ 《北平之革命史迹》，《申报》1928年10月17日第4版。

筑革命专祠,"春秋致飨"①。李石曾也曾起草北平革命纪念区章程。② 其中,彭家珍的纪念堂以及陵墓建设计划有实质性推进,"彭家珍,清季舍身炸贼,视死如归。去岁冬间,国民政府准于烈士死事地方,筹建彭烈士纪念堂,又令准修造坟墓,建立专祠。市政府奉令后,即分饬工务土地两局,规划建堂地址,估计用款,呈核并令公安社会教育三局,详查烈士生平事绩,嗣经择定北海万佛楼为建堂地址……由省市政府会同酌拨专款办理。前由市府令饬工务局勘定农事试验场内畅观楼前空地为新墓"③。但后来限于各种因素的窒碍,上述这些计划大多无疾而终。

北京作为封建帝都,其旧日风俗被国民党人认定为在政治上落后的主要特征之一而重点攻击,因此,风俗改良也成为改造的主要内容,"至于帝王时代之各种仪典,亦一律不准再用,以期根本铲除帝制之风"④。为了涤除残留的"遗毒"和"污秽",北平市政府采取一系列措施,1928 年 7 月 12 日,白崇禧向北平政治分会提议内容中就包括相关内容:

> 旧染污俗,咸与维新,实为古人政治革命要旨之一。北平社会继承专制政体所遗留之俗习,迄未废除。大之如冠婚丧祭之礼仪,小之如耳目声色之娱乐,均系帝制贵族遗下之奢侈陋习,至今仍行存在。据最近调查,即捡煤球为业者,遇丧事,亦必八人杠或十六人杠;遇喜事,亦必四人轿或八人轿……北平戏剧极其腐化,非引人入封建思想,即导淫诲盗,无微不至,移风易俗,莫此为甚,亟宜本国民革命之意旨,导演三民

---

① 《北平建筑革命专祠》,《申报》1928 年 11 月 27 日第 6 版。
② 《本馆要电四·平津近闻》,《申报》1928 年 12 月 13 日第 9 版。
③ 《本市筹建彭家珍烈士纪念堂并修墓建祠》,《北平日报》1929 年 8 月 23 日第 7 版。《令工务局局长华南圭呈彭烈士纪念堂拟先定地点再呈估单由》(1929 年 2 月 14 日)、《令工务局局长华南圭呈谨拟建立总理铜像奠基典礼由》(1929 年 2 月 15 日),均见《北平特别市市报》1929 年第 49 期。
④ 《公安局令各署清查各街巷名称》,《顺天时报》1928 年 7 月 13 日第 7 版。

主义之真谛，改革一切陋俗，以与吾民更始……如男子之发辫，妇女之缠足，因陋就简，习以为常，今应力加改革，予以理论之劝导，继以法令之纠正。①

在北平市市长何其巩的就职典礼上，白再次表示："北平风俗亦应以革命精神改革，如现在民间婚丧各事，尚用满清仪仗执事，此为最可怪之事。又如发辫缠足，所见犹多，皆应切实取缔而改革之。"② 为此，市政府决定征收"腐化捐"，"如三星期内不放足与剪辫，则征收特税，又令女子在三十岁以下者剪发"③。在市政府的界定中，男辫、女小脚也是"腐化"的重要表现，"平市调查腐化，男辫子4689条，女小脚7294双"④。对于剪发、放足等事，属刻不容缓，应立即执行。但到了1930年代初期，辫发缠足之陋习，在北平"犹未尽除"。为此，北平市社会局专门召集女性人员组织"妇女矫风队"，会同警察分组前往市内各区，挨户劝导，或到民众聚集场所宣讲，对于缠足、蓄辫、吸食鸦片等种种不良习俗进行劝阻，"见有足非天然之幼女，即限期令家长为之释放。尚有中年妇女，素具莲瓣者，闻令之余，大都深闺固藏，不敢复出"⑤。"妇女矫风队"的工作产生了一定实效，但终因时局动乱、财政竭蹶，半年之后即宣告解散。⑥

三　旧京依旧

南京国民政府接管北平之后，在短时期内密集举行多次大规模

---

① 《向北平政治分会提议案》（1928年7月12日），载黄嘉谟编《白崇禧将军北伐史料》，台北"中研院"近代史研究所，1994年，第341—342页。
② 白崇禧:《在北平市长就职典礼致词》（1928年7月14日），载黄嘉谟编《白崇禧将军北伐史料》，台北"中研院"近代史研究所，1994年，第344页。
③ 《本馆要电二·平市拟办腐化捐》，《申报》1928年8月2日第8版。
④ 《本馆要电二·平津近闻》，《申报》1928年9月16日第8版。
⑤ 履冰:《北平客语》，《申报》1930年2月5日第11版。
⑥ 《北平妇女矫风队活动史料选》，《北京档案史料》1997年第2期。

的庆祝与纪念仪式，国民党军政要人纷纷走上讲台发表演说，一方面是胜利者对自身历史进行的一次重新书写与建构，是对胜利者身份的再确认；另一方面利用这些重要场合，传播党义，宣扬国民党的制度、文化。与此同时，国民党的触角还波及北平的教育、日常生活等多个领域，不仅是一种新意识形态的宣示，也是一场文化改造运动，表明了国民党人将北平这座昔日帝都全面纳入国民党党治政权轨道的政治意图。

北京虽被国民党人攻击为封建巢穴、腐化渊薮，但实际上改旗易帜的转换速度并不慢。早在国民革命军进城之初，古都上空立即大范围飘扬起了青天白日旗，"晋军之商震部，则八日已实行入京，中外人心，遂见安定。八日上午十一时以后，青天白日旗已遍布京市，即小街僻巷亦见党旗与新国旗之飞扬，投机者且沿街叫卖，每旗一面，索值四五角不等焉！"①《申报》也报道："国民革命军第三集团军孙楚军三团，8日上午十时由广安门入城……沿途欢迎新入城军之人，拥如山积，市内遍悬青天白日旗，表示欢迎。"② 在京各高校对此更是反应迅速，"时局转机，京学界顿呈活泼气象，尤推国立各大学校行动露骨，积极将学生会次第恢复，并努力从事复校运动。六日晨法大北大师大等校门前，已高悬青天白日旗及党旗，以示欢迎革命军。北大法大两校，且将京大校名根本除掉，各校面目陡然一新"③。

翻看当时的报纸广告、墙壁招贴或是商店门口的大标牌，"中山布、中山呢、中山眼镜、中山餐，几于一切的货物都是中山"④。而那些昔年骂孙中山的，"现在都改成'先总理'了"⑤。当时在京都市政公所工作的吴瀛回忆，1928年6月初国民革命军兵临城下，尚未进入北京之时，所内一位素以识时务著名的某先生忽然

---

① 《北都易帜记》，《大公报》1928年6月10日第2版。
② 《京人欢迎晋军入城》，《申报》1928年6月10日第9版。
③ 《北京各校之新气象》，《大公报》1928年6月9日第3版。
④ 霞：《再到的北京》，《大公报》1928年10月9日第11版。
⑤ 刘荫远：《北平的繁荣问题》，《大公报》1928年9月7日第10版。

收起长衫，改穿中山装。他感叹"气候要变"，随后张作霖被炸皇姑屯的消息就立刻传来。①

在故都初期的北平，选择什么样的装束确实可以在某种程度上表现个人的政治倾向。《大公报》曾刊出一篇《旧都新闻见》，内中提及，在那些新式投机分子与旧式官僚之中，白崇禧作为一"崭新人物"，"最讨厌是穿马褂的人"。他见过一次之后，"决不愿再见第二次"，这一点竟然成为白氏不喜欢北京的重要原因。②不过，正如那些所谓的"中山布"实际就是以前的"芝麻布""树皮布"，只是名字变换了而已，连旧观都不曾改变。北京这座古城也是如此，虽然改成了北平，挂起了青天白日旗，"但一切还都是从前的样子，什么都没有变革"，身在北京的周作人因此认为，这不是"北京的革命化"，而是"革命的北京化"，"本来这革命也就只是招牌，拿到北京来之后必然要更加上一层油漆了"。③后来上海的报刊评论道："我们革命军到了北平，已经三月有余，只纸上谈兵的吹了一阵大话，实际上一点也未做到，何能收拾人心？"④《大公报》也质疑："不能说，挂青天白日旗，多几个穿中山服的便是新气象啊！"⑤阎锡山在市党部的演讲中明确表态："我们要革命北平，并不是把北平的腐化份子赶出北平，是要改变他们的行为。假设他们的行为改变，那就是新北平了。穿着长袍马褂来欺骗敲诈，固然是土豪劣绅。但是穿着一身洋服，说上一口洋话，终日奔走权势，倚势凌人，也叫土豪劣绅，都是要打倒的。"⑥

国民革命军进城，经历短暂的热闹之后，北平又逐渐复归其本

---

① 吴瀛：《故宫尘梦录》，紫禁城出版社2005年版，第145页。
② 《旧都新闻见》，《大公报》1928年6月17日第2版。
③ 岂明：《通信》，《语丝》第4卷第28期，1928年7月9日。
④ 吕立言：《党军到后之北平现象》，《先导月刊》第1卷第4期，1928年9月15日。
⑤ 振汾：《比较与希望》，《大公报》1928年9月7日第1版。
⑥ 《阎总司令在北平市党部之演说》，《革命前锋》第1期，1928年8月15日。

色,"北方民众沐浴党化之日本浅,其于理论之争,更非寻常人所能定其黑白"①。"有一人他自称他是党员,问他党的主义,他答是三民。再问他三民是什么?他瞪目而视,不能答了。"②《申报》记者透漏,北平党务指导委员黄国桢曾在私下场合表示,"北平社会,了解主义者不多,且旧环境不易脱,故指导与宣传非常吃力"③。上海的一份刊物评论:"试思北平民众脑筋,简单已极,无论你'五色旗''青天白日旗',只要不妨害他们的本身利益,减少他们的担负,他们便表示欢迎。"④ 周作人也坦陈:"我们故京兆人的多数,心目中只知道这件东西,皇帝,洋人,奉军。革命的招牌,现在虽然不能不暂挂(否则不能投机),心里一定是痛恨不置的。"⑤ 揆诸故都初期国民党人在北平的宣传,多停留在仪式层面与党义灌输,带有疾风骤雨色彩,表面文章做足,实质上内容空洞。

北平作为具有近千年历史的悠久古都,传统的基因已经深深嵌入了城市的骨髓,不会轻易被外力改变。"故都北平秉封建余威,在昔日帝制时代,虽一草一木之微,莫不沐皇恩,悉加封诰。"⑥ 1930年代初期,从南京来的诗人钱歌川看到北平城里卖一个烧饼,上面都有苍龙出现,于是得出结论:"封建思想原不专在帝王家,而竟浸润到寻常百姓的行为举止间了。"⑦ 因此,虽然经过国民党政权大力扫除与洗刷,但旧日痕迹仍无处不在,"北平既系旧都,故封建思想犹未尽脱"⑧。

---

① 《北方护党问题宜速解决》,《大公报》1928年12月30日第1版。
② 霞:《再到的北京》,《大公报》1928年10月9日第11版。
③ 《本馆要电·平津党部之活动》,《申报》1928年6月29日第4版。
④ 吕立言:《党军到后之北平现象》,《先导月刊》(上海)第1卷第4期,1928年9月15日。
⑤ 岂明:《通信》,《语丝》第4卷第28期,1928年7月9日。
⑥ 戴雪梅:《异闻一则》,《甬江校刊》第一、二期合刊,1939年8月3日。
⑦ 味橄(钱歌川):《最初的印象》,载《北平夜话》,河北教育出版社1994年版,第6—7页。
⑧ 王凤元:《北平市政刍言》,《大公报》1929年7月13日第13版。

几年后，一位记者观察到北平仍然"封建残余十足"，"所谓'忠臣孝子'的旧势力还深深地印在劳苦大众，手工业者，小商人，甚至大部份青年的脑子里，因为所有的生产力大部份都是停留在半封建生产关系的缘故，因之上层建筑的意识形态，也多半残留在旧的基础上。在这里一般民众的表现，在觉悟的程度上说，是比较落后的"。① 一位外来者参观大名鼎鼎的"前外"，"我所感觉出来的便是中国的古建筑物的艺术化和雄伟化，此外我所最容易发生出来的反应，便是这座古城他的封建彩色太浓了"②。作家张向天当时也有同样的感慨，北平虽然"闹过新运动"，"掀起过风靡全国的新思潮"，"熔炼出许多各式各样的新人物"，"到底北平这古城是座彻头彻尾的老城池，不但前门各处的城砖是老灰色，城内的旗民拘守着旧日王谢的生活，保守着老念头，就连在年节的岁时上，也是依然谨守旧制"。③ 旧习尚依然畅行，正如老舍在《骆驼祥子》末尾所描述的那样，迁都之后的北平虽然衰落了许多，但过去的一些排场还在，"红白事情在大体上还保存着旧有的仪式与气派"，"出殡用的松鹤松狮，纸扎的人物轿马，娶亲用的全份执事，与二十四个响器，依旧在街市上显出官派大样，使人想到那太平年代的繁华与气度"。④ 瞿宣颖对故都初期北平风俗变迁脉络进行了一番梳理：

> 北伐的革命军初到北平，对于北平旧政府下的人们有视作俘虏之概。一切都认为要不得。不独满洲妇人之髻与阴历之庙会，连马褂也是打倒的。漫天匝地都要变成蓝白色的标语。甚至于黄色的殿瓦，也有人提议加上一层蓝漆。可是民国二十年以后，标语一律撤消。蓝色的漆与粉也自然销退。而马褂反变

---

① 黄郁：《故都（北平通讯）》，《青年之光》创刊号，1932年5月1日。
② 苏庆伟：《故都的一瞬》（上），《大公报》1932年1月16日第9版。
③ 张向天：《忆北平的旧岁》，载姜德明选编《如梦令：名人笔下的旧京》，北京出版社1997年版，第419页。
④ 老舍：《骆驼祥子》，人民文学出版社2014年版，第223页。

为公务员必须备的礼服。乃至大人老爷的称谓,请安的礼节,前清服制之丧事仪仗,前清官衔(衔)封典之讣闻等等,也无一不若有若无的出现了。①

南京国民政府建立之后,力图把政党、军队、学校等领域置于规范之下,三民主义逐渐被构建为整个社会的主流意识形态。但对于北平大多数民众而言,始终视国民党为外来政权,缺乏政治认同与文化认同,三民主义在北平一直市场空间不大,影响有限。北伐告成之后新建立的北平特别市政府是在原京都市政公所、京师警察厅以及京师学务局等机构的基础上整合而成,原有成员很多在新政府继续任职,北洋时期旧有的一套运行体系基本得以承继。更重要的是,南京国民政府初期的北平,各地方实力派在此盘根错节,党、政、军之间互相牵制,北平市政府被阎锡山、冯玉祥等地方实力派掌控,二人与蒋介石貌合神离,北平与中央的关系非常松散,南京国民政府对北平的统治只是名义上的,这种状态严重制约了国民党政权对北平的掌控与渗透程度。

此外,作为承担国民党宣传任务的重要主体——北平市党部,在故都初期北平拥挤的政治空间中一直处于非常边缘的位置,处境尴尬,自身组织建设薄弱,不仅与地方军政部门处于对峙状态,而且不能得到中央党部的有力支持。这种局面也在很大程度上影响了国民党对北平的改造效果。

在国民党官方的宣传与阐释中,北伐胜利,旧京克复,并非是简单的政权转移,而是对封建势力的铲除,对被压迫人民的解放,是国民党"主义"的胜利。国民党虽然在形式上确立了对北平的统治,但并没有从根本上触动既有的社会和政治权力结构,疾风暴雨式的宣传并未能与北平的文化传统形成有效衔接,导致隔阂严重,水土不服。北平作为一座具有数百年历史的国都,在城市

---

① 铢庵(瞿宣颖):《北游录话(七)》,《宇宙风》第26期,1936年10月1日。

属性、气质与市民性格等方面经历了长时段外力与内力的深厚沉淀,不仅无法在短时期内强行骤改,而且对外来者还具有强烈的同化作用;虽然在南方的革命者进城之初,很多人从长衫马褂换成了中山装,但不久之后,长衫马褂反而成了北平公务员必备的礼服。当时代的洪流退却之后,古城依然是古城,依然在既定的轨道上按照自身的节奏缓慢前行。

第七章
从"中心"到"边城"
——国都南迁后北平发展路径的讨论与规划

1928年6月,南京国民政府辖下的国民革命军攻入北京,北洋政府统治终结,南京被确立为新的首都,北京被改名北平,成为与天津、上海一样的中央直辖"特别市",后来再降为普通市,甚至一段时期曾隶属于河北省,"不但不是国都,而且还变了边塞"①。持续数百年的国都身份遽然失落,触动北平城市命运的起伏,"从前的声势,从前的繁华,都逐渐消失了"②。"大家认北平为倒霉的地方,几乎更无一顾的价值。"③

一 潮流更易,景象全非

北京作为一个主要依靠政治因素兴起的城市,政治角色的变动、政治地位的升降在很大程度上影响城市的各个方面。观诸当时舆论,纷纷将北平衰落与国都南迁联系起来,"本来北平之繁盛,乃政治使然。今首都既废,则冷落衰败,势所必至"④。北平

---

① 周作人:《北平的好坏》,载姜德明编《北京乎:现代作家笔下的北京(1919—1949)》(上),生活·读书·新知三联书店1992年版,第17页。"边城"是当时人对北平的一个代表性"定位","九一八以来,市面经济的不景气,使得北平故都的身份全然失去!渐来的是边疆之感了"。参见林庚《四大城市》,《论语》第49期,1934年9月16日。
② 林颂河:《统计数字下的北平》,《社会科学杂志》第2卷第3期,1931年9月。
③ 铢庵(瞿宣颖):《北平的运命(北游录话之十)》,《宇宙风》第31期,1936年12月16日。
④ 《北平地面之兴废》,《大公报》1928年8月23日第1版。

市政研究会的专业刊物《市政评论》也指出:"北平为辽金元明清五代国都,居民多依政治为生活,千数百年来,遂演成政治支配生活之状态,自国都南迁,市民生活遽失依据,凡百营业,莫不凋敝,市况日趋萧条。"① 1928年9月,作为国民政府特派负责接收北平府院办公处的杨熙绩报告了北平当时的情形:(1)"国都南迁,而失业之人十余万,凡此啼饥号寒之民众,不可不速谋救济也";(2)"旗民居住北平市,几占全市人口总数之半,溯满洲自入关而后,瘦汉人以自肥,二百余年,养成愚惰,近已穷而无告,卖儿鬻女者有之";(3)"北平久定、而九校尚无开学之期,卒至弦歌尽辍"。②

北平市面商业受国都南迁的影响最为直观,《大公报》记者看到的景况是:"路上只有几个稀少行人和车辆,昔日正阳门前门的繁华,今日几将消灭……两旁有很多的铺子都是紧闭大门,贴着'余具出兑'或'门面出租'的条子。东安市场行人稀少,很多摆摊的都袖着手幽幽不振的坐着。"③ 一位外地人在北平也有类似的所见所感:"所有买卖,似乎是非常萧条的,来往的行人,也似在寻求着'饭具'。愁眉苦眼的灾官,处处都可以见到,无书可读的大学生,溜马路逛市场,甚而捧戏子住下处,也都成了日常功课!"原本一派繁荣的前门东西两车站虽有青白旗飘扬,"但还不如从前有秩序","军阀固然是打倒了,不过北平社会也要从此堕落了"!④ 曾经的国都被形容"为西风落叶所吹遍","无处不萧瑟",⑤ 媒体的描述展示了沦为故都之后北平荒凉与停滞的时代气息:

> 失去了首都资格改名换姓的北平,虽然实际上还有若干的绿底黄底琉璃瓦保持自己的庄严,然而从去年到现在八个多月

---

① 黄子先:《繁荣平市之我见》,《市政评论》第1卷合订本,1934年6月。
② 《杨熙绩报告北平近况》,《大公报》1928年9月26日第3版。
③ 《最近北京的萧条》,《大公报》1928年11月17日第11版。
④ 崇一:《旅平杂感》,《大公报》1928年11月12日第11版。
⑤ 竞平:《西风落叶下的古都》,《大公报》1929年11月15日第15版。

中有人提到北平，只有一个符号可以代表……他真是个败子，穷得连精神也渐渐的灰色了……阔人在北平和日历一样，越过越少，住房的招租出卖的红纸帖子，自然也就像生疮疾的乞丐贴膏药一样，是越贴越多。①

对于具体人群而言，北平公务员群体在迁都前后的境遇反差可能最为强烈，一批中央机关或裁撤，或南迁，或降级为地方机构。加之北平市政府机关因经费紧张，只能裁撤机关，精简人员，公务员失业严重，从人声鼎沸到人去楼空，"各部院及附属机关，相率徙京，职员中百分之七八，悉被裁换"。"薪微职小者，在当日每月所入，仅敷所出，已属强自支持，今一旦经济来源全绝，实感生活不易之苦。且此类职员，又大都携有眷属，担负颇重，谋生既感不易，转动尤觉艰难。"有的失业公务员只得以代人"写信"为生，孩子无钱读书，母亲忧劳患病。有的失业后无力支付房租，暂借亲戚家住。有的拉车又拉不了，谋事则无人介绍，在家赋闲。②当时流行一个词就是"灾官"，梁启超在致女儿家信中对此描述："京津间气象极不佳"，"北京一万多灾官，连着家眷不下十万人，饭碗一齐打破，神号鬼哭，惨不忍闻"，"所谓新政府者，不名一钱，不知他们何以善其后。党人只有纷纷抢机关、抢饭碗"。③《申报》此时也连续报道："自国都奠定后，北平之倚官为活者，失所凭藉，欠薪累年。日食早不继，更有欲归不得之苦。平沪各慈善机关，遂实行遣送大批之灾官。"④上海自1928年入秋之后，先后涌入北平失业灾官约2400人。⑤

不管是那些南下谋求出路的官僚政客还是留在本地的失业公务

---

① 《穷北平》，《大公报》1929年3月24日第16版。
② 牛鼐鄂：《北平一千二百贫户之研究》，《社会学界》第7卷，1933年6月。
③ 丁文江、赵丰田编：《梁启超年谱长编》，上海人民出版社2009年版，第762—763页。
④ 太玄：《灾官访问记》，《申报》1928年10月20日第21版。
⑤ 甲三：《不尽灾官滚滚来》，《申报》1928年11月8日第12版。

员，虽在北平总人口中所占比重不高，但普遍处于社会中上层，消费能力较强，是支撑国都时期北京商业消费的重要来源。这一群体的流失是导致北平商业迅速萎缩的主要原因之一，"北平原来是政治的中心，市街之所以繁荣的原因，完全是因为有多少个大小政客官僚的眷属在；虽说是灾官，但花钱的大半还是他们，社会上流通的钱，多半也还是灾官的钱。现在灾官们自从西风紧了，也就多数南飞了，北平更越发的萧条了"①。

更重要的是，官僚群体消费能力的下降引发了一系列连锁反应，"各部院司员人役，皆无形取消。他们平素都有固定收入，赁屋而居，包车代步，一旦失业，包车可以不坐，首先裁去，车夫因而失业，房租不得不欠，自三月以后，以迄于今，多未曾付"。北平租房市场价格跳水，受此影响最大的就是那些依此赚取费用的所谓"吃瓦片"者，"无不竭蹶困难，愁眉不展"。②《世界日报》对此也有报道："自去年以来，北京城里的市民，就成了冷水打的鸡毛，越过越少……少一家人家，就要多空出一所房子。所以慢慢的过着到了现在，空房子到处都是。这可急煞了一班吃瓦片的，望上成万上千银子的血本，在那里要成废物。人有钱，最稳当的莫如置不动产。现在看起来，觉得就是不动产，也未必就靠得住能当现钱。"③

对于"吃瓦片"者而言，"一旦收入骤形减少，或竟全无，当然不能不厉行刻苦主义，于是因而酒肆，饭庄，戏馆，娼寮，皆减少若干生意矣"④。而警察群体也受此牵连，房捐收入是北平警员薪饷的重要来源，因房捐收入下降，引发警饷不敷开支，北平市公安局不得不将"以前储存之盈余提出补充，始得发讫"⑤。雪上加霜的是，由于市井萧条，房屋闲置，各区自治公所因不能忍

---

① 早早：《北平的车夫》，《大公报》1928年10月27日第11版。
② 游若：《青白旗下的北平（二）》，《大公报》1928年8月7日第8版。
③ 《瓦片也靠不住》，《世界日报》1928年8月18日第5版。
④ 游若：《青白旗下的北平（二）》，《大公报》1928年8月7日第8版。
⑤ 《旧都市况益形凋敝》，《大公报》1930年4月14日第4版。

受"苛重之捐率",纷纷提出取消房捐的议案。①

国都南迁不仅大量抽取了北平原有的政治资源,也连带引发其他资源的转移,金融业首当其冲。中国银行和交通银行都将总部由北京迁往上海,在北平仅剩下分行、支行。据统计,从1927年至1929年,北京完全商办之银号"受战事及迁都影响,关闭甚多,市面所受损失甚巨"。至1931年,北平银号或兑换所仅剩83家,"其市面交易,亦甚平淡","有盈余者,不过十分之五,不敷开支者,亦达百分之二十。各号职员,均以年终分红为大宗收入,然新年失望者,实具多数"。②"政府南迁,市面萧条,加以发行公债集中沪市,各银行及资本相率徙去,以致本市现金多数外输,金融停滞,各种债券不能流通,华北各经纪人歇业大半。"③

北平作为一个标准意义上的消费城市,消费规模的大幅度下降对城市的打击是致命的。由于商铺都必须按照铺捐章程,分等纳捐,因此,北平商业盛衰情形,也可以由历年纳捐商铺的增减看出来。1928至1931三年时间内,这一数目减少了1839家。据北平市公安局行政科统计,国都南迁之后的八、九月间,仅仅10天之内,北平内城停业商店310家,外城停业商店506家,四郊停业商店155家,其中饭馆及旅店业占3/10,其余还有未经允许停闭的饭店、歇业而未准者百余家。④另据北平市社会局1931年6月的数据,纳捐铺数共计28410家,每月营业流水达到二十万者只有1家,八十至一百五十元间有7398家,如果平均计算,每家每月营业流水数目仅有191元。有一些商户每日营业流水数目只有六、七元,"许多大规模商店门可罗雀,奈被市府强为撑支市面,不许关闭。这种大小商铺

---

① 《北平房捐重拟请市府酌减》,《大公报》1930年12月31日第5版。
② 《平市银号最近调查》,《大公报》1931年1月30日第6版。
③ 吴廷燮总纂:《北京市志稿》卷3,北京燕山出版社1998年版,第636页。
④ 《全市萧条百货滞销北平市之最近情形》,《顺天时报》,1928年9月19日第3版。

分配的情形和每月营业流水平均数已足表明，平市商业之日趋微弱矣"①。1930年11月，曾为南城香厂地区地标性建筑、赫赫有名之城南游艺园因"游人稀少，赔累不堪"，实行歇业。②

北平作为传统的政治中心，在工商业方面"仅为消费，而非生产，非仅少有大规模之新式工厂，即论商业，也只以零星售卖为主"，机械工业发展滞后，近代化程度不高。轻工业、手工业相对发达，但一般资本额度小，抗风险能力弱，主要依赖于经济发展态势及外部市场环境。国都南迁之后，北平"各类工厂中，机械、化学、饮食品工厂的工人数减少，凋敝固不必说，就是纺织和杂项工厂，也未见得兴盛"。据河北省工商厅视察员调查报告，地毯行业工人从前在3000人以上，1929年只有800人，不抵从前大工厂一处的人数，"织布工厂也因为工料昂贵，不是倒闭停办，就是减少工人"，"逊至不能支持，相率呈报歇业者，月至数百户，尤以小手工营业之倒闭者，为数最多，衰落情形日见深刻，若不速图救济，势将全频（濒，作者注）破产"。③

再统计北平市各业行会失业人数，1928年6月至1929年6月间，北平总商会各商号职工有91476人，其中有29902人失业，占总数的32.69%。在各行业中，失业人数的百分比以饮食与服装两个行业最高，"这两业本是北平市民主要的消费，紧缩如此，全市的凋敝，也就可想而知"④。而电灯公司相关数据的变化最能直观反映北平在迁都前后市面的萎缩程度：

> 第一、各官署解散者解散，收束者收束，官署之用电自少。第二、服务于官署之职员，及与政界有关连之人士，因谋事南下者有之，因失业离平者有之，留者百无一二。北平居

---

① 魏树东：《北平市之地价地租房租与税收》，台北：成文出版社有限公司、美国中文资料中心1977年印行，第73页。
② 《平市萧条下之牺牲者 城南游艺园停闭》，《大公报》1930年11月4日第8版。
③ 林颂河：《统计数字下的北平》，《社会科学杂志》第2卷第3期，1931年9月。
④ 林颂河：《统计数字下的北平》，《社会科学杂志》第2卷第3期，1931年9月。

户，本以政界关系人士为中心，官吏一空，中级以上居户，几为之全空。近且与教育界有关之教习学生，亦复旧者纷去。新者不来，居户用电，当然锐减。第三、各商家各铺户，歇业者日多，未歇者亦均以顾客寥寥，极力收缩，重则撤灯，轻亦少用。此外用电之工业，北平本自无多，以后更难推广。查该公司自迁都定议后，本年五月份电费收入，较上年该月份，约少三分之一。六七两月，几少至约五分之二。八九两月，竟将少至约七分之三。其比较降落程度。实至可惊。而北平居户之减少情形，亦可藉知大概矣。①

在某种程度上而言，娼妓业也是反映城市经济情形的一项重要特征指标，"至民国十七年，北伐成功，国都南迁，平市日渐凋敝。更以九一八事件，东三省沦亡，外患日亟，人心咸感不安，市况江河日下，益趋萎靡，尤以八埠营业，迥不如前，七零八落，门可罗雀，较民国初年，不胜今昔之感"②。昔日车水马龙的八大胡同，"区域内只有月冷灯昏"，《大公报》描述了北平娼业的盛衰曲线：

北平八大花埠在旧都时代，每当夕阳斜坠时，车水马龙，游人如鲫，灯红酒绿，声歌盈耳，通宵达旦，其热闹也尽人悉知。讵于近二年来，八大埠妓业之萧条冷落，何止一落千丈！及至最近市面金融益形凋敝，各界失业者愈觉增多，大多数人谋食不遑，于是影响娼寮，亦陷于穷困之境。致操娼业者，因游客稀少，收入极微，而种种繁杂之捐多，及日常之费用，绝对不能减少，故此关门宣告停业，及降低等级者，自本年来三

---

① 《旧都益冷落电灯公司大赔累》，《大公报》1928年10月16日第3版。
② 马芷庠编著，张恨水审定：《北平旅行指南》，北平经济新闻社1937年版，第10页。

个月之间，已有二十余家之多。①

此外，国都南迁之后，北平物价低迷，居住其间的生活成本亦相对更低，也给本地居民带来了"便利"，据从南方来的倪锡英观察："北平因为政治的变革，生活程度便立刻低落下来了。往日各种物质设备是依然存在，可是因为市面上骤然失去了政治和经济的重心，一切的代价便全都低廉，于是一般人的生活，也随着由紧张而松缓了，不再像以前那样的挣扎着……那里有着各式最新最摩登的物质设备，可以用最低廉的代价去享受。"② 这种消费水平也可以从当时的人口结构中得到验证。20世纪二三十年代，北平城市人口总数虽然持续增加，但富裕阶层所占比重逐渐降低，呈现出穷户多、客民多、单身青壮年男性多、富户少的"三多一少"现象。由于底层群体占总人口比例过高，以致北平几乎成为"贫民的逋逃薮"③。尤其是1928年国都南迁，不少原来居住在北京的政府军政人员及家眷随中央机构移往南方，其中多属社会中上层。1929年5月，西北一带有许多难民因旱灾涌入北平。④ 1931年"九一八"事变前后，北平在涌入一批关外避难人口的同时，也出现了一波富裕人口外迁的风潮，城市经济的衰败与底层人群占比过高形成了恶性循环。

北平作为一座主要依靠政治力量驱动的特殊城市，从国家权力中心退居边缘，在短时间内无法改变"生产者少、消费者多"的畸形经济结构，同时缺乏建立现代工业体系的良好基础，加之外部环境不稳，财政收入减少，经济形势恶化，从各个方面看，1920年代末的北平都是处于一段非常灰暗的时期。

---

① 《北平乐户纷纷停业》，《大公报》1930年4月11日第9版。
② 倪锡英：《北平》（民国史料工程都市地理小丛书），南京出版社2011年版，第151、153页。
③ 旭实：《故都之将来》，《清华周刊》第40卷第10期，1933年12月25日。
④ 《大批难民到平》，《新晨报》1929年5月9日第6版。

二 如何"繁荣北平"

北平虽然失去了国都身份,但作为华北交通枢纽,是控遏东北三省、热河、察哈尔、绥远、外蒙古的军事重镇,阎锡山、张学良、冯玉祥等地方实力派明争暗斗,日本等外部因素渗透其间,虎视眈眈,伺机而动,南京中央方面对此一直密切注视,"现在北平固然离去政治上重要的中心,可是依北方现在的形势,在政治国防方面,仍旧占极重要的地位,此外关于国术,学术,美术,艺术,文化的保护和发扬,也是值得我们注意的,工商农业的振兴,对于都市建设,自然有极大的关系"①。

国都南迁之初,中央与地方对于北平的经济前景已有基本预判。北平发展模式单一,城市兴衰高度依赖官僚政治集团的各种活动,一旦失去国都地位,城市发展动力丧失大半,无异于釜底抽薪。此时,作为北平实际掌控者的阎锡山,一度曾有国都回迁的尝试。② 北平总商会也为此专门做出努力。③ 北平舆论始终有借助政治资源振兴经济的固有思维,一旦有风吹草动,即伺机而动。1929年7月8日,时值蒋介石在平期间,北平总商会组织87个分会代表共约800余人赴总部行营向蒋主席请愿国都回迁北平事宜,整个过程秩序整齐,"毫无紊乱"。④

但是,定都南京已不可更改,因此,竭力争取其他政治资源成为北平政商人士的共识。一些意见主张退而求其次,建北平为陪都。1928年6月,《京报》刊发北京学界呼声,指出因北京在文化外交军事国防等方面具有重要地位,建议仿照旧时陪都制度,"暂

---

① 孟威:《我所企求的平市建设》,《市政评论》第1卷第1期,1934年6月。
② 许小青:《南京国民政府初期两次迁都之争》,《暨南大学学报》2012年第6期。
③ 《平商会议请国府国都设平》,《大公报》1928年8月21日第2版;《北平总商会繁荣北平之建议》,《华北日报》1930年11月27日第6版。
④ 《北平商界代表请愿》,《大公报》1929年7月9日第4版。

立一比较其他省区较大之规模，以为过渡"①。第二年，曾担任北平政治分会主席的张继也表达了相同的主张："历代定都北平，取北平已成文化商业中心。现首都南迁，致文化商业受损甚钜，惟迁都万不可能，只有设法谋补救。个人意见，最好仿宋时之东西京，明时之南北京，将北平建为陪都，屯兵十万，以兴市面。北平附近煤矿甚多，亦可开发以兴工业，工商业兴，则文化不致衰落。"②不过，陪都之说一直未能得到南京中央的实质性回应。

另一方面，当河北省政府1928年7月4日在天津成立之后，北平总商会等社会团体就积极活动，争取其移驻北平。③第四集团军前敌总指挥、北平政治分会委员白崇禧也在向分会提交议案，建议河北省政府应移设北平，其中一个重要理由就是"首都既经南迁，工商业必渐衰微，一般劳动者之生计，益形困难。省会果能置此，注重工商业之发展，并改善劳动者之生计，如是则首都南迁，不特未见其害，且蒙其利"④。《申报》甚至提出假设，河北省政府如果不移平，北平再过半年"将成废区"⑤。

不过，这一主张遭致河北方面的反对。河北省商会联合会与河北省农会以"省政府迁往北平，天津商业将受影响"为由，主张暂缓迁移。同时，两团体还指出："北平为历代旧都，积数百年之经营，及全国人文之辐辏，始有今日之繁盛，决非一省府左右之力，所能补救于万一！"⑥但是，这些反对意见并未能改变事实。1928年10月12日，河北省政府正式移驻北平，此举虽有多方面因素的考虑，但通过集聚政治资源拉升北平经济，确为其中应有之义。

---

① 《迁都声中之北平学界》，《京报》1928年6月24日第2版。
② 《张继抵京谈话主张，建北平为陪都》，《益世报》（天津）1929年7月28日第3版。
③ 《河北省政府委员明日在津开正式会议》，《大公报》1928年7月17日第2版。
④ 《向北平政治分会提议案》（1928年7月12日），载黄嘉谟编《白崇禧将军北伐史料》，台北"中研院"近代史研究所，1994年，第340页。
⑤ 《各社电讯·北平将成废区》，《申报》1928年8月23日第10版。
⑥ 《两法团请省政府暂缓迁移》，《大公报》1928年9月20日第5版。

国都南迁之后的发展困境导致各方人士忧心忡忡,"居住北平之百数十万市民,深恐隳其固有之繁荣,而影响其生活"①。从上至下,从官方到民间,兴起了一股关于北平发展模式与路径的大讨论,"一部分人民叹息北平市面的萧条,另一部分人民提出种种繁荣北平的计划"②。各方比较普遍的意见是当北平的政治属性淡化之后,应将文化作为重要的筹码,凸显文化优势,建设"文化之城"。

文化因素被中央政府与北平地方人士共同强调,确实是因为文化价值作为北平的特质最为明显,落实在具体层面,首推独一无二的优质学术与教育资源。迁都之初,《顺天时报》即建议将北平建成全国文化的中心区域,"北京除国立九校之外,其他的公私立大中小学,亦不在少数,现若能一面将原有的各校,加以整顿扩张,并作完全的设备,聘良好的教授,一面另设各种职业学校,利用固有的官舍,充当校址,以资培养普通实业人才,并酌予成绩优良的私立学校,以相当的补助费,藉示奖励游学之意,则庶几使北京成为全国学生荟萃之地","而北京市面自可望依此大批学子的存在,以维持其从来之繁荣,不至因迁都受重大影响"。③

这种认识也得到了官方的认同。北平市市长何其巩表态,北平"原有学校,多属最高学府,讲艺之风,逾于邹鲁,加之故宫之文物,焕然杂陈,各图书馆之册籍,庋藏闳富,其足以裨益文化考证学术之资材,几于取之不尽,用之不竭,而文人学士之侨寓是邦者,亦于斯为盛,市府要当整理社会,修废起顿,以期革除旧染,溶发新机,使秩序宁静,环境改观,以为国家振兴文化之辅助,此职责之尤不容缓者也"④。何的表态并未停留在口头,他专

---

① 《北平特别市公用局宣言》,《大公报》1928年9月21日第9版。
② 林颂河:《统计数字下的北平》,《社会科学杂志》第2卷第3期,1931年9月。比较有代表性的意见包括朱辉《建设北平意见书》,《北京档案史料》1989年第3—4期;《有关北平市政建设意见史料一组》,《北京档案史料》1997年第2期。
③ 《迁都后之北京繁荣策》,《顺天时报》1928年7月9日第2版。
④ 何其巩:《今后北平之建设》,《益世报》(天津)1928年10月12日第6版。

门要求市公安局对北平市内郊外有关历史古迹，一一调查，详细记载，"留昔日文化之痕迹，以备历史学者之研究"①。

教育不仅是重要的文化资源，也是重要的经济资源，数量可观的大中学生群体对于民国初年北京的城市消费做出了重要贡献，"负笈旧都之学生，即不啻为平市存在之中流砥柱。姑以每人每年平均花费二百元计之，合十数所官私大学专门诸校学生，其消费力殆极可观"②。北京自清末建立京师大学堂始，成为近代中国高等教育的重要发源地。民国建立之后，北京作为教育中心的地位不断强化。据1926年调查，北京共有大学29所，其中国立者10所，私立者16所，教会及外人所立者3所。③

国都南迁之初，北平对学生吸引力下降，"盖从前北平学生之多，乃由各省人士靡集于此，而各省学子之所以群集于此者，则因北平为首善之区，犹有帝政时代，负笈上都，近水楼台之想。今都城既易，观感不同，故南京中央大学此次招生，报名者达两千之数，而北平学生则来者寥寥。向来各城公寓，暑假中间满住投考之新生，今则阒然无人，莫不叫苦连天"④。同时，政权鼎革之际，北京各高校内部各种风潮频发，"乃北伐告成许久，政府对于北平国立各校，迄无接办之进行，转瞬暑假届满，或办或停，在前竟无一人负责。甚至校役断炊，教员觅事，师生皇惑，上下不安。办理多年具有历史之国立九校，宛有与北平首都同被取消之趋势"⑤。因此，整顿教育不仅是维护政治稳定的重要举措，对于提振北平的商业消费也具有积极意义，"设使政府社会，合力促进整顿教育，使全国大师硕学，集中废都，宏开绛帐，号召汲引。俾举世有志好学之士，如万流朝宗，悉趋平市，于故京繁荣问题，

---

① 《北平市有关历史古物调查》，《大公报》1929年1月28日第8版。
② 《整顿北平教育之进行》，《大公报》1931年3月7日第2版。
③ 王学珍、郭建荣主编：《北京大学教育史料》第2卷，北京大学出版社2000年版，第2921—2922页。
④ 《北平地面之兴废》，《大公报》1928年8月23日第1版。
⑤ 《维持北平繁荣之捷径》，《大公报》1928年8月18日第1版。

裨补实多。就此点言，社会公众，应看整顿北平教育为利害切身之事，对任何学潮，皆当以严正态度，注意纠正。不宜如前此之冷淡漠视，致令学风愈下，人人认子弟在平读书为畏途，则北平市仅存之维持分子亦终不能保留矣"①。

此外，帝都时代留下的各种物质遗存，包括古建筑、古物等，是故都人民引以为傲的文化资本，更是无可取代的优势资源，成为北平地方政府构建文化之城的重要依托。1928年10月，曾经担任京兆尹的南京国民政府内政部部长薛笃弼就提出要将北平建设成为"东方文化游览区"，其重要依托就是北平独一无二的历史积淀。"北平建筑，雄伟古朴，最能代表中国，而数百年首都名称，外人尤耳熟能详。且附近西山明陵长城等处，又尽有引人流连之真价值。若能以文字图版，广事宣传，设招待机关，善为照料，则欧美日本人士之远道来游者，行将踵趾相接。抑此事不止外人为然，即东南之人，足迹未履平津者亦自不在少。外人向以旅行为节劳休息之一法，华人习惯则以离乡为畏途，如由政府社会共同提倡，并为旅客多谋便利，则北平地方，殆最有值得游玩之资格，最有招致游客之可能。为旅客计，与其戕贼精神，虚掷金钱于饮博纵欲之生活，曷若一肩行李，由南而北，考古揽胜之为乐。此种风气，若能造成，则北平地面，年可增加不少游资。此事只须道路平治，交通恢复，即可从事鼓吹。"② 河北省政府移驻北平之后，根据薛笃弼的要求，为此专门向社会征求繁荣北平市面的计划意见。③ 一时间，从官方到民间对此多有讨论，纷纷提出繁荣故都之策。

故都初期，北平地方政府围绕"繁荣北平"问题进行了一定的实践，如通过将河北省政府设置在北平等方式努力维系政治地

---

① 《整顿北平教育之进行》，《大公报》1931年3月7日第2版。
② 《维持北平繁荣之快捷方式》，《大公报》1928年8月18日第1版。
③ 《河北省政府征集繁荣北平市面计划意见》，《大公报》1928年10月9日第3版。

位，设立专门的咨询机构等。1928年年底，北平繁荣设计委员会成立，附设于北平市政府之下。1929年1月，北平繁荣设计委员会委员名单发布，除市府各局局长之外，还聘任21位社会人士，包括吴瀛、沈兼士、马衡、曾彝进、瞿宣颖、周作民、徐悲鸿、罗耀枢等。① 这一机构成立之后，曾提出一些建议与主张，以1929年3月召开的第三次会议为例，讨论的议题包括各文化游览机关联合售票办法大纲案、北平游览指南编辑体例案、裁撤北平关税等。② 但该会属咨询性质，不具行政权责，实际成效不大，张荫梧担任市长之后即以节省公务经费为由将其裁撤。另一方面，充分利用北平的文化优势，包括教育、古物等资源，建设"文化之城"。虽然各方意见能取得基本共识，但多能认识到这些举措仍为治标之法，而治本之策，则必须抛却北平往日城市发展的路径依赖，另在其他方面寻求"新生命"，这种"新生命"，就是振兴工商业，培育稳定的消费力量，谋求城市发展的长久动力。

早在国都南迁之初，《顺天时报》社论就指出："北京虽非出产之地，然实四通八达交通便利之区，且地势平坦辽阔，颇有设置多数工厂的余地，国民政府若果有维持北京市面，使之渐趋繁盛的决心，则应设法奖励工业家。"具体办法包括税收减免、政府补助等方式。③ 针对当时流行的建设文化中心的主张，市民白陈群在《发展北平之根本政策》中认为，发展文教、招徕旅行者均为枝节办法，根本解决还在于城市转型，即由政治中心城市转向工商业都市，由消费中心转向生产中心。④ 地理学家白敦庸也在《北平市生存大计》中表示，整顿教育与阐扬文化只是北平建设事业的一种途径，并不能解决北平发展的根本问题。⑤

---

① 《北平繁荣仰仗诸公》，《新晨报》1929年1月20日第6版。
② 《北平市繁荣设计委会第三次会》，《大公报》1929年3月2日第8版。
③ 《迁都后之北京繁荣策》，《顺天时报》1928年7月9日第2版。
④ 相关研究参见陈鹏《认知城市与城市认同：白陈群〈发展北平之根本政策〉的史料价值解析》，《北京史学论丛2013》，北京燕山出版社2013年版。
⑤ 白敦庸：《北平市生存大计》，《大公报》1930年11月3日第3版。

市长何其巩也持此种观点。他认为，建设北平的第一步，就是联络各业热心商人，"使其协力保持市面之现状，并赞助农工业之发达，务使从前消费地一变而为生利地"①。北平市总商会一直是繁荣北平活动的积极参与者。1930年11月，他们向国民政府行政院上陈情书，建议中央将北平设定为"工业区域"，特别是发展北平地区比较兴盛的工艺品制造、纺织、陶瓷、文玩等"贵工业"。②北平自治委员会在起草的繁荣北平具体计划中也提出要把北平建成重工业区："北平深在内地，势难造成交易之商埠，然以铁道运送之方便、河路开浚之可能、附近原料之丰富、区内人工之勤贱，加以原来固有之技术与天才，实可造成特种钢铁毛革等类之大工业区、珐琅琉璃金银玉石雕刻等类之贵工业区。"③后来，北平市政研究会的《市政评论》也发表文章论证："城市之成立，不特基于工商业之关系，亦有基于宗教、政治，或文化、教育者，而城市之发达，则惟工商业之关系，最为密切，宗教、政治、文化、教育能成立城市，而难于发达，其原因即工商业为生产事业，能使人民生利，其吸引力及集中力甚大，至宗教、政治、文化、教育，则多属分利事业，其收集各种能力之能力，至有限制，此其大较也。"④

　　从当时情况分析，各方对繁荣北平的计划与蓝图分歧不多，主要集中在建文化教育中心、旅游城市与发展工商业方面。仔细分析这些主张，虽言之成理，持之有故，但并不具备充分的实施条件。故都初期，北平百废待兴，市政府主政者变动频繁，无法保障政策的连续性。最重要的是，各种繁荣计划多需大额资金推动，

---

① 《使消费地变为生利场》，《京报》1928年8月11日第3版。
② 《北平总商会繁荣北平之建议》，《华北日报》1930年11月27日第6版；王煦：《旧都新造：民国时期北平市政建设研究（1928—1937）》，人民出版社2014年版，第35页。
③ 《北平自治委员会拟具繁荣北平具体计划》，《大公报》1931年3月26日第4版。
④ 壮克：《北平市的特殊性》，《市政评论》第1卷第1期，1934年6月。

而此时北平财政十分支绌，自身造血能力严重不足，中央拨款十分有限，致使很多计划无法有效落地。北平市政府刚处起始阶段，各类事业尚在摸索阶段，运转效率仍有待检验。限于各种因素的窒碍，故都初期繁荣北平计划多停留在纸面理论设计层面，"只是空言，未见实行"①。

三　中原大战之后北平经济渐有起色

1930年春，蒋介石与阎锡山的矛盾逐渐升级，3月18日，阎锡山派兵接收中华民国陆海空军总司令部北平行营，国民党中央在北平的宣传机关被查封，南京政府控制的铁路、邮电、报刊等也大多被晋方接管。次日，国民党北平市党部遭到查封。北平地方政府宣布自立税则，独立征税。②北平脱离了南京中央政府的管辖，成为事实上的"独立王国"。4月，中原大战爆发。7月13日，阎锡山、冯玉祥联合国民党内的改组派汪精卫、陈公博和西山会议派邹鲁、谢持等人在北平召开中国国民党中央党部扩大会议，另立中央，与南京国民政府分庭抗礼。③

一般而言，战争意味着生灵涂炭，但对北平而言，则孕育了新的"生机"。中原大战爆发后，一批反蒋势力齐聚北平，他们的集团性活动成为一种牵引，促发了城市一度缺失的发展动力，"近来商界方面，见阎冯讨蒋意志坚决，且有在北平成立政府之讯，故于颓丧状况下，顿然现出兴奋精神来。从前打算关门之店铺，近忽决定暂行勉强支持三数个月，以俟市面活动。其资本宽厚之各大商店，近已纷纷联络，议商请求阎冯，早速成立政府，恢复北京名称等事……以期北京繁荣早复原态，俾救垂毙之商业，即现

---

① 林颂河：《统计数字下的北平》，《社会科学杂志》第2卷第3期，1931年9月。
② 《国内一周大事日记》（三月十四日至二十日），《国闻周报》第7卷第11期，1930年3月24日。
③ 陈进金：《另一个中央：一九三〇年的扩大会议》，《近代史研究》2001年第2期。

在失业之市民,亦可求得生活云"①。曾经衰颓的北平市面因此出现了短暂的复苏势头:

> 自扩大会议成功后,平市方面组设新政府之声浪,弥满空际,一般商民,闻此音讯,莫不欣然色喜。盖自国都南迁后,市面萧条,商业停顿,商民人等饱受此中影响,故一闻有建设新政府之讯,多以为凋敝之旧都,将从此恢复昔日繁荣之盛况也。兹向各方面调查,近日市面上确日渐繁盛,即以电话而论,国都南迁后,撤线停话者,日必数十起之多,在最近月余中,西局电话突然增加五百余新用户,而东南各局电话,亦日有添装者,其撤线停话者,则反为减少。盖近日各方面新贵来平寄居者甚众,此项新贵觅房租屋,非仅昔日空房日见减少,而电话电灯自来水之装设者,亦渐众多。其次则为各客栈饭店公寓等之房间,昔日皆空闲大半。今则亦渐热闹,盖近日来平谋校之学生等,异常众多,纷投住于各公寓饭店中,以故旅馆营业,颇见兴盛。而同时饭馆娱乐场所以及其他一切商店,均见活动,较之数月前之景象,迥不相同。以故商民人等,对于近日市面之活动,咸认为将来"新北京"繁荣之先声云。②

北平扩大会议虽一度声势浩大,但基础并不稳固。9月18日,张学良宣布支持南京中央,出兵华北。扩大会议代表纷纷外逃,阎、冯一方军事上节节败退。9月23日,东北军从晋军手中和平接管北平防务。26日与27日,张学良分别任命鲍毓麟为北平市公安局局长,于学忠为平津卫戍司令,基本控制了平津地区局势,北平脱离南京国民政府的状态实际上只持续了半年的时间。

---

① 《北平商人因营业冷落 拟请阎冯恢复旧称呼》,《大公报》1930年5月6日第9版。

② 《旧都渐有活意 新贵云集繁荣有望》,《大公报》1930年7月17日第6版。

东北军正式接管北平之后,张学良领导下的东北边防军司令长官公署和东北政务委员会取代阎锡山的中华民国陆海空军总司令部,掌控平、津地区的政权、军权与财权。张也因收编阎、冯余部而进一步扩充了实力,北平仍属于半独立性质的地方王国。

张学良进驻北平之后,北平各方对张寄予厚望,张亦对北平前途表达关切与决心。但是,1930年10月15日,河北省政府移回天津,北平市政府甚至在一段时间内改隶河北省,① 城市前景再次蒙上一层阴影:

> 北平方面,自此次大战解决后,河北省政府首先移至天津,其与省府有关之各机关亦多准备迁移,因此市面繁荣愈趋黯淡。一般商民,因市面日渐萧索,营业无望,莫不愁容满面,叫苦连天。连日各处商铺,向社会局呈请歇业者,有三百四十余家之多。经社会局已行批准者,百十一家。此外因营业亏累,不能支持,准备歇业者,为数尚极众多。又连日北平电话局方面,用户请求撤机停话者,有五百余户之众。而电灯公司,在两月前,每月可收入电费十六七万元,现在时届冬令,昼短夜长,营业原应增进而电费之收入反竟减为一二万。其余如本市房捐,因空房日多,房捐锐减,警察当局,因与原额相差甚巨,乃严行稽查房数,虽垂花门、过道等门,亦须一律纳捐。以故旧都市面,日见凋敝景象,最近平市商民乃有呈请当局减免房租之举云。②

此时,社会上关于"繁荣北平"的呼声再次响起。1930年11月,国民党三届四中全会召开,北平行营主任何成濬提交"繁荣

---

① 潘鸣:《1930年北平市隶属变动考》,《民国档案》2011年第3期。关于河北省政府迁离北平的原因,潘文分析是张学良为了能够在局势尚未稳定之时更有效地控制北平市政府。

② 《旧都市面凋敝不堪》,《大公报》1930年11月11日第5版。

北平以固国防案"：

国家长治久安之道，方面不一，而文化上经济上使全国各区域平均发展一点，允为必要条件之一，昔者首都在北，而经济商业之中心在南，无形中保持平均，自国都南迁，政治经济文化各种中心，悉集于江南，于是上海之发达，与北平之衰颓，恰成反比例，而影响所及，不止北平一市。天津向为巨埠，近年亦人口锐减，商业凋零，即其显证，夫今日各种事业，陷于南重北轻，长此以往，不惟北平将成历史的废墟，凡黄河以北地方，经济文化之落后，将日甚一日。近月以来，交通当局颇注意各路联运，如已行之平吉通车，及将行之京辽通车，便利交通，用意诚善，然在今日政治经济文化各种中心全在东南之时，北方都会，行将一齐化为寒村鄙邑，凡关系政治经济文化之摩登人物，其足迹将不能印于北方，虽有火车，其谁乘之，试观平吉通车乘客之寥寥，与平津快车头等车之空虚，可以知个中之消息矣。夫南重北轻之结果，与国家大局，影响殊坏，绝非只数都会之兴废与铁路营业发达与否之问题。盖中国社会之基础，北方较固，……而中国军队，实以北籍壮丁为骨干，今年战事，中央军之胜利，亦大得力于北籍之兵，盖华北人民，勤苦耐劳，质朴守旧，易于受治，而艰于造乱，国家治安之重心，实在此数省人民之上也，是以新中国之建设，必须留意于南北平均发展，勿使北方长此落后，不然，北方之贫而愚者，将年甚一年，终将超过其所能受之限度，社会基础，将破坏不可收拾，而东南一隅，特质的发达，与精神的堕落，将为正比例，将来结果，南方因于柔靡之腐化，北方则成为神怪之蛮乡，欲其相安，不可得也，矧望统一的民主制度之灿烂普及乎。夫发达华北，仅赖地方人民之力，不可胜任，必须政府以大力导之，其方法即于北方都会，先树立新旧事业之中心，其第一步应先规划者自为北平，盖有已成之规模，且居交通之枢纽，苟加规划，定可有成，何成濬君提议之三项，曰工业中心，曰文化中心，曰练兵区域，其说皆有实行之可能性，要其目的在集中一大部分人才与经济力于其间，既维系地方繁荣，且联带发展北方其他事业，诚能具体筹划，逐步实行，则无形中华北全部受其利益，不止落伍的北平商民欢声雷动已也，至于近接强邻，国防重要，守大陆之门户，建国家之屏藩，则尤百年之大计，识者之公论，何氏提案，意尤在此。①

何成濬从维持全国南北均衡发展的高度提出繁荣北平的计划，相对于许多民间人士的看法，何氏的定位更高、视野更广。在何成濬的论述中，维系北平地方繁荣，具有连带发展其他事业的意义。中央委员吴铁城也在北平对报界表示："以北平作为国防练兵中心，取其形势也。更将学校及学术机关集中于此，利其幽静古质用作文化中心，再利用其历史名胜，古物故宫，设大规模之旅行社，招致各国人士来平游览，俾成赏鉴中心。"② 与此同时，吴敬恒、张学良、叶楚伧、张继、李石曾等在1930年11月向中央政治会议提议设立"整理北平市文化指导委员会"。12月22日，李石曾在北平研究院详细介绍了"整理北平文化指导委员会"设立的缘起及其意义：

> 北平在文化上，关系重要，此为举国及全世界所公认，大家均早已注意及此。就最近言之，可分二项说明：一为纯粹关系文化问题，二为关系时局问题，亦即与经济有关之问题，故分三点亦无不可。北平文化，早为一般人所注意，如注意故宫及其他一般古物之保存，即其一例。在一年后，古物保管委员会张溥泉先生，向中央建议，想在北平设一保管古物之总机

---

① 《何成濬之繁荣北平案》，《国闻周报》第7卷第46期，1930年11月24日。
② 《吴铁城今午赴平 甚注意北平之繁荣》，《大公报》1930年10月17日第3版。

构，当时中央即交付叶楚伧先生及兄弟审查，后因离京，未能审查。在半年前，吴稚晖先生提议，改北平为文化区，因北平为旧帝都且为政治中心，易予改组派以机会，想使造成文化中心，改革以前政治中心。当时正在作战，中央对此提议，均表同情，因事关北方，特向张汉卿氏征求意见，彼亦极端赞成。及四中全会闭会时，何雪竹先生有繁荣北平之提议，因决议并案审查，始成立此案。因吴稚晖、何雪竹、叶楚伧、张溥泉诸先生及兄弟五人，有审查关系，乃提议设整理北平文化指导委员会，故前者纯系关系文化，而后则与时局亦发生关系。自改组派政府倒后，北平已自然消失为政治中心之资格，而变为文化中心。不过因国都南迁后，经济方面，日趋没落，今兹省府移津而益甚，欲文化期之余存，故此不得不谋经济之发展。换言之，即用经济方法，来维持发展，而成为文化中心也。此处所言文化，乃广义之文化，不仅教育学术，即实业工艺等，亦均包在内。平市将来能否成为大工业区，此时尚不敢言，不过原有之手工品，实有余存提倡之必要。吴稚晖先生曾提议在北平，积极发展毛织物，其一端耳。故综合言之，整理北平文化指导委员会，实有上述文化、经济、时局之三种关系，此为该会发起之经过。①

李石曾在委员会筹备过程中态度最为积极，奔走最多，往返于北平与沈阳之间，与张学良几次磋商委员会的具体计划与内容。会长人选原定蒋介石，张学良、李石曾为副会长，北平市市长为总干事。② 至于关键的经费来源问题，据《大公报》报道，张、李二人商议的基本结果是，整个计划约分十期，以一年为一期，每

---

① 李石曾：《以最经济方法充分发展北平文化》（1930年12月22日在北平研究院讲），载中国国民党中央委员会党史委员会编《李石曾先生文集》下册，台北："中央"文物供应社1980年版，第257页。

② 张学良曾有意请朱启钤担任市长，南京方面亦对此表示赞同。但朱拒绝了市长之职，当时代朱担任市长的王韬资望尚浅，因此无法承担"总干事"之责。

年需款五百万元，共需五千万元，"大部分向中央商请，由庚子赔款项下指拨"，其他部分待北平财政收入回升之时再由地方筹集。第一期经费主要用于补助北平中小学校教育经费以及建设卫生设备等项目，此外还包括故宫博物院维修、文化展览会经费、坛庙古迹修理费等。① 1931 年 3 月，第十三次国府会议通过设置指导整理北平文化委员会。

"整理北平市文化指导委员会"虽以"指导文化"为名，但并非只为单一发展文化事业，同时还与振兴经济以及时局演变有密切关系，兼顾文化与民生，具有多重功能。尤其是在刚刚经历中原大战的时代背景下，淡化北平的政治意味，强化文化象征意义，也符合南京方面的意愿与利益。中央政府希望强化北平作为文化城的定位，可以使其远离政治中心，遏制地方势力借助北平丰厚政治资源挑战中央权威的合法性与可能性，也算是吸取了北平扩大会议的前车之鉴。

对于这一机构的设立，舆论多寄予厚望，《大公报》称其为"空谷足音，令人惊喜不已"，并以"故都兴废在此一举"为此定调。之所以有如此期望，主要因此案由张学良、吴敬恒、李石曾、张继、叶楚伧诸氏发起，"皆直接间接最有力之当局，坐而言者必可起而行"。"全市人民，不可失此千载一时之机会，应迅速汇集意见，向政府陈述，勿一误而再误也"。同时，该文还提出几项具体"治标之策"辅助本计划的实施：

（一）河北省政府在委员会计划未成功以前仍迁回北平，使得保持千百户地方政治上之居民。（二）崇关速行裁撤，使北平居民不再困于首都生活之负担。（三）从速整顿教育机关，纵不必使为全国教育中心，亦当保持北方教育中心之地位。（四）使馆南迁为当然之事，但其他非公式的国际会议，

---

① 《繁荣旧都需款五千万元》，《大公报》1931 年 2 月 19 日第 3 版。

或学术的国际会议，如明年太平洋会议之类，政府应使之召集于北平，不必定在南京，宁可雪中送炭，不必锦上添花，国内政治的学术的会议，似亦可分之为二，前者非在南京不可，后者似可让诸北平。（五）各种考试，似亦可分在南京与北平两处举行。（六）北平与天津间短距离铁路之人货运费，应予以特别减少，使北平得与天津争得若干之住民，加得若干之游客。①

不过，也有观点对此机构的效用表示质疑，指出人选不当，艺术家、建筑家缺乏，官员过多，委员多属兼职，做事迟缓等。②《北平晨报》则表示了谨慎的乐观："北平处今日枯竭状态之下，徒恃固有区区收入，沿袭旧来因循敷衍之故套，纵加以如何倡导文化之美名，结局断不易收良好之效果"，因此，"认清根本，澈底改革，惟在当局之实心毅力而已"。③ 实际情况是，整理北平文化指导委员会成立后并未有效开展实质性工作，一场声势浩大的行动随着后来张学良的去职无疾而终。

如果说在故都初期，北平地方人士一时无法从失去国都地位的低落情绪中摆脱出来，一直存有国都回迁的心理幻想。那么，经过几次失败的尝试，他们对此已经不抱奢望，并已能够接受与正视现实。国都南迁三年之后，"北平人士所怀恢复首都之梦想，似已渐渐觉醒，完全断念"，而建设"文化之城"基本已经成为各界共识，"查北平一般心理，举凡主席总司令之光临与否，院长部长与夫一切文武百官之来与不来，似皆不甚注意……在现在北平人眼光中，外国游历客之价值，殆在总司令之上……是以有人谓今日北平最讨厌者讲政治，最时髦者谈文化。一切社会的新设施，

---

① 《故都兴废在此一举》，《大公报》1930 年 11 月 29 日第 2 版。
② 是惕：《对于整理北平文化指导委员的一点意见》，《大公报》1931 年 4 月 9 日第 11 版。
③ 《所期望于文化指导者》，《北平晨报》1930 年 12 月 22 日第 5 版。

大率以招徕游历客为目的，尤以外国游历客为最上之目标。试观在三月一个月中，北平举办三件新事：（一）为营造学社主办之圆明园遗物陈列会；（二）为营造学社一部分人主办之美术工艺品展览会；（三）为农工银行联合商会主办之国货展览会，皆同流并进，共趋一途"。①

关于文化中心、文化城的定位，也得到了南京方面的明确支持。中央政府希望确立北平文化城的定位，在另一个层面传达了使其远离政治中心的意图，遏制地方势力利用北平丰厚政治资源为自身牟利的可能，也算是吸取了北平扩大会议的前车之鉴。整理北平文化指导委员会组织简章有一条即规定："北平市除法定政治机关外，不准有任何政治之集会及行动或设立机关，遇有前项情形，本会得知会市政府制止之。"② 地理学家白敦庸也提出，北平不做国都，"则可超出政治漩涡而免于政争政变之苦，生活可获比较之安定，藉可从事整顿教育阐扬文化，吸收四方学子来平就学，中外人士来平游览，作日本东京之第二"③。

此时，《大公报》记者体验到的气氛是，北平在较短的时间内已经从一个"政治区域"变成了"文化区域"，"即如平市寓公旧日好谈政治者近来十九已不谈旧调，善诗者吟诗，喜字者作字，爱字画者谈字画，爱金石者谈金石，好为各种学问者，各为专门之研究"，相率在"文化"一路竞进，"自兹以往，人人果以建造'文化之都'为目的，锲而不舍，则文化的北平之运命，视政治的北平为悠久而灿烂，可断言矣"④。1931 年 7 月，在周大文就任北平市市长的仪式上，李石曾作为中央委员致辞再次强调："昔日北平为一政治中心，常有种种纠纷及不安现象。现已

---

① 《北平新气象》，《国闻周报》第 8 卷 14 期，1931 年 4 月 13 日。
② 《指导整理北平市文化委员会组织章程已经中政会通过》，《华北日报》1930 年 12 月 15 日第 5 版。
③ 白敦庸：《北平市生存大计》，《大公报》1930 年 11 月 3 日第 3 版。
④ 《北平新气象》，《国闻周报》第 8 卷 14 期，1931 年 4 月 13 日。

非政治中心,而成为文化中心。"① 后来,钱锺书曾用他特有的文字描述:"那时候你只要在北平住家,就充得通品,就可以向南京或上海的朋友夸傲,仿佛是个头衔和资格。说上海或南京会产生艺术文化,正像说头脑以外的手足或腰腹也会思想一样的可笑。"② 钱氏此语虽带调侃与讥讽意味,但北平在文化资源上的优势确实非常明显。

张学良驻守北平期间,采取了一些举措,如在平设置陆海空军副司令部,阻止平汉铁路局移汉,"因此事关系旧都繁荣甚巨。平汉铁路局职员千余人,日开支四十万元。如移汉则影响平市殊非浅显"③。同时,张学良还担任国民党军事委员会北平分会代委员长,并被推举为中央政治会议委员,东北军的政治中枢也由沈阳迁至北平。④ 此举对北平商业具有一定的维持作用,"据说北平日薄西山的市面,竟靠着来了个回光返照"。北平商人常常说起:"这年头幸亏营业税并未实行,加上副司令终年留守着,给我们剩了口苦饭"。"离了北平很久的我,未到北平以前,料想这破落户式的故都,究竟落到什么地步!但是,不必慨叹。我们一出东车站所见的景象告诉我们北平并没有败落丝毫:依旧是车水马龙钉钉铛铛梭子般,由前门的月城底下穿出穿进,反而比七年前多上了几辆电车——虽脏亦足以凑凑热闹。东安市场经过一两次火灾倒比以前整齐了,热闹了。王府井大街似乎比以前多了好几家海式商店,多了几家电影院正在演《蝶酣花醉》《五十年后之新世界》等有声片子,多了好几家跳舞场。彩色电灯点缀着上海新到的舞伴的招牌;中央公园改称了中山公园依然更精致,更添上了一个高尔夫球场,一个硬地跑冰场,前门外大栅栏廊房头条一带许多老式的金铺绸缎铺依旧门庭若市,各戏园的锣鼓依旧响着,马连

---

① 《周大文昨宣誓就职》,《大公报》1931 年 7 月 7 日第 3 版。
② 钱锺书:《猫》,载《人·兽·鬼》,福建人民出版社 1983 年版,第 21 页。
③ 《副司令部决设北平》,《大公报》1930 年 12 月 9 日第 3 版。
④ 《张对新闻记者谈话》,《国闻周报》第 8 卷第 16 期,1931 年 4 月 27 日。

良杨小楼依旧登台卖满座,决不因国难临头而受些影响。依旧依旧,那里见得衰落了呢。"①

> 自副司令部行营开始组织后,各方要人来平者极多,沉寂已久之北平市,忽又冠盖如云。各要人连日在平市寻觅房屋,不惜以重价租赁……最近六七日中,北平市房价腾贵,尤以西城一带地方房屋最甚。此外各大饭店,昔日门可罗雀,今亦生意兴隆,如中央长安春瀛寰华北等饭店,门前车马拥塞,各大饭庄,各戏园电影院等,营业较前均盛。②

北平毕竟基础雄厚,经过国都南迁初期的慌乱之后,社会经济有所恢复:

> 北平市面,近日愈显反趋繁荣之势。以公安局征收之房捐而论,由九万余元增至十二万元上下,电灯公司每月收入约十七八万元,电话局收入亦能每月除开支外,赢余三万余元。此在各项收入方面证明,北平市确较前繁荣已多。其他如各戏园每夜皆能上满座,顾曲者之众多,实数年来未有之现象。此外如各电影院跳舞场,均皆有人满之患。上星期梅兰芳在中和戏院演太真外传,票价售至二元四角四分,竟在未开戏前,已贴人满不售票之告白。杨小楼在吉祥戏院演恶虎村,售票价一元三角三分,临时亦皆人满,此等现像,梨园行称之为黄金时代。国都南迁后,未曾有之现象其他如各大小饭馆,亦皆利市数倍。际此新春,各绸缎庄亦营业发达,大栅栏瑞蚨祥,每日售货款达六七千元之巨。③

---

① 欣欣:《从"北京"说到"北平"(北游琐记之二)》,《民力》第 1 卷第 5 期,1931 年 11 月 21 日。
② 《旧都新气象 房租骤涨》,《大公报》1931 年 4 月 24 日第 5 版。
③ 《旧都返老还童 市面繁荣之趋势益显》,《大公报》1931 年 3 月 28 日第 5 版。

北平各校学生也相继返回,"学生寄宿舍公寓饭店,大有人满之患。各书店如商务印书馆、世界书局、中华书局,以及东安市场、琉璃厂等处书铺,亦莫不利市三倍"①。《北平晨报》记者描述,北平已经"苦尽甘来"②。《益世报》则称此时的北平为"乐土"③。房租价格此时亦有提升,"北平市自民国元年至民国十三年,房租极高,为黄金时代。十四年至十六年,即渐趋衰落。十七年,政府迁南京,乃急转直下。二十一年后,复稍升高"④。

1931 年元旦,由经理彭秀康组织运作,曾因亏本过巨而停业数年的城南游艺园再度开园售票,"自日间至夜晚,游人异常众多,各剧场均有人满之患。入夜后燃放花盒,人山人海,拥挤不堪。总计是日售票,共两万余张,诚旧都数年来未有之盛况也"⑤。另据《申报》1931 年 12 月的报道,"平市稍繁荣,上月报营业者一八八家,歇业者百二十四家"⑥。1932 年,北平市社会局对全市工商业进行调查,虽经历国都南迁所导致的百业低迷,但凭借雄厚的积累,北平城的经济体量仍维持相当规模:

> 国都南迁,阅时五稔。拥有悠久历史、渊博文化、便捷交通、丰富物产之北平、依然保持其一百四十万人口之消费者,中有三万余商肆,十四万余商人,七百余工厂,七万余工人,六万余独立劳动者,及难以数计之各种肩贩浮摊,家庭工艺,同营其生产交易劳力生活。信乎其占有工商业上之深厚基础与优越地位。⑦

---

① 《学期开始 学生挥金如土》,《大公报》1931 年 9 月 6 日第 5 版。
② 《苦尽甘来之北平市》,《北平晨报》1931 年 2 月 22 日第 6 版。
③ 《北平乃一乐土 迁入者多 搬家者少》,《益世报》(北京)1931 年 9 月 4 日第 7 版。
④ 魏树东:《北平市之地价地租房租与税收》,台北:成文出版社有限公司、美国中文资料中心 1977 年印行,第 45 页。
⑤ 《旧都多一点缀 城南游艺园复活》,《大公报》1931 年 2 月 20 日第 5 版。
⑥ 《北平市面近稍繁荣》,《申报》1931 年 12 月 17 日第 9 版。
⑦ 娄学熙:《北平市工商业概况》,北平市社会局 1932 年印行,"序"第 1 页。

不过，这些所谓的繁荣多为表象，北平城市发展过程中的一些深层次问题与矛盾并未得到有效解决：

> 数月以来，北平市面，确较繁荣，其因，决非生产事业有何等发展，实由政治关系所致。盖一因北方政治比较安定，从前流寓在外之人，多已回返北平，度安适之生活。二因副司令行营设平，冠盖往来，比较辐辏，酒食征逐之人加多，旅馆饭店之属于消耗性质的买卖，确有生气。三因山西及北平附近地方，秩序多不平安，中人以上人家，迁地为良者，转而集中旧都。然实际上，吾人试一调查平市一般人民之生活，则穷乏困苦，实不异于从前，或有更甚者焉！如崇关税撤销以后，日用必需品，未尝落价也。房租虽曾一度低减，近月则中等住宅之租赁，固又回复其往年之高价矣。易言之，北平繁荣，乃政治的，非经济的，乃偶尔的，非必然的。①

四 袁良与城市重振

正当北平经济慢慢恢复元气，各项事业逐渐步入正轨之际，战争阴云再次在北平城市上空隐现。1933年1月1日，日军进攻山海关，开启进攻华北的序幕。3月初，热河陷落，引发北平民众恐慌。1931年的"九一八"事变虽也牵动北平神经，但毕竟属于"关外"，地理空间上尚有距离。这次华北战事的爆发使北平失却防守屏障，与日军形成短兵相接之势，北平受到的冲击更加直接。3月14日，北平开始实施戒严。据当时一位作家的描述："东西车站又拥挤不堪了，市民似敲窗的苍蝇，不知何处有隙可钻。北平的逃至天津，天津的又逃至北平。东城的搬至西城，北城的又迁

---

① 《异哉北平舞业之盛》，《大公报》1931年7月21日第2版。

到南城。"① 各方谴责南京政府的军事外交政策,张学良成为众矢之的,于是向南京国民政府请辞,获蒋批准。12日,南京政府任命军政部部长何应钦取代张学良,暂时代理军事委员会北平分会委员长职权,同时抽调中央军三个师北上,这是蒋介石嫡系中央部队第一次深入华北,具有重要的标志意义。

5月3日,中央政治会议决议,设置行政院驻北平政务整理委员会,于学忠、徐永昌、宋哲元、傅作义等为委员,黄郛担任委员长,何其巩为秘书长。黄郛与蒋介石关系密切,并与日方渊源颇深。通过谈判,5月31日,中日双方签署《塘沽协定》,两军停战,在长城以南的冀东和平北的平原地带划出一个"缓冲地域",一度危急的华北形势得到缓解,北平进入了一段难得的平稳发展时期:

> 因了中日双方连日的和平运动,极为积极,停战协定并且在五月三十一日签字,于是乎一般人们,都知道华北的战争,一时还不致再起,或者居然从此还会太平起来,也说不定。所以久经慌恐的人心,无形之中,竟安定了许多,各学校不但不打算迁移,并且各自筹备开学,通知各生,到校上课。那由东西两车站如水一般流去的阔人,又复一批批的搬回来。想不到这国难的酝酿,竟好了铁路上的买卖……总而言之,现在的北平,因为停战协定成功,一切又渐渐的趋于安稳享乐的生活中去了!②

华北局势稳定之后,北平社会经济也有复苏势头,以1933年度北平市开业与歇业商家统计为例:

---

① 老向:《危城琐忆》,载姜德明编《北京乎:现代作家笔下的北京(1919—1949)》(上),生活·读书·新知三联书店1992年版,第287页。
② 《平市人心渐趋安定,将重觅享乐生活》,《世界日报》1933年6月2日第8版。

表7-1　　　　　北平市开业与歇业商家统计（1933）

业别	开业家数	开业资本额（银元）	歇业家数	开业资本额（银元）
饮食品贩卖及饮食店业	745	33986	491	48517
服装品贩卖及服装整容业	544	31238	351	42340
交通用品及旅行运输业	164	16876	96	14020
农林矿产品贩卖业	226	18060	152	16627
畜产水产品贩卖业	13	1000	4	950
五金电料贩卖业	100	6201	52	7030
化学工业品贩卖业	36	3025	27	3080
美术文化教育用品贩卖业	81	9636	85	14310
其他百货贩卖业	146	20700	78	27425
物品赁贷业	14	840	5	1210
金融业	8	4400	5	10000
娱乐场所业	18	1980	7	4700
其他行业	106	5880	34	2400
业务介绍及广告业	42	485	10	19
总计	2243	154307	1397	192628

资料来源：北平市政府秘书处第一科统计股主编：《北平市政府二十二年度行政统计》，台北：文海出版社1993年版，第1页。

上述数据显示，1933年北平大多行业的开业家数明显高于歇业家数，经济形势总体平稳，社会需求仍在增长。但新开业商家数普遍资本额度较小，规模萎缩，也反映出国都南迁之后北平消费结构发生变化，"旧都市面萧条，不自今始，以贵族为对象之大商业为最甚。其小规模的生意，与多数民众接近，售品为日常生活所需者尚可维持"[①]。《北平日报》也观察到："北平繁荣顿减，各界失业、闲人仍较他处为多，生活日高，金融日紧，大买卖无不赔累不堪"，而以定位低端、消费廉价而闻名的天桥地区则因其

---

① 凌霄：《旧都百话》，《大公报》1933年3月23日第13版。

迎合了特定的消费群体而繁荣异常。①

《大公报》的报道也可以与此相互印证："八大埠一带娼寮，则仍甚冷落，二三等妓院尚能维持现状，其头等班子，则已不支，各班中仅有妓女四五名，聊资点缀，而吃花酒打牌之举，每日不能见一二次，以故各娼寮莫不赔累不堪也。"②《世界日报》记者在前门一带也看到，原本等级较高的南籍的妓女们，大部分都下捐走了，本地的也差不多从良的从良，退捐的退捐，各谋生路去了，"二等茶室，还凑合着开门"，生意相对最好的就是原本属于中下的三等妓女。③一方面，国都南迁，权贵富裕群体减少，相应导致主要服务于这一群体的头等、二等妓女数量减少。三、四等妓女数量的增加一方面表明底层男性顾客群体性需求的提升，同时也表明因为生活的日益困难导致更多女性进入这一行业谋生。有研究者概括这种趋势："国都阶段政商高度结合的经济发展特色，以及权贵奢华的消费风格，到故都时期无从延续，转而发展出由广大中下阶层市民分摊，以量取胜的小额平价消费模式。"④

1933年6月，袁良出任市长。其早年毕业于日本早稻田大学，曾任奉天警察厅厅长、黄郛内阁秘书长、上海市政府秘书长等职。他认为北平当时的市政问题非常严重，"近世欧美国家之所谓'计划城市'，以最理想最科学之方法，从事建设市政，或改良市政。吾北平之市政建设，能合于近代化者，究复有几。继此以往，吾人之企求愈深，责任愈大"⑤。袁良的基本思路是将市政改良与文物整理工作结合起来，借此凸显北平的文化资源优势吸引更多的旅游观光者，最终的目标是将北平从原有的政治包围中解放出来，

---

① 秋生：《天桥商场社会调查》，《北平日报》1930年2月16、17日第5版。
② 《旧都返老还童 市面繁荣之趋势益显》，《大公报》1931年3月28日第5版。
③ 《平市人心渐趋安定，将重觅享乐生活》，《世界日报》1933年6月2日第8版。
④ 许慧琦：《故都新貌——迁都后到抗战前的北平城市消费（1928—1937）》，台北：学生书局2008年版，第107页。
⑤ 袁良：《叙言》，载北平市政府秘书处编《北平市政府二十二年下半年行政纪要》，第3页。

着重城市的内生动力，谋求城市的长久发展。

对于北平而言，市政建设与文物整理的关系十分密切，"市政建设事业，在目的上必须有社会与经济之意义，在原则上须适合个别城市之特色。北平市之特色，无疑的为一文物城，北平无重大工商业，需要发展教育文化，并利用文物建筑，招徕游览，繁荣市面。故整理文物建筑，实为北平市政建设之中心工作"①。1933年11月，北平市公安局、工务局和社会局就当时北平急需办理的市政事宜，分别拟定了改善消防计划、挑挖前三门护城河计划、首善工艺厂计划及扩充乞丐收容所计划。但囿于经费等因素，有些计划并未能如期实施。② 1934年9月，北平市政府向行政院驻平政务整理委员会呈上市政建设三年计划，将1934年至1936年定为北平市市政建设计划初期，针对社会、工程、卫生、财政等多个方面的实际情况，逐步进行建设和改造，目标是将北平建成"东方一最大之文化都市"，而当务之急为"河道沟渠之整理及游览区之创设"。③

同年11月，北平市政当局在三年规划的基础上制定了更为具体的《北平游览区建设计划》《北平市沟渠建设计划》《北平市河道整理计划》。后来，三项内容合称"旧都文物整理计划"。④ 1935年1月11日，旧都文物整理委员会成立，附设于行政院驻平政务整理委员会，职责主要包括指挥监督关于执行整理旧都文物之各项事宜，如文物保护、修复等，"凡关于整理旧都文物及谋集中管理有应与其他机关协商者，由本会商请主管机关办理"⑤。与先前建立的类似机构相比，这一机构的性质发生了根本变化，不

---

① 《北平市之概略》，《北京档案史料》1993年第2期。
② 梅佳选编：《1933年北平市扩充市政事业计划史料》，《北京档案史料》2016年第4期。
③ 《北平市政府为建设北平市政拟定筹款办法致行政院驻平政务整理委员会呈》（1934年9月26日），《北京档案史料》1999年第3期。
④ 《故都文物整理之一页》，《市政评论》第3卷第3期，1935年2月1日。
⑤ 《袁良昨到平 对记者谈南行经过 整理平市文物明年开始 组织游览社亦在筹划中》，《大公报》1934年12月25日第4版。

再是一简单的咨询机构,主席由行政院驻平政务整理委员会委员长兼任,成员还包括驻平政务委员会内政、财政、教育、交通、铁道各部门及中央古物保管委员会代表,河北、察哈尔省政府主席,北平市市长等实权人物。随后,为统一事权、增进工作效率,北平市政府相应成立具体的实施部门——北平市文物整理实施事务处。袁良亲任处长,工务局局长谭炳训担任副处长。与先前成立的类似职能机构相比,旧都文物整理委员会更加务实,执行能力更强。而文物整理实施事务处则通过多种方式征求道路、工程及古建筑修缮方面的专门人才,进一步强调市政建设的专业化。①

专业化的另一个表现就是市政问题研究会的创办,该会主要成员多为北平市政府内部的市政工作人员,如工务局局长谭炳训,统计股主任杜俊东,市政府主任秘书汤用彬等,此外还包括一些市政问题的专门研究者,会长为殷体扬。出版会刊《市政评论》,旨为"灌输市政知识,促进都市建设",主要刊载市政方面的调查、短评、论文以及各大城市的市政消息等,被赞为"研究市政问题之唯一刊"。②

旧都文物整理计划也是先前"繁荣北平"活动的一个延伸,其所依托的仍是其无可比拟的历史文化资源。1934年的《市政评论》就强调了这一点:"惟历辽,金,元,明,清,民国,均为国都,凡千年,政治之意味最为浓厚。其次则为教育,清末废止科举,平地得风气之先,次第设立大学师范及各项专科学校,国内学子求深造者,留学东西洋而外,罔不负笈京师。迨至民国,学术机关日益增进,每年学生出入以数万计,遂于教育取得优越之地位。又以宫阙所在,历史悠久,殿宇巍峨,园林富丽,古物森然并陈,处处使人发生怀古感想与古国之精神,故经过其地者,未有不流连赞叹,而印象独深也。"③

---

① 《整理故都文物·袁良代理委员长》,《大公报》1935年4月20日第3版。
② 体扬:《编辑后记》,《市政评论》第3卷第14期,1935年7月16日。
③ 壮克:《北平市的特殊性》,《市政评论》第1卷合订本,1934年6月出版。

在北平游览区建设规划中,"阐扬文化"仍被认为是"核心要素":

> 盖北平自经国都南迁,失去政治之中心,论商业非经济之都会,论工业无原料大量之供给,惟气候冬日稍寒,夏不酷热,秋冬多晴和,高燥爽亢,最为宜人;辽建南京,金为中都,历元明清三朝,其历史之悠久,恐非其他都市所可比拟。以满清中叶号称最盛,其宫阙建筑,伟大崇宏,足以表现东方文化之特色,中外为之称羡;惜保管方法,未能尽善,致游者缺乏兴趣,或铜驼荆棘,湮没盛名,此应表彰而建设者也。将来苟能表彰得当,则游者必增,游者增,则经济裕,经济裕,则市政荣。此表彰沿革切于繁荣之道也。①

旧都文物整理计划是一项综合性功能,涵盖内容很广,不仅包括文物古建的修复,还有与之配套的市政建设,如道路、交通、商业设施等,主要目的是为发展旅游业提供硬件基础,招徕更多的国内外游客来平参观。因此,整理故都文物实施事务处成立后,还组织编纂了带有导游手册性质的《旧都文物略》与《北平旅行指南》等书籍。《旧都文物略》是袁良应中国旅行社要求,委由市府秘书汤用彬编写完成。全书约六万余言,附刊景物照片二百余帧,包括城垣略、宫殿略、坛庙略、苑囿略、坊巷略、陵墓略、名迹略、河渠关隘略、金石略、技艺略、杂事略等,"描述旧都景物,俾远方来游者得知梗概"②。《北平旅行指南》由经济新闻社社长马芷庠经四个月采集编纂,初稿完成后由小说家张恨水审订,内容包括古迹名胜之部、食住游览之部、旅行交通之部、农工商

---

① 张景苏:《北平文化繁荣上之管见》,《市政评论》第3卷第4期,1935年2月16日。
② 《〈旧都文物略〉平市府秘书汤用彬主编 约六万余言七月初付印》,《大公报》1935年4月25日第15版。

物产部、艺术文化之部、民众团体之部、党政机关之部、公益团体之部。① 此外，北平市政府还拟筹划设立导引游客的专门机构，类似今日的旅行社，但最终限于局势并未能实现。

在故都初期"繁荣北平"的规划中，就有不少人提出发展北平旅游业的建议。北平城内外遍布帝制时期遗留下来的名胜古迹，对西方人很有吸引力，当时来平旅游的欧美游客络绎不绝，大多采取"游历团"的形式。仅1930年北平就接待了五批游历团，每批人数达数百人。旅游业不仅给市面萧条的北平带来了可观的收入，同时也有利于增进外国人对中国的了解，乃至提高中国的国际地位。② 但是，北平发展旅游业依然面临着诸多障碍。首先是对外宣传力度不够，二是配套的服务设施落后。尤其是"九一八"事变之后，华北局势日益不稳，加之受欧美各国大萧条的影响，来平的外国游客数量明显减少。旧都文物整理计划在商业上的意义，"就是要吸收他们的金钱，补益国民经济。尤其自国都南迁以后，冷落萧聊的北平，必须设法招引外国顾客前来游历参观，使其徘徊流连，来者不去，去者复来，才能救济不景气的市面"③。长远目标是与瑞士平列，近期目标也瞄准日本奈良。

旧都文物整理计划，并非北平地方政府能够独立承担完成。由于管辖权以及经费等问题的限制，整个计划的有效实施，与中央的态度关系甚大。整理计划的主要经费均需中央补助，"整理旧都文物办法经行政院通过，经费预算三百零九万，中央负担三分之二强，约二百二三十万，由财政、铁道两部按月分拨，其余由市府自筹"④。另外据报道，英商通济隆公司派员向袁表示，愿作商

---

① 《北平旅行指南 马芷庠君最近编纂 内容丰富业已付印》，《大公报》1935年6月11日第16版。
② 金士宣：《北宁路招待欧美游历团谈》，《旅行杂志》第5卷第5号，1931年5月。
③ 一平：《欧美游历团赴西山覆车事件》，《每周评论》第51期，1934年3月31日。
④ 《整理旧都文物委员会即成立 经费仍待磋商》，《大公报》1934年12月13日第4版。

业投资，以助建设费。①

袁良任内的另一项主要工作是扩展市界，因与北平公用事业关系密切的自来水总厂设在孙河，电灯公司总厂设在石景山，电车发电厂则设在通县，这些区域由于不属市辖，给管理造成诸多不便。因此，北平特别市建立之初，地方当局即开始谋划将上述区域并入北平市界，扩大市域范围，但因河北方面反对，未能实行。在北平游览区建设计划实施过程中，这一问题更加突出，"平市之疆域，距城二三十里之南苑农业区，距三四十里之汤山游览区，都管不着，独西郊所管，距城乃达七八十里之遥。其余壤地线，尤多畸形状态。至于城郊以内地面，除使馆保街界外，旧禁城占城区十分一，管不着。旧三贝子花园周七里而强，管不着。天地日月坛、黄寺、雍和宫管不着。其余尚有某某校某某院各划定势力范围，真真市府所管，有限得很，是为破碎的疆域"②。1934年10月24日，蒋介石携宋美龄来到北平考察，对游览区建设计划的成绩表示了正面肯定。③ 袁良利用此次契机，再次提出扩大北平市区范围的建议，并得到蒋的首肯，袁氏也对记者信心满满地表示不日即可实现。

此次北平地方当局为扩大市界做了比较充分的准备，罗列出几条理由：土地之天然形势、行政管理之便利、工商业状况、交通状况、历史关系、建设计划，称新市界之划定"皆依于市县之实际情况，本乎勘界条例所定之原则，使此衰颓之北平市得赓续发展之新生机，免随国都之南迁而消亡"④。此外，为配合游览区建设计划，北平市还提出坛庙管理委员会移归市府接办，并将农事试验场的管理权收回。

中央方面确实对于北平市界拓展给予了大力支持，内政部将冀

---

① 《整理旧都文物委员会定月底在平成立》，《大公报》1934年12月15日第4版。
② 半回：《破碎之北平市》，《市政评论》第2卷第1期，1934年5月25日。
③ 《蒋视察各省之观感》，《大公报》1934年11月21日第3版。
④ 《北平扩大市区》，《大公报》1934年11月22日第4版。

平划界列为部内急需解决的事宜,并派专门代表黄祖培、吴时中等赴北方协调。不过,扩展市域一事牵涉甚广,虽有中央方面的"尚方宝剑",又有南京、上海等地的成功先例,但限于华北区域非常复杂的地缘政治环境,推展过程并不顺利。河北省对此态度并不积极,并向行政院提出划界异议。大兴、宛平两县民众代表也来到河北省政府所在地天津向于学忠主席陈述反对划入北平市区之理由。冀平双方虽经多次协商,但始终未达成一致意见,最终陷入僵局。①

袁良为黄郛亲信,深得其信任。同时,作为南京中央在北平的代理人,被赋予了更多的权力。袁也与国民政府上层有密切关系,多次往返南京与北平之间,为北平争取各种政治资源与经济资源,② 中央对北平的扶植力度明显超过先前几年,从而在一定程度上保障了文物整理计划的有效实施。

旧都文物整理计划取得了短期成效,从 1935 年 5 月陆续开工的天坛、香山碧云寺、西直门箭楼、妙应寺、正阳门五牌楼、东西长安牌楼、东西四牌楼、东交民巷牌楼、西安门、地安门、明长陵等项目先后完工。由于实行了"旧都文物整理计划",曾经作为帝制遗物的宫殿、城门、牌楼等经过修缮之后,呈现出新的时代面貌:"记得七年前的北平,除东交民巷和长安街的大路以外,到处扬尘,现在各大街都铺做柏油路,道路宽阔,市容整齐。从前深红色的城墙上,油漆着的许多蓝地白字的标语,觉得色调紊乱,极不调和,现在又恢复昔日的深红色了。各地的牌楼,如紫禁城四角的守望楼,现在都整刷一新,衬着蔚蓝天色,壮丽宏伟。"③ 而在瞿宣颖的观察中,"在北平城中心登高一望,倒是金碧

---

① 徐鹏:《政区调整与民国北平划界纠纷(1928—1932)》,《北京史学》2018 年春季刊,社会科学文献出版社 2018 年版。
② 《建设北平文化区 政整会平市府所拟计划 行政院昨审查无大变动 经费三百万袁良请中央补助》,《大公报》1934 年 12 月 8 日第 3 版;《袁良昨谒汪何 整理旧都文物商定办法 俟袁返平后即筹备进行》,《大公报》1934 年 12 月 21 日第 3 版。
③ 汪亚尘:《北游杂忆》,《玫瑰画报》第 35 期,1936 年 6 月 26 日。

辉煌，衢路修直，一种新气象反比帝制时代还要整齐些"，袁良因在任期内的市政建设成绩也被瞿氏认为是"朱启钤办市政以后的第二人"。①1947年出版的《北平市都市计划设计资料第一集》高度评价袁良主导的市政建设，称其为开"北平市都市计划之先河"②。

进入1935年之后，华北地区战云密布。"何梅协定"签署之后，国民党中央军开始逐渐撤出华北，此时，原本有限的资源也逐渐向军事方面倾斜。1935年11月，黄郛退出，袁良卸任北平市长，一度颇有声色的旧都文物整理计划遂告中止。

自元代以来，北京秉持其独一无二的政治中心地位，通过长期享有政经优势，因应皇亲国戚与政商权贵的众多需求，逐渐发展成为典型的政治型消费性城市。自19世纪中后期开始，北京在中国传统政治体系中的地位呈下降趋势。民国初年，北京保留了国都身份，中央政府仍驻扎在此，虽在事实上已不能号令全国，但各派政治势力仍需在此竞逐，以争夺控制中枢的政治资本。随着大批军政新贵、商业巨子涌入，与盘根错节的旧日政治势力相互呼应，北京仍是国家权力的中心舞台，整个市面也因军政人物频繁的社交活动呈现活跃景象。

1928年之后，北平不再负载国都的政治象征意味，逐渐回归城市的日常生活。尤其是国都南迁所导致的经济低迷，官方与民间开始探索城市发展的新路径。当浓重的政治意涵淡化之后，"文化"成为北平为数不多的可以凭借的资源与依托。无论是建设文化之城的目标定位，还是东方文化游览中心计划、古物整理计划等，都建立在北平的文化优势这一基础之上。与此同时，发掘北平的文化价值，不仅成为一项重要的经济策略，而且也兼有将北

---

① 铢庵（瞿宣颖）：《北平的运命（北游录话之十）》，《宇宙风》第31期，1936年12月16日。

② 北平市工务局编印：《北平市都市计划设计资料第一集》，北平市公务局1947年版，第2—3页。

平从作为"政治之城"的传统属性中解放出来的作用。南京国民政府意图借以强化自身的正统性，进一步消解华北地方政治势力借助北平的政治地位挑战中央权威的合法性与可能性。在这一点上，北平与南京中央达成了共识。

1930年代初期，北平周边局势趋于平稳，尤其是1933年《塘沽协定》签订之后，北平迎来了难得的发展时期。袁良出任市长，着力推进旧都文物整理计划，涵盖社会生活多个方面，北平的城市建设有所起色。不过，北平近代工业发展滞后，经济结构以消费性服务业为主，受外部政治环境影响较大，自身发展动力不足。北平市政府虽极力扭转原有的发展模式，挖掘城市的特色资源，但效果并不明显。1930年代中期之后，日本侵华之势日益明显，国民党中央军序列被迫逐渐撤出，强敌压境，民族危机不断加深，北平成为军事前线，至1935年底南京中央军事力量撤出华北，北平彻底沦落为一座"危城"，城市发展让位于政治危机，刚刚开启的重振之路被战争截断。

第八章
消费空间与北京文化新秩序的构建

多元性与异质性是现代城市最本质的特征之一,亦是城市问题研究的重要内容。城市发展程度越高,内部差异越大,这种区别越通过市政设施、建筑景观以及商业网点分布等多种因素表现出来。在北京传统城市形态转换过程中,原有的社会结构逐渐瓦解,社会阶层不断分化。体现在城市消费领域,众多新消费空间的兴起以及与之匹配的消费行为不仅是城市阶层分化的外在表现,更参与了各阶层对自身社会等级与社会身份的构建与塑造。

一 王府井:民国北京的都市景观

北京自成为国家都城以来,长期占据特殊地位,因应皇亲国戚与政商权贵的众多需求,发展成为经济繁荣、高度依赖外来物资的消费型城市。纵观长时段的北京城市史,可发现消费始终扮演反映该市风格、推动城市生活的重要角色。北京长期凭借"帝都"的政治优势,透过漕运与驿路,成为全国主要的长途贩运重点市场,以及最大的物资消费中心。[①] 无数商贾、士子与旅客的云集,加上清代后期聚集于内城的众多皇族、旗人与官员,不断刺激北京各类商业、手工业、服务业、文化产业的兴盛发展,使北京作为政治型的消费城市特色,益加鲜明。

清代前中期的北京内城是一个政治之城、军事之城,政治属性

---

① 胡光明:《北京近代城市文化演进历程与构成特质论略》,载北京市档案馆编《档案与北京史国际学术讨论会论文集》,中国档案出版社2003年版,第240—264页。

压倒一切,由于受到政治制度、城市布局以及交通条件的限制,呈现出绝对封闭性的特点。内城中形成了诸多禁令,如不准经营商业、不准有娱乐场所等,绝大多数普通居民只能居住在外城,商业区也多集中于南城,尤其是前三门(即崇文门、正阳门和宣武门)地区,由于地处北京内外城的连接带,地理位置适中,沟通内外城居民的往来,周边地区聚集大量工匠作坊、茶楼和戏园等,形成专门街市,商贸十分繁盛。

民国时期是近几百年间北京城市政治性色彩相对淡化的阶段,经历了政治性因素不断从中心向边缘退却的过程。从空间维度考察,以往以帝王宫殿为中心的空间结构逐步转向以商业为中心,城市布局的主导因素从权力转向经济。曾经作为帝都象征的帝王宫殿、皇家园林、坛庙,或丧失原有功能而退居幕后,或转换相关用途,成为凭吊或游赏之处。而一些新兴商业场所借助于资本的力量,开始跃居城市的中心位置。

1930年代中期,清华大学的一位学生对于北平东、南、西、北四城的繁荣程度有一个基本描述:

> 大概所谓东城者,即指正阳门之北一带街市,如东、西交民巷、东长安街、王府井大街、东单及东四牌楼等。西城则指西长安街、西单及西四牌楼、宣武门大街一带。南城指正阳门附近及正阳门外一带街市。北城指地安门、鼓楼大街、安定门大街一带之街市。各城之情形不同,如东城为北平市最繁荣之区域。各国商店汇聚于东交民巷,西交民巷亦为各大银行麋集之所,王府井大街、崇文门大街为中外饭店旅馆商店集中之地,形成北平市最热闹之地带。西城亦极热闹,但较殊东城略逊一筹耳,西单至西四绒线胡同宣内大街,商廛云集。北城以鼓楼大街一段为繁盛。南城以正阳门大街商店甚多,大街两侧之街巷如廊房头二条又皆为巨贾营业之所,此区在民国初年时为北平市金融中心,现之金融中心已移至东城,前外已呈腐旧

落伍之象,所有之娱乐场,如劝业场及天桥亦皆为下等娱乐场。①

在上述带有"商业地理"意义的描述中,民国早期北京城市消费的基本格局与层级已经得到了初步的显现。

王府井大街作为近代北京一处新式商业空间的兴起,既是一个官方主导、规划的过程,也是一个符合市场规律的自发过程。该街本为旗人驻扎之地,原名王福晋大街,位于紫禁城东华门外,南北走向,南达东长安街,北达东四西大街。清代中期之后,随着旗、民分城而居制度的日渐松弛,京师内城不得经商、娱乐的禁令逐渐名存实亡,东四、西单、地安门、鼓楼、北新桥等地出现了一批地点相对固定、时间上具有连续性的商品集市。由于地处出入皇城的重要通道,内务府采购物资也多经过于此,至清后期,王府井地区商业属性开始凸显,不仅有流动性摊商,也有一些固定商铺、饭庄出现,一些昔日王府临街房屋开始经营商业。

东安市场的建成是王府井大街兴起的标志性事件。庚子事件之后,清政府开始在京师地区推进近代市政,王府井所处的东安门外区域成为北京最早进行道路建设的地方之一,"迨光绪末季,值肃王善耆司警政,始以其地改建市场。最初因陋就简,仅具雏形而已"②。由于庚子之前,这一带已经形成了一定规模的街市,因此,在整修道路过程中官方拆除了商贩沿街搭建的一些棚障,选中位于王府井大街北端的原八旗神机营操场,划出部分区域,将东安门外两旁的铺户迁至此地继续营业,逐渐形成了一处每日营业的固定商业场所,得名东安市场。

东安市场是北京城最早的由官方所设的综合性定期集市,采取

---

① 刘昌裔:《北平市电影业调查》,载葛兆光主编《学术薪火——三十年代清华大学人文学科社会科学毕业生论文选》,湖南教育出版社1998年版,第326—327页。
② 马芷庠编著,张恨水审定:《北平旅行指南》,经济新闻社1937年版,第331页。

官商合办的经营模式。《东安市场现办章程》规定,商人任庆泰"禀请工巡总局准其租领立案,发给凭单,官不出款,该商自筹资本建房招商","自行筹款先行开沟筑路,次第建造房屋,既建之后,永为己业,不准拆去",待房屋建成之后,"招至各商在彼营业,既遵警察章程办理。其该商应受保护之利益,工巡局均可承认"。① 东安市场经营范围覆盖了日用百货、饮食、娱乐等与民众日常生活相关的各个方面。在这个固定的商业空间中,商户的经营者不再像以往在街道上那么随意,开始遵循既定的社会秩序,服从市场的统一规划和管理。

1906年,东安市场北部建立了吉祥茶园,园内每晚有京戏演出,这是北京内城的第一家。内城的人们不用再绕道至前门就可以在此购物、娱乐。随后,东安电影院、会贤球社等娱乐设施在此纷纷开办,进一步增加了王府井地区的客流。宣统年间竹枝词形容:"新开各处市场宽,买物随心不费难。若论繁华首一指,请君城内赴东安。"② 民初《京师街巷记》记载:"其地址广袤宽敞,初为空场,蓬蒿没人,倾圮渣土,凸凹不平,自前清光绪三十年,改建市场,始惟有百般杂技戏场各浮摊商业等,旋经建筑铺面房屋,其内之街市为十字形,两旁商肆相对峙,曾经壬子兵燹所及,市肆墟烬,不数月,从事建筑,规模较前尤宏阔矣,商肆栉比,货无不备。"③ 东安市场的出现具有开创意义,预示着北京城市化进程中消费革命的兴起。

东安市场建成之后几次失火,屡次重建,每次规模都有所扩大,商业益见发达。1920年代初期,茶楼、酒馆、饭店、戏园、电影、球房以及各种技场、商店无不具备,"比年蒸蒸日上,几为

---

① 《东安市场现办章程》,载中国第一历史档案馆编《光绪三十二年创办东安市场史料》,《历史档案》2000年第1期。

② 兰陵忧患生:《京华百二竹枝词》,载路工编选《清代北京竹枝词(十三种)》,北京古籍出版社1982年版,第129页。

③ 郭海:《东安市记》,载林传甲编《京师街巷记》(内左一区卷三),京师武学书馆1919年版,第1—2页。

全城之精华所萃矣":

> 东安市场为京师市场之冠,开辟最先,在王府井大街路东,地址宽广,街衢纵横,商肆栉比,百货杂陈。……该场屡经失火,建筑数四,近皆添筑楼房,大加扩充,其中街市共计有四。南北一,东西三。商廛对列,街中屡以货摊,食品用器,莫不具备。四街市外,又有广春园商场、中华商场、同义商场、丹桂商场,及东安楼、畅观楼、青莲阁等,其中亦系各种商店、茶楼、饭馆,又各成一小市场矣。场中东部为杂技场,弹唱歌舞,医卜星象,皆在其中。南部为花园,罗列奇花异葩,供人购取。园之南舍,为球房、棋社,幽雅宜人,洵热闹场中之清静处所也。①

至1930年代初期,东安市场摊商总计已达350余家,其中以书籍、玩具、杂货、糕点、糖果为最多,以社会中上层为主要服务对象,"就是那些水果摊、香烟铺,都带有华丽气派"②。铺商共计240余家,其中以布店、鞋铺、西装服、洋广杂货商店为最多,"各该铺商之内外一切布置,均极美丽,游人顾客亦均中上级人士,故每日营业尚属发达"③。由北平市社会局组织编写的《北平市工商业概况》称东安市场在全市所有官办及商办商城中"规模最大,商业亦最为发达"④。一直致力于收集旧京故闻的瞿宣颖在上海的《申报月刊》上介绍这一时期东安市场的日常状态:

> 东安市场,当王府大街之中段,距东交民巷甚近,庚子以

---

① 徐珂:《增订实用北京指南》,商务印书馆1923年版,第1编"地理"第5页,第8编"食宿游览"第22—23页。
② 《平市人心渐趋安定,将重觅享乐生活》,《世界日报》1933年6月2日。
③ 马芷庠编著,张恨水审定:《北平旅行指南》,经济新闻社1937年版,第331—332页。
④ 娄学熙:《北平市工商业概况》,北京市社会局1932年版,第684页。

后所开,其法长街列肆,租以营业,百货无不备具,旁及球场、饭店、茶馆、饮食、游戏之所,乃至命相奇门堪舆奏技之流,皆可按图以索。街之中复列浮摊,以售零星食物花果书籍文玩者为最多,以其排比稠密,人烟糅杂,屡屡失慎重修,最后一次迄今亦逾十年矣。其包罗宏富,位置适宜,有似港沪之大百货商店,而能供日用价廉之物,则又过之。居旧都者,莫不称便。浮薄少年,涉足其中,可以流连竟日,因为猎艳之游,目挑心招,辄复遇之。①

以东安市场的兴起为发端,王府井逐渐发展成为北京城内最重要的商业中心。由于地处皇城主要进出口的东安门外,靠近东交民巷使馆区,这里成为北京最早开启市政建设的区域之一。1914年京都市政公所成立之后,首先选择了以王府井大街所在的内城左一区为示范区域,开始道路改造工程,包括拓宽道路、房屋基准线测量、整修明沟、铺装工事,修筑沥青道路等。1915年,美国煤油大王洛克菲勒在豫王府旧址上建起协和医院,1917年,中法实业银行在王府井南口建成七层楼高的北京饭店,"道中宽阔清洁,车马行人,络绎不绝。……车马云集,人声喧天,为京师最繁华之区也"②。1920年代之后,王府井地区开始设立有轨电车车站,1928年,王府井大街修建柏油马路,交通条件进一步改善。

在东安市场的示范作用下,原本繁盛的正阳门外一批店铺纷纷迁入王府井大街。即使在1928年国都南迁,北平消费市场陷入低迷之时,王府井借助于独一无二的区位优势仍能保持相当水准,"东单崇文门内一带地方,距东交民巷甚近,外商林立,各国侨民杂居是处,东城繁荣,乃集于斯。加之东安市场,年来扩充,王府井大街,遂成东城荟萃之地。其富庶情况,不减于昔日之前门

---

① 铢庵:《东安市场》,《申报月刊》第2卷第10号,1933年10月。
② 崇普:《王府井大街记》,载林传甲编《京师街巷记》(内左一区卷三),京师武学书馆1919年版,第5—6页。

大街。"① 1936年，上海《申报》特派记者在北平观察到，"前门外商铺以资厚牌老胜、所谓'北京老住户'之购货（尤其衣料），恒以该处购获者为讲究。近年世事推移，此辈老住户大半衰落，前门外之商业已大呈颓势"。而王府井大街则"富丽堂皇"，"其在平市观瞻上几可媲美上海之南京路，东安市场以小巧玲珑胜，摊肆夹道，百货杂陈，诱惑性且较王府井为甚。故一般顾客，尤其摩登男女，多喜出入其间，外国人之来北平观光者，亦必以市场巡礼为必要之游程"。②这一时期，王府井所在的东城已经取代南城，成为北京商贸最为繁盛的区域，"王府井大街、东安市场、西单北大街、西单牌楼，西单商场一带，商业似有蒸蒸日上之势，崇内大街之光陆影院，灯市口之飞仙影院，西长安街新建之新新，长安，两戏院，均见活泼气象，较诸前外大街、大栅栏、观音寺渐有起色。各银行并在东四西四西单及王府井大街，设办事处二十三所，以资吸收储户款项，而便商民，平市繁华重心，又由南城转移至东西城矣"③。

由于地处北京传统的达官显贵聚居地，且靠近东交民巷使馆区与西交民巷银行区，周边富户集中，还有一批外交使节及在京侨民，为王府井的商业发展提供了重要的目标客户与消费支撑。这一群体的消费品位与消费习惯对王府井的商业业态具有重要影响，呈现出高端、洋气的特点，与北京传统的商业面貌形成了明显差异。此地高档洋行众多，如英商邓禄普、力古洋行，德商西门子洋行，美商美丰、德士古洋行，法商利威洋行等。经营范围涵盖汽车、钟表、电器、钻石、西装等西洋色彩浓厚的商品，在经营模式上亦不断探索，商铺内外装潢高档，商品陈列炫目、考究。外资金融机构如美国花旗银行、法英东方汇理银行、华俄道胜银

---

① 《北平市况：南城的繁荣已被东西城所夺》，《大公报》1933年3月2日第13版。

② 赓雅：《北上观感·自治风云中之惨象》，《申报》1936年2月9日第8版。

③ 马芷庠编著，张恨水审定：《北平旅行指南》，经济新闻社1937年版，第10—11页。

行等在此开设代理处。在一段相当长的时期内，王府井大街都是北京城内最为知名的商业中心之一，引领时尚消费潮流，承担着古都"摩登代言人"的特殊身份。

二　天桥：平民社会缩影

"天桥"最初确是一座高拱的石桥，建于明代，位于正阳门外北京城市中轴线南段，为明清帝王祭告天坛时的必经之路，故名"天桥"。① 从其所居地理位置及名称可见，明清时期的天桥是连接紫禁城与天坛、沟通世俗权力与上天权力的特殊通道，普通人被禁止在桥上通行。从这个意义上说，天桥也是明清北京城整体空间秩序中的一个重要的部件，这与后来它被赋予的底层民俗特征大异其趣。

自建成之后，天桥周边一带视野空旷，环境清幽，是京城士大夫重要的郊野游玩之地。清朝定都北京之后，限令内城汉人及商贩迁往城外，正阳门外商业日益繁华，成为全城重要的商业、娱乐中心。受此影响，至道咸年间，天桥地区陆续出现茶馆、鸟市，一些梨园行人士在此喊嗓、练把式，但尚未形成很大规模。此时，天桥仍是一派田园风光。据曾亲历天桥变迁的齐如山描述："当光绪十余年间，桥之南，固旷无屋舍，官道之旁，惟树木荷塘而已。即桥北大街两侧，亦仅有广大之空场各一，场北酒楼茶肆在焉。登楼南望，绿波涟漪，杂以芰荷芦苇，杨柳梢头，烟云笼罩，飞鸟起灭。"② 这种乡野景观很符合久居京城文人们的审美趣味，他们经常在此诗酒雅集，吟风弄月。附近虽有估衣摊、饭市及说书、杂耍等，但为数不多。

---

① 见张次溪编著《天桥丛谈》，中国人民大学出版社2006年版，第1页。关于"天桥"名称起源，还有一种说法是源自附近的天坛。两种说法其实差异不大，实际指向都赋予了"天桥"一层特殊的权力背景与象征。

② 张次溪编：《天桥一览·齐序》，中华印书局1936年版，第1页。

天桥商业的日渐兴起与清末民初北京城市空间结构变动及市场体系的兴衰密切相关。当地安门、东四、崇文门、花市等曾一度繁盛的商业区域相继衰退之时，天桥则借助于靠近正阳门的区位优势，逐渐吸引一批摊贩以及曲艺、杂技卖艺者，"天桥南北，地最宏敞，贾人趁墟之货，每日云集"①。"正阳门街衢窄狭，浮摊杂耍场莫能容纳。而南抵天桥，酒楼茶楼林立，又有映日荷花，拂风杨柳，点缀其间。旷然空场，尤为浮摊杂耍适当之地。于是正阳门大街，应有而未能有之浮摊杂耍，遂咸集于此，此天桥初有杂耍之原因。"天桥市场初具雏形，但"未至十分发达"，"又以京津车站设于马家铺，京汉车站设于卢沟桥，往来旅客，出入永定门，均以天桥为辐毂。而居民往游马家铺者甚多，亦于此要约期会，此天桥发达最早之因"②。庚子年间，天桥地区的商业受到一定冲击，但旋即恢复。

　　民国建立之后，天桥地区的商业功能更加丰富，除众多摊商之外，新增了戏园、落子馆等娱乐场所。"民国元年一月，厂甸改建街道，工程未竣，堆积砖瓦，无隙设摊，当局为谋维持摊贩利益，曾将厂甸年例集会，暂移香厂。时伶人俞振庭者，乘闲于厂北支一棚，演奏成班大戏，并约女伶孙一清串演，原定一月为期。期满，有人援例，移至金鱼池南岸上，赓续其业，未几，再由金鱼池迁至天桥，此实天桥有戏园之始，而同时继起者，亦比比矣。"③

　　1914年京都市政公所建立之后对正阳门实施改造，督修工程处把围绕正阳门月墙的东西荷包巷各商铺房屋以及公私民房约60多处作价收购拆毁，这些工作至1915年基本完成。"而瓮城内两荷包巷商民，则合议将所拆存之木石砖瓦，移天桥西，建立天桥巷，凡七开，设酒饭镶牙各馆，并清唱茶社，暨各色商肆，以售

---

① 震钧：《天咫偶闻》，北京古籍出版社1982年版，第135页。
② 张次溪编：《天桥一览·齐序》，中华印书局1936年版，第3页。
③ 张次溪编著：《天桥丛谈》，中国人民大学出版社2006年版，第8页。

百货，居百工，此又天桥渐成正式商场之始。"①

不过，天桥在日渐繁盛的同时，区域内环境也在恶化，"地势略洼，夏季积水，雨后敷以炉灰秽土，北隅又有明沟，秽水常溢，臭气冲天，货摊杂陈，游人拥挤。……由彼往西，地名香厂，夏季芦苇甚多。常年不断秽臭之气，所有商业者皆为臭皮局、臭胶厂，天桥臭沟泄其臭水，与香厂之名实决不相符"②。与前文齐如山所述之光绪年代景色已截然不同。

京都市政公所建立之后，平垫香厂，修成经纬六条大街，如华仁路、万明路等，开启了香厂新市区建设，很大程度上改善了天桥周边区域的环境：

> 六年，高尔禄长外右五区。督清道队削平其地，筑土路，析以经纬。同时是区居民卜荷泉诸人，复捐资于先农坛之东坛根下，凿池引水，种稻栽莲，辟水心亭商场，招商营业。茶社如环翠轩、香园；杂耍馆如天外天、藕香榭；饭馆如厚德福，皆美善。沿河筑长堤，夹岸植杨柳。其西南，各启一门，皆跨有木桥。河置小艇，每届炎夏，则红莲碧稻，四望无涯。一舸嬉游，有足乐者。③

新世界商场、城南游艺园在香厂地区先后建成，也为天桥带来了大量客流，天桥的经营面积大大扩张，"香厂由草昧慢慢的开化，连带着天桥的面目也渐渐改变起来"。1924年电车开通后，天桥成为通往东西城的第一、二路电车总站，"东自北新桥，西自西直门，东西亘十余里，瞬息可至"，"交通既便，游人愈伙，而天桥遂极一时之盛矣"。④

---

① 张次溪：《人民首都的天桥》，修绠堂书店1951年版，第12页。
② 秋生：《天桥商场社会调查》，《北平日报》1930年2月16、17日第3版。
③ 张次溪编著：《天桥丛谈》，修绠堂书店1951年版，第11页。
④ 张次溪编：《天桥一览·齐序》，中华印书局1936年版，第3页。

对于北京城里的大多数普通百姓而言，他们在这里能够欣赏廉价的表演，甚至享受免费的娱乐，购买辗转多手的旧货。与此同时，北平正因国都南迁而伤了元气，市面空虚、百业萧条。天桥地区则因定位低端、消费廉价而迎合了特定的消费群体，不仅未受影响，反而日渐兴旺，"近两年平市繁荣顿减，惟天桥依然繁荣异常，各地商业不振，惟天桥商业发达"①。《北平旅行指南》也描述："往游者非完全下层市民，至中上级亦有涉足其间者。因之艺人如蚁，游人如鲫，虽在此平市百业萧条、市面空虚中，而天桥之荣华反日见繁盛。"② 当时的《北平日报》有详细报道：

> 天桥地基既然扩大十倍，商业亦已是日增多。近由该管外五区详查，即天桥西隅已有商店二百余家，并有浮摊四百三十余家，每日以天桥求生活者，当在数千人之上，天桥地方又岂可轻视哉。据对天桥商摊统计，布业七十九家，饭业三十七家。估衣八十三家，戏园大小九家，坤书馆七家，木器店二十一家，杂货店二十四家，煤商九家，茶馆三十家，镶牙馆八家，卜相棚十九家，席箔店三家，洋货店七家，酒店三家，纸烟铺四家，钟表店三家，茶叶店一家，以上皆为纳月捐领商照之正式商店；其余各项货摊二百九十一家，食品摊四十九家，游艺杂技摊六十二家，卦摊、药摊等三十七家云。大致分布情况是：天桥东为纯粹商场。天桥西夹杂游艺，桥西有魁华、振仙、升平、吉祥等戏园，有振华、安乐、中华、合意等坤书馆，有忠义、宴乐、宾众、振兴等茶楼，又有先农、惠民等商场。上地各项杂技俱全，更有酒馆、饭馆等设备。而桥东除歌舞、燕舞、乐舞三家戏园外，即是估衣、布匹、木器以及各项货摊云。③

---

① 秋生：《天桥商场社会调查》，《北平日报》1930年2月16、17日第3版。
② 马芷庠编著，张恨水审定：《北平旅行指南》，经济新闻社1937年版，第260—261页。
③ 秋生：《天桥商场社会调查》，《北平日报》1930年2月16、17日第5版。

当天桥地区的商业逐渐发达之时，曾经的"天子之桥"的命运也几经波折。清末铺筑正阳门至永定门之间的碎石子马路时，天桥已经丧失原有功能，桥身也为适应马车、汽车通行而降低变成矮桥。1929年，正阳门外大街开始修建有轨电车，天桥变成平桥，但桥栏板仍存。至1934年，为展宽正阳门至永定门道路，天桥作为一座石桥彻底被拆除，此地再无帝制时代的皇权遗迹，其后一直以地名的方式存留至今。

如果说，王府井大街代表了民国北京新兴的商业形态，天桥地区则是另外一种传统模式。此地虽号称繁盛，商家众多，但都为临时性摊贩，设施简陋。民国初年的《天桥临时市场暂行简明章程》规定，天桥市场以维持小本经营为宗旨，"在本市场租地营业者，只准支搭棚屋、板棚，不得建盖房屋"①。区域内的所谓"建筑"低矮而杂乱无章，小贩遍地铺陈。在众多来源不同的材料中，对天桥日常形态的描述都是雷同的，呈现出基本一致的面目：

> 天桥一带非仅为娱乐之地，亦属平民最大之商场。每日最盛时为午后，若至夕阳西下，则已无人问津。以露天地摊及估衣棚占大多数。有城中之沿街打鼓商贩，买来旧物，在此设摊转卖以博微利。故今日所见之物，明日购买即无。其中铺商则仅沿北街一带，有估衣古玩铺数家。其余均系摊商，计有估衣、布匹、鞋袜、书籍、玩具、瓷器、家具、化妆及碎烂钢铁零星物品等。此外尚有诸多细碎手艺人，如刷洗旧帽，收拾钟表，擦铜，抹油，殊为收容落魄者之深渊云。②

1930年代中期北平的《市政评论》对天桥的素描：

---

① 黄宗汉主编《天桥往事录》，北京出版社1995年版，第43—44页。
② 马芷庠编著，张恨水审定：《北平旅行指南》，经济新闻社1937年版，第332页。

站在天桥西头，朝东望，一片高低不平，处处掺杂着碎砖烂瓦的地上，黑丛丛摆着无数荒似的一堆堆一堆堆的地摊，破铜烂铁，零碎家具，古董玩器，以及一切叫不出名目的东西，可是这里的东西虽多，但能够卖上一元的东西，却是凤毛麟角了，在这儿，有许多摆摊的，一见到警察的影子，便眼疾手快，溜之大吉，当然啰，这么着，便可免掏两大枚的摊捐啊。在有摆花生摊的先农市场门前两边，搭着许多补着补丁的破布棚，里面是满塞着现成的衣服，男的，女的，大人的孩子的，以及单的棉的，卖估衣的伙计们，不嫌麻烦的，一件件提抖着。①

作家姚克观察到的天桥：

高低不平的土道旁，连绵地都是"地摊"，穿的、用的，甚至于旧书和古董，色色都有。我跟着蚂蚁似的群众在这土道上挤向前去；前面密密层层排着小店铺，露天的小食摊，茶店，小戏馆，芦席棚，木架，和医卜星相的小摊，胡琴、锣鼓、歌唱、吆喝的声音，在我耳鼓上交响着。②

这种观察很具有普遍性，天桥是专属中下层社会的消费空间与娱乐空间，"正阳门外天桥，向为游人麋集之处，一般小商业，及低级生涯，均在该处辟地为业，故有平民市场之称"③。那里"游人如蚁"，但"窭人居多"④。"很少有绅士气度的大人先生，在此高瞻阔

---

① 慈:《天桥素描》,《市政评论》第3卷第16期,1935年8月16日。
② 姚克:《天桥风景线》,载姜德明编《北京乎：现代作家笔下的北京（1919—1949）》（上）,生活·读书·新知三联书店1992年版,第353—354页。
③ 马芷庠编著,张恨水审定:《北平旅行指南》,经济新闻社1937年版,第10页。
④ 易顺鼎:《天桥曲》,转引自张次溪编著《天桥丛谈》,修绠堂书店1951年版,第35页。

步,到这里来玩的人,多半是以体力和血汗换得食料的劳苦的人们。他们在每天疲倦以后,因为这里不需要高贵的费用,便可以到这里来,做一个暂时的有闲阶级,听听玩艺儿,看看杂耍,忘却了终日的疲劳,精神上得受了无限的慰藉。"① 各种对天桥那些黑压压的人群的描述也呈现出基本一致的面部特征与精神状态:

> 天桥是个贫民窟,同时也像一个各种人型的容受湖。四下的人行道上黑压压的头,潮浪般的向这里流,流……流来的并不静止下来,仍是打这湖的此岸流向彼岸。真的,如果你能在天桥蹓跶一个下午,保管你会遇到这样的情形,同一张脸,刚打你跟前流走了,一会儿又流了来。在这形形色色的一群中,看出了有的是因了家庭破产,而失了学的流浪青年,有的是因为受不了官家的横征暴敛,纳不起苛捐杂税,缴不起租价,被生活迫害着不得不放下锄头,打穷乡僻野里,跑到繁华的都市来找活做,而又失望的庄稼人。有的是曾在没落途中用过死劲,还有那些逃灾逃难,无家可归,已沦落成叫花子的男人女人,更有不少的受了掌柜的嘱咐,出来取送货物,而偷着来玩会的小伙计们,那些腰间扎着条皮带,毫没杀气的武夫们,也不时的流来流去,偶而也看到几个碧眼黄发的外国人,大概是为了适应环境起见,把"握手礼",换了"打恭"、"作揖",把老粗们听不懂的洋话,也改成了地道的中国腔:先生,费心,破费破费吧。一尾随着人讨铜子,还有些娘儿们,小脚的,大脚的,穿红戴绿,脸上抹着一层厚胭脂,不害臊的跟着人挤来挤去,眉来眼去的向人调情诱惑,……在这群各具其面,异声异气的人的脸上,都是深深的刻画着一个在饥饿线上挣扎的创痕,并且表现着无聊,枯寂,不安,忧郁的姿态。②

---

① 张次溪编:《天桥一览》,中华印书局1936年版,第12页。
② 慈:《天桥素描》,《市政评论》第3卷第16期,1935年8月16日。

对于众多卖艺者而言,天桥是他们重要的谋生之所,"三教九流无奇不有,百业杂陈无所不备,凡欲维持临时生活者,苟有一技特长,能博观者之欢乐,亦可藉此糊口"①。但是,穷人的消费者仍然是穷人,非常有限的铜板基本上仍在这个封闭的空间中实现着内循环,"自前清以来,京师穷民,生计日艰,游民亦日众,贫人鬻技营业之场,为富人所不至,而贫人鬻技营业以得者,仍皆贫人之财。余既睹惊鸿,复睹哀鸿,然惊鸿皆哀鸿也。余与游者,亦哀鸿也"②。那些贫困的卖艺者在这里赚取一家人一天的吃食,并在这里消费,然后所剩无几。对于他们而言,"天桥是一部活动电影,是一部沉痛人生的悲剧,虽然,你从他们的脸上,可以看到他们都有笑容。这笑容,是从他们铁压下的心上和身上榨出来的。为了生活,他们便把自己的悲剧来反串喜剧,把自己的眼泪滴成歌曲,自己的技术作为商品,自己的精力变成娱乐。……下层群众的集体,天桥写出了这社会穷苦者的真实面目,匍匐人生道上,流血出汗洒泪珠,是为了生活,是为了应付不断抽上身来的铁鞭,每个人,在这把生命渐渐支还上帝去,他不会知道自己一生是为着什么,也不知道自己为什么要这样生活。他承认命运,那人骗人的荒谬的话言,使他们不作声息过下这一生"③。

天桥既为人烟稠密之地,秩序混乱,往来人员复杂,多有作奸犯科者藏匿其中,"据说侦缉总队是派有很多人,天天化妆在这里采访、侦视,做办案的工作。他们自己说,这里是藏污纳秽的所在。一般下层社会的人,多要在闲暇的时候到这里来玩。凡是做案的人,多不是什么高尚有知识的人。在他们没见过多大世面的人,陡然的得了意外的财富,自然免不了挥霍和夸耀,因此在娼

---

① 马芷庠编著,张恨水审定:《北平旅行指南》,经济新闻社1937年版,第260—261页。
② 易顺鼎:《天桥曲》,转引自张次溪编著《天桥丛谈》,修绠堂书店1951年版,第35—36页。
③ 衷若霞:《天桥》,《宇宙风》第21期,1936年7月16日。

窑和天桥是很好的办案的处所。他们得着这妙诀，所以在这里很破过许多惊人的奇案。还有其他机关，也派有相当的密探"①。北京大学社会学教授严景耀通过调查得出结论："北京四分之一以上的窃盗罪是在前门外（包括东西车站）及天桥犯的。"②

此外，天桥还一直被视为"有伤风化"之地，"顾往游者品类不齐，售技者为迎合观众心理，举动亦往往僛佻……职是之故，天桥乃不见齿于士林"③。在众多知识群体的描述中，天桥代表着粗鄙、杂乱、底层，甚至污秽、肮脏，他们普遍表现出高高在上的俯视心态。

三 摩登与粗鄙：一座城市的双面叙事

民国北京正经历从传统国都到近代城市的转型过程，城市形态与功能发生历史性变革，其空间结构、社会结构等亦发生深刻变化。在城市内部，不同群体、不同阶层因经济地位、社会地位等方面的差异，呈现不同的生活方式与生存状态，由此生成迥异的城市记忆与意象。

作为长期的国都，北京一直是五方杂处之地，新旧、中西、贫富、高低同时存在，从而也比其他城市能够容纳更多如此对立的事物。以王府井与天桥为例，两者作为民国北京非常重要的商品消费与大众娱乐空间，虽然相距不远，但呈现出完全不同的城市样貌以及区域内人群典型的生命体群像。在王府井大街，已经是一派现代都市气象，一位游客回忆他在1933年游览的感受：

> 一下车，也许会使你吃一惊，以为刚出了东交民巷，怎么又来到租界地。不然何以这么多的洋大人？商店楼房，南北耸

---

① 张次溪编：《天桥一览》，中华印书局1936年版，第13页。
② 严景耀：《北京犯罪之社会分析》，《社会学界》第2卷，1928年6月。
③ 张次溪编《天桥一览·王序》，中华印书局1936年版，第1页。

立,有的广告招牌上,竟全是些 ABC。来往的行人自然是些大摩登、小摩登、男摩登、女摩登之类,到夏天她们都是袒胸露臂,在马路上挤来挤去,实在有点那个。再向前走,到了东安市场,一进大门,便有一种莫名其妙的香气,沁人心脾,使你会陶醉,陶醉在这纸醉金迷的市场里。到晚上,电光争明,游人拥挤,谁初次来临不感到目晕头眩、眼花缭乱呢?①

1933 年,《北平晨报》发表了一篇《东安市场巡礼》,呈现的面目与上文如出一辙:

> 在王府井大街是看不到什么不景气现象的。……北京唯一的销金窟——东安市场也就建筑在这条街上。一进了东安市场的门,就感觉到一种特别的滋味。在这里好像是不分春夏秋冬似的,摩登的密斯们已经都穿上了隐露肌肤的夏衣,老太太们却还穿着扎脚的棉裤。……一走到正街,便拥挤起来了,一个紧挨着一个,往来如梭。商店是一家连着一家,卖的东西,都是最时髦的衣料、高等化妆品,就是日用杂货也都是极考究的。②

东安市场作为"畅销洋货大本营",确实实至名归,处处弥漫着"洋味"和"贵族化":

> 东安市场在东城,多异邦街房,所以处处都带出点洋味来,(素称东城洋化,西城学生化,南城娼寮化,北城旗人化)因为他处在一个洋化区域之地,所以就得受洋化的传染,市场里的买卖,有的是专为买卖外国人而设的(如古玩玉器等),商人们也都能说两句洋话,来来往往的洋主顾,可占全

---

① 孟起:《蹓跶》,《宇宙风》第 23 期,1936 年 8 月 16 日。
② 忆永:《东安市场巡礼》,《北平晨报》1933 年 5 月 19 日第 5 版。

市场内三分之一，逛市场的中国人，也以西服哥儿，洋式的小姐太太为最多，看来东安市场真是有点洋味和贵族化。①

而夜色下的东安市场则呈现出另一种异常暧昧的情调：

> 市场的南口是虚掩的，里面充满了热烈的情绪。一列列的新设的木架上排满着货物，给灯光照得亮晶晶的。时断时续的游女，都在薄的衣上加着短的毛线外衣，秋是显明地证明着是深沉的……转入了另外的一条场面时，迎面荡来的几个全是娇媚的笑靥，浓馥的香气，洁丽平整的服饰的波纹，夏季的汗臭和初春的情热都早成为过时的货色了。②

被时尚、洋气氛围包围的王府井俨然已经成为北京都市景观与摩登生活的"代言人"。而反观离此并不太远的天桥，则呈现出像是另一个世界的粗鄙景象，飞扬的尘土与污浊的气味给天桥的不同游览者留下了共同的印记：

> 天桥的暴土永远是飞扬着，尤其是在游人拥挤的时候。虽然也有时，暴土会稍为灭迹，然而这也只是在黄昏的一刹那，是极短暂的时间。在午间，游人们是兴奋的来到这里。同时，暴土也飞扬起来。汗的臭味、熏人的气息、还有脏水被日光所蒸就兴奋的发的恶味，是一阵阵的随着风飘过来，送到每个人的鼻孔里。这气味的难闻，会使人呼吸都感觉着窒塞。可是他们，很多的人，都似乎未曾感觉出来，仍然在兴奋玩乐。③

同样，"一股葱蒜和油的气息"出现在了作家姚克对于天桥的描

---

① 云：《东安与西单商场》，《市政评论》第3卷第15期，1935年8月1日。
② 木易：《东安市场巡礼》，《老实话》第10期，1933年11月1日。
③ 张次溪编《天桥一览》，中华印书局1936年版，第12页。

述文字中,他称天桥为"高等华人所不去""北平下层阶级的乐园"。①"除却了一般失业的工人、退伍的士兵、劳苦大众及小商人等,摩登男女是绝少往游的。"②当时《世界日报》也介绍说天桥"地方虽然大,空气颇不好"③。因此,这里很难发现"绅士的少爷小姐们"的足迹,"他们怕灰土的污染,怕臭气的难闻,怕嘈杂的侵扰,他们是不愿看这些贱民,这些低级的艺术,这些缺少甜蜜味的剧本"。④民国时期,天桥一直被视为北京城内贫贱、卑微与肮脏的符号,是"下等人"的聚集之地,是自恃为"上等人"不愿去的地方,"天桥也就和伦敦的东区(East End)一样,是北平的贫民窟"⑤。那里的世界由许多散落着的布棚组合起来,那里的人群脸色多是"焦黑"或是"菜黄色",他们从天桥中走出就像从"垃圾堆里""魔窟里"走出来一样。对于那些"美国绅士化的先生"和"擦巴黎香粉的小姐们"而言,天桥就像"谜一样"!⑥

不同的消费行为折射的是迥异的生活方式与思想观念,"市场是摩登,庙会是过日子,过日子与摩登有大分别,所以庙会的货物不求太精,只取坚而贱,由坚而贱中领略人生,消磨日子,自然会厌弃摩登"⑦。而在这些现象的背后,呈现的正是传统农业社会结构解体过程中城市出现的新的阶层分化,《大公报》上的一篇文章感叹:

> 市场是有钱人们的消闲地,和天桥正是分道扬镳,各不相犯。从平常你可以听到"天桥地方太脏"、"市场东西特贵"

---

① 姚克:《天桥风景线》,载姜德明编《北京乎:现代作家笔下的北京(1919—1949)》(上),生活·读书·新知三联书店1992年版,第353—357页。
② 程文藹:《北平社会经济的一瞥(续)》,《申报》1933年7月24日第18版。
③ 《平市人心渐趋安定将重觅享乐生活》,《世界日报》1933年6月2日第8版。
④ 衷若霞:《天桥》,《宇宙风》第21期,1936年7月16日。
⑤ 味橄(钱歌川):《游牧遗风》,收入其《北平夜话》,中华书局1936年版,第102—103页。
⑥ 文:《天桥印象记》,《老实话》第6期,1933年9月21日。
⑦ 张玄:《北平的庙会》,《宇宙风》第19期,1936年6月16日。

这一类的话就可以证明。东安市场,多么动人的名词!那里有西服庄、咖啡馆、画片摊,台球社,说不出颜色的蒙头纱,不带中国字的洋糖果。①

不过,在许多人的认知中,带有现代气息的王府井、东长安街并不能够代表北京的城市底色。1936年,一位作者在《宇宙风》杂志上称:"我总以为北平的地道精神不在东交民巷、东安市场、大学、电影院,这些在地道北平精神上讲起来只能算左道,摩登,北平容纳而不受其化,任你有跳舞场,她仍保存茶馆;任你有球场,她仍保存鸟市;任你有百货公司,她仍保存庙会。"② 社会学家李景汉在1951年为张次溪出版的《人民首都的天桥》所作的长序中也提及:"真北京人不是住在皇宫里面的,不是住在六国饭店的,不是住在交民巷的,不是住在高楼大厦的,不是住在那些公馆的,也不是常到大栅栏买东西的士女,或常光顾八大胡同的大人先生们。"③

而天桥则一直被视为北京底层社会百相的重要展示地,"天桥为一完全平民化之娱乐场所,亦即为北平社会之缩影"④。更有称天桥为北平大众的"情人","虽然脸子丑,可动摇不了爱者心。……在大众的眼里,这情人是金子,是宝贝。丽颜解不开郁结,装帧治不饱饥饿。只要她小心儿公平,大众就安慰。被生活压扁了的人,满怀只需求温暖,这情人正不羞涩地张开手臂,让那些粗野的魂灵拥抱;这情人正不吝啬地洒着爱露,使那些污秽的口齿芬馨。柔情惑住了一头头的豹,你说卑弱的大众,不爱她,又爱谁?"⑤

---

① 卡员:《故都印象》,《大公报》1932年10月15日第9版。
② 张玄:《北平的庙会》,《宇宙风》第19期,1936年6月16日。
③ 张次溪:《人民首都的天桥》,修绠堂书店1951年版,第2页。
④ 马芷庠编著,张恨水审定:《北平旅行指南》,经济新闻社1937年版,第260页。
⑤ 刘芳棣:《天桥:北平大众的情人》,《中央日报》1936年7月7日第4版。

王伯龙在为张次溪《天桥一览》所作序言曾言："天桥者，固北平下级民众会合游息之所也。入其中，而北平之社会风俗，一斑可见……四郊人民，遂以逛天桥为惟一快事。"齐如山在为此书所作的序言中也强调了这一点："今日之天桥，为北平下级社会聚集娱乐之所，以其可充分表现民间之风俗，于是外人游历，亦多注意于此，乃与宫殿园囿，等量齐观，其重要从可知矣。"为此，他建议，"有市政之责者，固应因势利导，推行改进。举凡卫生风化诸大端，若者取缔，若者改良，使下级民众，奔走终日。藉此乐园，得少游息，以调整其身心，节宣其劳苦，可为施政布化之助，毋为游情淫逸养成之所，以贻讥于外人"①。北平市社会局确也曾有在此设立民众乐园的计划，通过政治与教育双管齐下，以期改进区域秩序与市容观瞻。

天桥地区的基本情况一直没有得到太多提升，日军占领北平之后，一些日本文人陆续来到这里。他们多次探访天桥一带，在他们的笔下，天桥区域仍然是"脏""穷""乱""俗"集中的地方，作家小田岳夫的《紫禁城与天桥》集中代表了这批日本文人对天桥的观察与体验：

> 与紫禁城的庄严、华丽相比，这里是到处是污秽、卑俗，……其他地方随着文明的推移多少呈现出一些变迁，而与之相比，好像只有这里未被时代大潮所冲刷，保存着许多昔时的模样。事实上，这里处于没有电灯设备、开场只限于白天的状态，不论是杂耍的性质，还是胳膊纹着刺青、目光怪僻的无赖流氓之戏法、杂技演员仿佛从《三国志》中走出之感，都让人不由得产生一种地球虽在横向转动，我们却在纵向意义上逆时而生的奇异之感。……北京内城区之美与民众实际生活水平之低乃是大相径庭。说到如梦如诗般的北京城，有人也许

---

① 张次溪编：《天桥一览》，中华印书局1936年版，第1、3—4页。

会将生活其中的人也加以诗化想象。诚然，北京民众与其他城市的人比较起来，沉稳大方，但满街上来往的是破衣车夫，居民就像所有中国人一样，是彻底的实利主义者。我又想到了杭州西湖等巧妙利用了自然而造就的风景、上海租界等在社会生活的基础上形成的城市，感觉北京城之美是与民众生活、自然毫无关系的、尚未从古时王者之梦的遗迹中迈出一步的、幻影般虚幻之美。我想，这里有着北京的巨大矛盾。①

小田岳夫与齐如山都同时提到了北京的宫殿与天桥，两者的巨大对比呈现出的是北京城深刻的矛盾性，然而，这又是无法否认的真实，在两个相距并不远的城市空间内部彼此独立而鲜活地存在着，二者都是北京，城市内部的割裂性在王府井与天桥的对比中表现得最为直观。

民国时期，基于较低的社会经济发展水平，北京的城市建设在空间上存在着明显的不均衡性，不同区域之间的城市景观形成鲜明对比。王府井周边的东长安街地区是北京最早开启城市化进程的区域，也是最能体现民国初年北京都市繁华的典型区域，"街道宽阔，清洁异常。若远立南端，遥望北瞻，则楼房林立，高耸霄汉，树路花草，云错其间。夜晚电灯悉明，照耀有如白昼，直有欧风美景。不若他处房屋矮小，街道污秽，人声嘈杂，一种腐败现象也"②。与此邻近的崇文门一带，"行人拥挤，买卖发达，晚间电灯悉明，照耀如同白昼，夏间凉棚阴密，且多系楼房，一洗前清之旧观也"③。

---

① ［日］小田岳夫：《紫禁城与天桥》，竹山书房1942年版，第50—52页。转引自王升远《"文明"的耻部——侵华时期日本文化人的北京天桥体验》，《外国文学评论》2014年第2期。

② 宋世斌：《东长安街记》，载林传甲编纂《京师街巷记》（内左一区卷二），京师武学书馆1919年版，第6—7页。

③ 崔扬名：《崇文门大街记》，载林传甲编纂《京师街巷记》（内左一区卷二），京师武学书馆1919年版，第4页。

到了1930年代中期，随着都市的进化，"王府井大街及东西牌楼一带则完全向于立体派与现代都市派的设备了"，"东长安街多少是带有几分外国风味的，因为在它的附近的环境完全是洋味的，像东交民巷使馆区的墙界，近代化建筑的北京饭店，中央，长安等大饭店，所以这里修建得很整齐的，将来要等东长安街的牌楼改建好了，怕是会更美观？""在傍晚或者是清晨，人们总可看见些本国与外国的男女人士在长安街上的；人行道的树荫底下慢步的踱着，长安街的街景是诗意的，没有偌大的商店，没有都市的热狂，虽然电车与公共汽车是不断的，来回的奔驰，但是他们都有着固定的轨线，所以并不会因它来减少了长安街上的街景。"①

民国北京是一个异常纷繁与复杂的城市个体，不同群体并不能够共同分享同一座城市的相同记忆。对于王府井与天桥而言，二者都是外人认知民国北京的重要载体与媒介，如果只以一点观察北京，必然影响人们对城市的基本感知。1924年，林语堂就提醒那些"凡留美留欧新回国的人，特别那些有高尚理想者，不可不到哈德门外走一走"，因为一出哈德门外便可领略到"土气"。这种"土气"足可以"使他对于他在外国时想到的一切理想计划稍有戒心，不要把在中国做事看得太容易"。② 1927年，从上海来的作家叶灵凤对北京发出感叹："当我从东交民巷光泽平坦的柏油大道上走回了我们泥深三尺的中国地时，我又不知道那一个是该咒诅的了。"③ 几年之后，另一位从南方来到北京的作家钱歌川也有如此感受：

惯在北平王府井大街或东交民巷一带走动的人，他们是不

---

① 张麦珈：《北平的新姿态与动向》，《市政评论》第3卷第20期，1935年10月16日。
② 林语堂：《论土气与思想界之关系》，《语丝》第3期，1924年12月1日。
③ 叶灵凤：《北游漫笔》，载《天竹》，上海现代书局1931年版，第59页。

会知道人间有地狱的。一朝走到天桥，也许他们要惊讶那是另外一个世界。殊不知那正是我们这个世界的基础，我们这个人间组织的最大的成分呢。①

然而，情况似乎没有太大改善，十几年之后的 1948 年，当一位刚刚见识到王府井、东交民巷那样街道的游客来到天桥周边时，所见所感与钱歌川如出一辙：

> 我真是一个天大的傻瓜，我原先以为北京城只有像王府井东交民巷那样的街道，很替我们的文明感到荣耀，想到自己能生活在这样清洁高贵的城市里，不禁有些飘飘然了。现在却忽然从半空中跌下来；这算是什么都市！这样肮脏破烂的地方，连我们的乡下都不如呢。②

需要指出的是，王府井与天桥的区域环境差异巨大，但并非没有交集，商业场所的开放性与流动性仍然在这两个截然不同的消费空间中部分存在。在天桥，虽然少见所谓的上等阶级，但并非完全绝迹。进入 1930 年代之后，天桥的规模不断扩大，经营环境也有改良，一些演出场所"渐趋文明"，"非复昔时之简陋矣"，"而往游者非完全下层市民，至中上级亦有涉足其间者"。③ 张恨水小说《啼笑因缘》中很会游历的富家子弟樊家树，因为玩遍了北京的名胜古迹，于是"转而到下层人士常去的天桥游玩"，由此还发展出一段凄婉的爱情故事。④

---

① 味橄（钱歌川）：《游牧遗风》，收入其《北平夜话》，中华书局 1936 年版，第 105 页。
② 青苗：《陶然亭访墓记》，载姜德明编《如梦令——文人笔下的旧京》，北京出版社 1997 年版，第 589 页。
③ 马芷庠编著，张恨水审定：《北平旅行指南》，经济新闻社 1937 年版，第 260—261 页。
④ 张恨水：《啼笑因缘》，安徽文艺出版社 1985 年版，第 1 页。

同样，在消费大潮兴起的过程中，王府井地区经过不断发展，已经不仅仅是一个单一的消费场所，而逐渐演化为外人到京后争相浏览、参观的一处都市标志性新景观。以东安市场为例，虽然其以"高端"为定位，但来此游逛者也包含了其他阶层的人群，"上中下三等俱全，而其中尤以学生为最多，所以一到放假的日子，人便会多得拥挤不动。远道来京的人们，因为震于'市场'的大名，也一定要去观观光"①。作为不同类型、不同层次的商业街区，二者并非彼此排斥而是非竞争性并存。

王府井与天桥两种城市景观的生成，实际上也是近代北京城市空间结构演变的一种历史表现。清代北京内城代表着权力、等级与秩序，外城则容纳了更多民间市井社会的生活内容，"内外城之间的城垣分辨出两个城区，造就两类城市社会，外城的存在，调整、缓和了京师的森严气氛，增加了京师城市社会的世俗性、丰富性"②。进入民国之后，皇权解体，北京内外城显性的地理边界逐渐被打破，但自明清以来一直存在的隐性的城市空间的等级差异延袭了下来，内外城在社会结构意义上的等级区分仍未有根本性改变，官方的主导、资本的驱动以及财富的聚集效应仍然维持着内城在北京城市格局中的核心地位。王府井大街地处京城传统的达官显贵聚居之地，且比邻东交民巷使馆区，集聚众多高档洋行与外资金融机构，诸多因素决定了其"高端""洋化"的商业形态。而天桥地区作为北京的外城，缺乏近代化的市政基础设施，地价与房租明显低于内城。这里三教九流、贩夫走卒、娼优皂隶，无所不包，成为城市贫民的主要聚居地。

王府井与天桥的差异并不仅仅是两个商业街区、两种商业模式或城市景观的差异，背后折射的是民国北京城市化进程中的巨大鸿沟以及社会阶层难以弥合的裂痕。因此，表现城市内部的多样

---

① 太白：《北平的市场》，《宇宙风》第21期，1936年7月16日。
② 唐晓峰：《明代北京外城修建的社会意义》，载复旦大学文史研究院编《都市繁华——一千五百年来的东亚城市生活史》，中华书局2010年版，第138页。

性，是城市史研究的基本任务。

　　王府井与天桥既代表着民国北京，又都不是民国北京的全部，如果只关注一点而忽视其余，犹如盲人摸象，只有将双方平等置放在同一个观察平台，对不同来源渠道、不同类型的史料进行综合辨析，兼顾两者的显著区别，才能在一定程度上避免后来者对城市书写的主观选择，进而对近代北京的时代面相向有一个更加全面而深刻的体认。

第九章
1930年代城市书写中的"旧都"北平
——以上海为参照

在众多现代作家的笔下，1930年代全面抗战爆发之前的北平与上海呈现出迥异的城市意象。前者更多被视为中国文化传统的典型代表，后者则象征发达的现代物质文明，双方的对比呈现出古典与现代、旧与新的激烈碰撞。北平是传统的、舒缓的，同时也是衰弱的、苍老的。而上海作为当时远东第一大都市，经历了资本主义的洗礼，充满活力，欣欣向荣，更伴有快速运行节奏下固有的躁动气息。在一个对照体系下，北平的古朴与上海的摩登被彼此放大，从而强化了两座城市内在气质与外在样貌上的巨大反差，并进一步促进了特定城市意象的生成与固化。

一 "大家闺秀"与"摩登女郎"

1927年，第一次来到北京的南方作家叶灵凤以"拘谨的姑娘"和"迷人的少妇"形容"北地"与"南国"：

> 柔媚的南国，好像灯红酒绿间不时可以纵身到你怀中来的迷人的少妇，北地的冰霜，却是一位使你一见倾心而又无辞可通的拘谨的姑娘。你沉醉时你当然迷恋那妖娆的少妇，然而在幻影消灭后酒醒的明朝，你却又会圣洁地去瘈寐你那倾心的姑娘了。①

---

① 叶灵凤：《北游漫笔》，《幻洲》第2卷第1期，1927年10月。

几年之后，在著名的"京派"与"海派"之争中，年轻的作家曹聚仁也有类似的比喻：

> 京派不妨说是古典的，海派也不妨说是浪漫的；京派如大家闺秀，海派则如摩登女郎……若大家闺秀可嘲笑摩登女郎卖弄风骚，则摩登女郎亦可反唇讥笑大家闺秀为时代落伍。①

这种对比揭示的是两座城市内在气质与外在性格的明显差异。对于大多数人而言，北平的肃静悠闲与上海的躁动喧嚣是共同的印象。一位作者曾将巴黎和伦敦的差异套用在上海与北平身上，巴黎的生活是扰攘的、紧张的、摩登的、浪漫的，而伦敦的生活则是安静的、从容的、守旧的、古典的，"上海的生活，是热锅上的蚂蚁的生活，使你心情紧张"，"上海的生活是须要充分表现斗争力量的生活，各方面都好像在十字路口穿过马路时一样，你必须乘机而突进，不容你停留，不容你慢腾腾的"。北平的生活味道则完全不同，"到处是松弛的、缓和的"。上海有不少大的建筑，但这些建筑给人的感觉是"洋化的、不亲切的"，"北平的伟大建筑物则使我们觉得它是我们的，在血管里是与我们有关系的"。②

小说家倪锡英的描述与上文几乎完全一致："北平的生活，可说完全是代表着东方色彩的平和生活。那里，生活的环境，是十分的伟大而又舒缓，不若上海以及其他大都市的生活那么样的急促，压迫着人们一步不能放松地只能向前，再也喘不过气来。又不若内地各埠那么的鄙塞简陋，使人感受着各种的不满足。"北平的街道"老是那么静穆的，不比上海的市街间，充满了五光十色，以及种种嘈杂的声音，使人头痛欲裂。这种现象，就是表示北平的生活，是十分稳定与平和，还没有染上现代大都市的掠夺竞争

---

① 曹聚仁：《京派与海派》，《申报·自由谈》1934年1月17日第15版。
② 清晨：《巴黎和伦敦，上海和北平》，《新人周刊》第1卷第36期，1935年5月20日。

的丑恶状态"①。朱自清则形容:"假如上海可说是代表近代的,北平便是代表中古的。北平的一切总有一种悠然不迫的味儿。"他坦言也喜欢近代的忙,但对于中古的闲却似乎更亲近些。②

上海与北平代表了当时中国的两极,一个热闹,一个冷静,一个已经接受了现代资本主义文明的洗礼,一个还在古老的轨道上踟蹰前行。在学者贺昌群的眼中,上海工业社会的生活"随着钟表的摆动铸成了定型","连撒污的时间有时也得列在日程表内"。而北平则完全不同,"什么都是从从容容的,大街上人们总是怡然自得的走着,偶尔呜呜来一辆汽车,老远老远就躲了"。③ 另一位来到故都旅行的孔另境也在北平看到了相同的景象,"行人的步伐,老是那么慢慢腾腾,悠闲不迫的样子,像上海马路上所见的那种匆急的走法,在这古城里的马路上是找不出来的"④。至于原因,一位作者分析:"原来北平是三代的都城,经数百年帝王的装点,把它布置成一座最美丽的花园。其中有不少的公子王孙,他们过去享受着优裕的生活,也就养成一种舒适安闲的习惯。现在虽然没落了,然而环境还是一样的美丽,习惯还是照旧的不紧张,十足的表现出中国本位文化来。"⑤ 即使在代表北平都市景观的长安街上,也没有显示出现代城市生活特有的快节奏下的躁动:

> 在傍晚或者是清晨,人们总可看见些本国与外国的男女人士在长安街上的;人行道的树荫底下慢步的踱着,长安街的街景是诗意的,没有偌大的商店,没有都市的热狂,虽然电车与

---

① 倪锡英:《北平》(民国史料工程都市地理小丛书),南京出版社2011年版,第151、154页。
② 玄玄(朱自清):《南行通信(一)》,《骆驼草》第12期,1930年7月28日。
③ 贺昌群:《旧京速写》(1932年10月24日),载《贺昌群文集》第3卷,商务印书馆2003年版,第557页。
④ 孔另境:《故都之旅》,载赵国忠编《故都行脚》,南京师范大学出版社2016年版,第358—359页。
⑤ 孟起:《蹓跶》,《宇宙风》第23期,1936年8月16日。

> 公共汽车是不断的，来回的奔驰，但是他们都有着固定的轨线，所以并不会因它来减少了长安街上的街景。①

一方面，北平的确是一个衰落的古都，这里没有上海那样"汇集着大船的港湾，轰响着噪音的工场，深入地下的矿坑，奏着Jazz乐的舞场，摩天楼的百货店，飞机的空中战，广大的竞马场"②。另一方面，北平也因其"古城"底色以及缓慢的生活节奏而营造出一种宁静、悠远的城市意象。声音就具有很重要的象征意义，"最能显示这古城的风光的，是当日长人静，偶然一二辆骡车的铁轮徐转声，和骆驼颈铃的如丧钟的动摇声，或是小棚屋里送出来的面棒的拍拍声，在沉静的空气中，响应得愈加沉静"③。一位只在北京生活过两年的作者概括当地的生活是"舒适、缓慢、吟味、享受，却绝对的不紧张"。他也用了骆驼的性情比喻北平生活的象征，"安稳、和平，一步步的随着一声声丁当丁当的大颈铃向前走；不匆忙，不停顿；那些大动物的眼里，表现的是那末和平而宽容，负重而忍辱的性情"④。徐訏定义的"北平的风度"则是"浪漫的迟缓"、故作"雅态"、"喜好清谈"、长于"幻想"等。⑤ 在北平，呈现了中国农业宗法社会特有的运行节奏与意境：

> 从这古城的氛围里，他们先天的濡染到一种斯文。这斯文，在公寓掌柜吸长长旱烟管时可以见到，在洋车夫喝酸梅汤时可以见到，在店伙计提鸟笼逛北海时可以见到，在拾煤渣的

---

① 张麦珈：《北平的新姿态与动向》，《市政评论》第3卷第20期，1935年10月16日。
② 施蛰存：《又关于本刊中的诗》，《现代》第4卷第1号，1933年11月1日。
③ 贺昌群：《旧京速写》（1932年10月24日），载《贺昌群文集》第3卷，商务印书馆2003年版，第557页。
④ 孟起：《蹓跶》，《宇宙风》第23期，1936年8月16日。
⑤ 徐訏：《北平的风度》，《文学》第3卷第1号，1934年7月1日。

孩子哼起"杨延辉坐宫院"时可以见到，在烤白薯的老人叫卖时可以见到。①

相对于上海陶醉于十里洋场的都市摩登，北平古朴的城市底色更加符合读书人的日常趣味与审美，北平是属于他们的，"除非不是智识阶级，北平是一个离开了使人想念，居住着使人留恋的地方！"②对于读书人而言，北平可以提供思古之幽情，闲适的生活，浓厚的文化气息，以及用相对低廉的物价享受相对较高的物质标准，他们笔下的北平也往往因此呈现出浪漫的想象与富有诗意的风景。

二 古城与洋场

北平因其"广博"而展现出开阔的气度与胸襟，相对而言，上海的城市气质则略显单一，"北平之所以大，因为它做了几百年的首都；它的怀抱里拥有各地各国的人，各色各样的人，更因为这些人合力创造或输入的文化。上海也是五方杂处的都会，但它仅有工商业，我们便只觉得繁嚣，恶浊了。上海人有的是聪明，狡猾；但宽大是他们不懂得的"③。作为一个延续数百年的国都，北平具有强烈的文化自信，有一种巨大的文化涵容能力。早在1926年，《现代评论》就指出了这种特性：

> 北京是中国极少数的几个大城，在表面上你感不着洋威和洋气。东交民巷只占了北京城的一隅，房屋、街道、巡警、洋车夫，虽然比较整齐清洁一点，但你如果登过三殿，见了那庄

---

① 无名氏：《梦北平》，载姜德明选编《如梦令：名人笔下的旧京》，北京出版社1997年版，第442页。
② 徐訏：《北平的风度》，《文学》第3卷第1号，1934年7月1日。
③ 玄玄（朱自清）：《南行通信（一）》，《骆驼草》第12期，1930年7月28日。

严雄壮的气概,游过三海公园,见过那合抱的苍老的松柏,黄昏时节,在那蔚蓝的天色之下,在天坛祈年殿的大理石的台阶上坐过,那东交民巷的几扇朱漆大门,几对石狮子和几个荷枪的武装卫队,在你脑里再也留不下丝毫的印象。在这威严壮丽的环境中,在北京旅居的外国人,无形中都受了感化;住在商埠口岸踢惯洋车夫的侨商,一到北京,也要装出一点斯文气来;就连在外国读过书,信过教,回国之后喜欢跟在外国人背后走的留学生,面上似乎也常带有三分愧色。①

周作人曾称"上海气"的基调就是中国固有的"恶化","充满着饱满颓废的空气",是"买办流氓与妓女的文化,压根儿没有一点理性与风格"。②齐如山则直白指出,北平有很多优良的风俗,第一是纯朴,"虽然做了七八百年的都城,但浮华的风气总很少";而上海做码头不过百余年,"其浮华叫嚣之风,已令人不能暂且忍受"。③

最极端的例子是福建人林语堂。他一方面形容上海是"行尸走肉的大城","中西陋俗的总汇",是"浮华、平庸、浇漓、浅薄"。那里有吃人参汤与燕窝粥但仍面黄肌瘦、弱不胜风的小姐,有"柳腰笋足金齿黄牙的太太",有"油脸大腹青筋粘指的商贾",那里有"失了丈夫气的丈夫与失了天然美的女子",有"失了忠厚的平民与失了书香的学子",有"失了言权的报章与失了民性的民族",有"卖身体下部的妓女与卖身体上部的文人",有"买空卖空的商业与买空卖空的政客",在那里,连乞丐都不老实。④另一方面则对北平极尽赞美:

---

① 宇文:《北京的空气》,《现代评论》第4卷第94期,1926年9月25日。
② 周作人:《上海气》,载《谈龙集》,岳麓书社1989年版,第90页。
③ 齐如山:《北平怀旧》,辽宁教育出版社2006年版,第9页。
④ 林语堂:《上海之歌》,载陈子善编《夜上海》,经济日报出版社2003年版,第3—5页。

北平正像一个帝王的梦，有宫殿、花园、百尺林荫地、艺术博物院、专修院、大学、医院、庙寺、宝塔、街上陈列着艺术铺和旧书店。北平更像一个饕餮家的乐园；开设了几百年的酒馆挂着古老被烟熏黄的招牌，古怪的酒保，肩上搭着一条手巾，完全学习着专制时代传说中的旧礼节而招待高级的官僚。这里是一个贫民杂集的地方，每一个相邻的店铺，肯借钱给贫苦老弱的居民，小贩在廉价出售他的珍玩，茶馆里的茶客也可以泡一壶茶而消磨整个的下午。①

相对于上海而言，北平的"乡土"特质确实更容易让文化人感到亲近，他们很多人虽然来自南方，但往往将北方的北平视为自己的另一个故乡。周作人就认为："我的故乡不止一个，凡我住过的地方都是故乡……现在住在北京，于是北京就成了我的家乡了。"② 郁达夫比较了曾生活过的几座城市，"上海的闹热，南京的辽阔，广州的乌烟瘴气，汉口武昌的杂乱无章，甚至于青岛的清幽，福州的秀丽，以及杭州的沉着，总归都还比不上北京——我住在那里的时候，当然还是北京——的典丽堂皇，幽闲清妙"。他在北京生活的时间其实并不长，但曾表示，一离开北京，"隐隐地对北京害起剧烈的怀乡病来"，便希望再去，"这一种经历，原是住过北京的人个个都有，而在我自己，却感觉得格外的浓，格外的切"。③ 同样来自南方的朱自清也早已把"他乡"当作了"故乡"：

> 我现在是一个人在北平，这回是回到老家去。但我一点不觉着是回家，一切都像出门作客似的。北平已成了我精神上的家，没有走就想着回来；预定去五个礼拜，但想着南方的天

---

① 林语堂：《迷人的北平》，载姜德明编《梦回北京：现代作家笔下的北京（1919—1949）》，生活·读书·新知三联书店2009年版，第222页。
② 陶然（周作人）：《故乡的野菜》，《晨报副刊》1924年4月5日第4版。
③ 郁达夫：《北平的四季》，《宇宙风》第20期，1936年7月1日。

井，潮湿，和蚊子，也许一个月就回来了。①

即使叶灵凤这样的只在北京逗留不长时间的上海文人，离开之后对它也生出不少眷恋：

> 北国的相思，几年以来不时在我心中掀动。立在海上这银灯万盏的层楼下，摩托声中，我每会想起那前门的杂沓，北海的清幽，和在虎虎的秋风中听纸窗外那枣树上簌簌落叶的滋味。有人说，北国的严冬，荒凉干肃的可味，较之江南的秾春远甚，这句话或许过癖，然而至少是有一部分的理由。尤其是在这软尘十丈的上海住久了的人，谁不渴望去一见那沉睡中的故都？②

年轻的作家师陀对北平则表达了更强烈的个人情感，他甚至写道："凡在那里住过的人，不管他怎样厌倦了北平人同他们灰土很深的街道，不管他日后离开它多远，他总觉得他们中间有根细丝维系着，隔的时间愈久，它愈明显。甚至有一天，他会感到有这种必要，在临死之前，必须找机会再去一趟，否则他要不能安心合上眼了。"③

处于转型时期的中国文化人大多怀有一种强烈的乡土意识，而正是北平的城市气质往往使它被赋予了这样一重意义，浓重的乡土气息引发了文化人在情感上的认同与皈依，成为他们精神上的故乡，因而也就有像朱自清、郁达夫、师陀等这些非京籍的作家对这座城市的依恋。④ 不过，对这种气质的偏爱与强调也在有意无意间淡化了北平在城市发展方面存在的诸多缺陷，北平并未因其

---

① 玄玄（朱自清）：《南行通信（一）》，《骆驼草》第12期，1930年7月28日。
② 叶灵凤：《北游漫笔》，《幻洲》第2卷第1期，1927年10月。
③ 师陀：《〈马兰〉小引》，载刘增杰编《师陀研究资料》，北京出版社1984年版，第76页。
④ 相关研究参见赵园《城与人》，北京大学出版社2002年版，第1—6页。

现代发展程度的不足被指摘，反而因其"乡土"感而被赋予了一种精神象征以及免于被批评的权利。

三 北平的"地道精神"

对于北平而言，其雄浑、古朴、静谧的一面常被定义为城市的"底色"而被特意凸显，"北平不比商埠，有洋房，有摩天楼，假若你到北平去找华丽的大楼，那你只有败兴"①。与上海的都市摩登相比，北平传统的惯性异常强大，不会被外部力量轻易改变，她的文化特性与审美趣味更倾向于认同那些偏向稳重甚至略带保守的事物。《国闻周报》曾评论："北方的社会本来比南方朴质。北京虽是各省人物聚集的地方，终是在北方的社会里，所以还未失朴质的气味。"②《大公报》的作者也观察到："北平旧日风气，素称朴素，晚近虽为军政商界少数人之骄奢淫逸，有所传染，然一般社会，尚多保持旧观。"③

梁实秋曾对比认为："北平不比十里洋场，人民的心理比较保守，沾染的洋习较少较慢。"他以东交民巷为例指出，那里虽然马路特别平，路灯特别亮，楼房特别高，打扫得特别干净，"但是望洋兴叹与鬼为邻的北平人却能视若无睹，见怪不怪。北平人并不对这一块自感优越的地方投以艳羡眼光，只有二毛子准洋鬼子才直眉瞪眼的往里面钻。地道的北平人，提着笼子架着鸟，宁可到城根儿去溜达，也不肯轻易踱进那一块瞧着令人生气的地方"④。瞿宣颖如此描述庚子事变之后北平的城市氛围：

---

① 张中行：《北平的庙会》，载姜德明选编《如梦令：名人笔下的旧京》，北京出版社1997年版，第306页。
② 叶叔衡：《国都问题》，《国闻周报》第5卷第29期，1928年7月29日。
③ 《大灾中北平跳舞场问题》，《大公报》1931年9月3日第2版。
④ 梁实秋：《北平的街道》，载《梁实秋散文集》第6卷，时代文艺出版社2015年版，第59页。

庚子之祸，虽然是北平惹起来的，而北平所受的创痕，却是最浅，所有全国大都市之中，北平所听见的汽车与无线电声最少，所闻到的巴黎香粉味最少，白天所看见的横行文字的招牌最少，夜中所看见的霓虹灯广告也最少。一切人工所制造自增其负累自减其天真之产物，在沧海横流之下，还算没有排山倒海的输入。①

张向天回忆北平的生活："到底北平这古城是座彻头彻尾的老城池，不但前门各处的城砖是老灰色，城内的旗民拘守着旧日王谢的生活，保守着老念头，就连在年节的岁时上，也是依然谨守旧制，大家通行旧岁。"② 即使在很具"摩登"色彩的王府井大街街口附近，"街面给电灯光所反映出的树影是扶疏的，脚踏车、人力车、汽车、混合在喧嚣的一团里。零乱的排列着几家商店，流露出了一点上海味"，但终究还是"摆脱不了北平固有的形态"。③确实，这样一种性格已经浸入北平人的日常生活以及精神层面，就如同钱歌川在北平看到的景象："路很宽敞，和上海的柏油路相差不远，两边的店家已染了一些洋气，商品多陈列在样子间里"，"虽不大看得出北平的本色来，可是居民的悠闲态度，已经表现在行人的步调间了"。在他看来，北平人在中国最为保守，"中国的古物都荟集在北平，人民的风俗习惯亦浸浸乎入古。居处不肯革新，所以至今那些典型的住宅，还大都是没有楼的四合院。市政不肯革新，至今许多著名的胡同，还是满街的尘土。名满全国的药店同仁堂三百年来就没有改换过面目，店面很是矮小，却几经兴废，传说着悠久的历史"。正是因为保守，所以才能持久，"他的心境融化在清闲之中，浸润在苍古之内，可以超乎世俗，远隔

---

① 铢庵（瞿宣颖）：《北游录话（三）》，《宇宙风》第22期，1936年8月1日。
② 张向天：《忆北平的旧岁》，载姜德明选编《如梦令：名人笔下的旧京》，北京出版社1997年版，第419页。
③ 木易：《东安市场巡礼》，《老实话》第10期，1933年11月1日。

器尘"。① 当时《宇宙风》上的一篇文章对北平的"地道精神"进行了归纳：

> 我总以为北平的地道精神不在东交民巷、东安市场、大学、电影院，这些在地道北平精神上讲起来只能算左道，摩登，北平容之而不受其化，任你有跳舞场，她仍保存茶馆；任你有球场，她仍保存鸟市；任你有百货公司，她仍保存庙会。②

不过，过于舒缓、古旧的生活有时往往容易走向反面，当时已经有人对这种态度表达了批判，"有人说北平太古老了，在这儿住久了的人不容易激起了创造的精神。又有人说北平的生活太舒适了，青年人住久了会志气消沉"③。作家李健吾也提醒："壮年的时候，你不要到这里来，你一不小心，它会吸了你去。它是一个摇篮，也是一座坟墓。"④ 一直都有声音批评北平的日常节奏中隐藏的颓废：

> 北平的病根不在"摩登"而在"颓废"，一班遗老遗少的娇妾俊童，醉生梦死的日常生活，当然已颓废到了极点；而一班青年学子呢？在这样一个文化机关设备得很完备的城里而真正能专心于学术的探求者究有几人？五四运动的救国精神现已到了灰飞烟灭的程度，再也提不起来了。⑤

---

① 味橄（钱歌川）：《北平夜话》，河北教育出版社1994年版，第4—5页。
② 张玄：《北平的庙会》，《宇宙风》第19期，1936年6月16日。作为研究者的赵园后来就观察到，新文学史上对于北京的书写"往往沉湎于古城悠然的日常节奏，冷落了现代史上以北京为舞台、凭借这舞台而演出的大戏剧"。见赵园《北京：城与人》，北京大学出版社2002年版，第246页。
③ 熊佛西：《怀北平》，载赵国忠编《山水人物印象记》，海豚出版社2011年版，第43页。
④ 李健吾：《北平》，载《李健吾文集·散文卷》，太岳文艺出版社2016年版，第279页。
⑤ 欣欣：《从"北京"说到"北平"（北游琐记之二）》，《民力》第1卷第5期，1931年11月21日。

而贺昌群同样指出了舒松的环境中，周围是或浓或淡的暮气笼罩着，"具有一种绝对的同一的国民性，就是民族衰微期中道德上、精神上的堕落"，生活是只有趋于逸乐的陷阱。因此，要消灭这种堕落的根性，"必须国民自己振作起来，督促国家政治上轨道，努力从事社会建设，社会改革之一途"。①

作为五四新文化运动的发源地，北平在潮起之后迅速落幕。"'五四'运动的花在北平开放过，但时代底轮滚向前去，动摇的知识份子对于历史的任务也像'五四'本身一般的过去了。"②荒凉与萧索是当时北平传递给观察者最直观、最感性的印象，尤其是"古城"意象，不只是对北平的概括性描述，"更隐含了作者对它的现状与未来的关切，对历史与现实之间关系的思考"③。对于北平而言，"古城"不仅在写实意义上是成立的，而且还超越了这一层面而具有重要的象征意义，"它不仅是对北平历史地位的客观概括，同时也倾注着中国知识分子对历史民族和传统的深刻感情和思索"，"古城"不仅是北平本身，"更因为浓缩了千年的民族历史而成为一个巨大的隐喻"。④ 1933 年，年轻作家吴伯箫写出了《话故都》：

> 华夏就是这样的国家，零星的干犯，是惹不起她的气忿的。她有海量的涵容，点滴的创伤，她是不关痛痒的，她有百个千个的容忍；不过一朝一夕，时光慢慢地过去，干犯她的，要敬畏她了，要跪倒在她的面前，求她的宥恕了；一处处创伤要渐渐地复原，渐渐地健康起来了。如管滴之穿阶石似的，一

---

① 贺昌群：《旧京速写》（1932 年 10 月 24 日），载《贺昌群文集》第 3 卷，商务印书馆 2003 年版，第 557 页。
② 黄郁：《故都（北平通讯）》，《青年之光》（创造号）1932 年 5 月 1 日。
③ 季剑青：《重写旧京：民国北京书写中的历史与记忆》，生活·读书·新知三联书店 2017 年版，第 184 页。
④ 张洁宇：《边城的荒野留下少年的笛声——1930 年代北平"前线诗人"的城市记忆与文化心态》，载陈平原、王德威主编《北京：都市想像与文化记忆》，北京大学出版社 2005 年版，第 311—312 页。

切锢障都在时光的洗炼中屈服在她的腕下了。苍然的老城，你不也正是这样的么？多少乳虎样的少年，贸贸然地走了来，趾高气扬；起初是目空一切的，但久了，你将他的浮夸，换作了沉毅。忽而一天，他发现了他自己的无识，他自己的藐小；多少心胸狭隘的人，米大的事争破天，不骄即诣，可是日子长了，他忽然醒过来，带着满脸的惭愧，他走上那坦荡的大方的道路……饱有经验的老人是看不惯乳臭的孩子的，富有历史涵养的地方草木都是古香古色。不必名师，单这地方彩色的熏陶，就是极优越的教育了。①

细读上述文字，通过吴伯箫的笔调，我们可以隐约嗅出一股衰老中的苍凉，当虚弱的古城已经无法抵御日益临近的外部危机时，只能寄望于危机制造者的"幡然醒悟"，力图用"海量的涵容"使入侵者"敬畏"而"跪倒"在自己的面前，既有一厢情愿的幻想，又透露着无力与无奈。对于这一点，诗人林庚观察得更加透彻：

> 正是因此地人工所该做的前人已做得太好，这些今日的人，虽仍所受的陶冶与江南不同，且时时因前人伟大的遗迹而得着雄厚深远的启示，但如今剩下的似只有那若近消极的沉着的风度，却不见那追上前去的勇敢了！久住在江南的人若初来到北平，必仍有一种胸襟开阔的感觉，那是纯由于前人历史上的痕迹是太足惊叹而动心了。而久住在北平的人呢，却是受了百年来旗人懒惰的习气；五四以来似有希望的一点朝气，又被压迫得只可闭门读书；因此如今的北平似更深沉，却只是一种的风度了！②

---

① 吴伯箫：《话故都》，原载《华北日报·每周文艺》第13期，1934年3月6日。选自《吴伯箫散文选》，人民文学出版社1983年版，第5页。
② 林庚：《四大城市》，《论语》第49期，1934年9月16日。

林庚是清醒的，在他看来，北平昔日过于厚重的历史反压制了今人奋进的锐气，北平最需要的是对固有惰性习气的反省，是对危局的积极应对，而不是总陶醉在那些所谓的历史的古迹与沉着的风度方面。现实情况是，"九一八"事变之后，华北已经成为日军锁定的目标。自1935年"华北事变"之后，国民政府中央军序列逐步退出，日军兵临城下，北平城防线完全暴露，从一座"边城"彻底沦为"危城"。一直情绪比较淡定的瞿宣颖指出1936年的北平命运已经到了生死关头：

> 最近一年来，北平的运命又到了竭力挣扎的时期了。去年夏天的气象可谓悲凉已极。一样一样的往后撤退，几乎连各大学都有不能继续之势。如果不是智识阶级的慷慨陈词，守死弗去，则后来华北成为何等局面，谁也不能预料。今日之下，虽是忍辱求生，然而城郭人民，依然如故，足证国必自侮而后人侮之。只要自己不双手奉送，则别人硬抢过去亦究竟有些烦难。北平北平！已经到最后之难关了。我想全国有心之人决没有肯听此古城沦为异域的。①

外部危机逼近之时，文化人有意识地寻找那些最能代表中华民族特性的符号，北平吸引了最多的目光，"北平的风俗，北平的景物，都能警惕一些习惯于模糊自己的国籍的人，信爱自己的国家，维护自己国家一部悠久历史"②。国人维护北平作为中国文化重心地位的意识也越来越自觉而强烈，市长袁良叙述《旧都文物略》的编纂缘起时写道："中华立国最古，先民所留遗有深厚光荣历史。而燕蓟之都为黄祖建国所。自涿鹿之战，召伯之封，燕昭金

---

① 铢庵：《北平的运命（北游录话之十）》，《宇宙风》第31期，1936年12月16日。
② 陆晶清：《再怀北平》，载姜德明编《梦回北京：现代作家笔下的北京（1919—1949）》，生活·读书·新知三联书店2009年版，第291页。

台，慕容铜马。降自元明，雄主开疆辟土，咸以是为根据，尤足代表国民伟大精神"，其书不仅可以为导游之助，也可"振导民气，发扬国光"。①郁达夫也在外地遥祝北平"永久地为我们黄帝子孙所保有的旧都城！"②林庚在晚年也回忆说：《何梅协定》后，北平处于半沦陷状态，气氛异常压抑，"但唤起的是家乡故土的生命意识而不是绝望的毁灭感"③。在日军压境、外敌环伺的境遇中，北平作为华夏文明传统的代表而被赋予了维系民族命脉的历史使命。

作为延续数百年的国都，北京长期包裹着坚硬的政治外壳，隐身在国都身份之下，城市景观常常显得模糊不清。1928年之后，北平不再负载强烈的政治象征意味，逐渐回归百姓日常生活，北平人的城市自我意识开始觉醒，对于城市的认同感与归属感进一步增强。④尤其是对于众多现代作家而言，大多都有居住在北平的或长或短的经历，也留下了大量关于北平城的体验与认知。而作为当时远东最大的城市上海，经过了资本主义的初步洗礼，已经发展为较为完备的现代商业大都会。两座城市的内在气质与外在样貌差异明显，散发着完全不同的气息。不管是在当时还是在当代，"京"与"沪"都不只是两个地名的代称，而是成为两个符号，代表了两种不同的城市文化与品格。一般而言，前者代表传统与古朴，后者代表现代与摩登。⑤

进入20世纪30年代中期之后，随着日军侵华范围的不断扩

---

① 汤用彬等编著：《旧都文物略》，北京古籍出版社1999年版，"序言"。
② 郁达夫：《北平的四季》，《宇宙风》第30期，1936年7月1日。
③ 龙清涛、林庚：《林庚先生访谈录》，载《林庚诗文集》第9卷，清华大学出版社2005年版，第251页。
④ 参见陈鹏《试论1928年迁都后北平人城市意识的新自觉》，《福建论坛》2012年第12期。
⑤ 需要指出的是，作为近代中国最具代表性的两座城市，北平与上海的对比绝非笼统的传统与现代、古朴与摩登、旧与新等能够简单概括。他们的差异一方面来自于各自的历史本身，另一方面也来自于后来的文字书写，两者形成了积极互动，至今还在影响着我们对城市的认知。预设一个他者，城市的特性往往能够更加彰显。

张，中国的民族主义情绪日益高涨，知识界弥漫着民族复兴的讨论热潮，对于中国文化的研究也渗透进越来越多的"致用"色彩。在这种时代思潮中，国人普遍从对传统的批判转向维护与捍卫。此时的北平虽然褪去了国都的政治身份，但作为具有深厚积淀的文化古城，仍然被赋予了民族象征的使命意义。在特定的历史语境中，同处于一个坐标体系之中，北平的城市意象开始摆脱"腐朽""守旧"的负面意义，上海并未因其发达的以"声光化电"为代表的现代文明受到肯定与颂扬，反而因其城市发展进程中引发的一些负面现象受到重点关注与批评。在很多人的阐释中，北平正是以"传统"的一面压制了上海"摩登"的一面，进而实现了自身城市特质的"再造"与"升华"。

第十章
抗战时期北平的文化生态

1937年7月7日夜，抗日战争全面爆发。8月8日，日军正式侵入北平，从此开始了八年的殖民统治。沦陷时期，日伪当局在进行军事侵略与经济掠夺的同时，一直在北平文化领域推进"非中国化""去中国化"的步骤。通过控制电台、报纸杂志，监管社会舆论。同时，建立殖民主义教育体系，大力宣扬新民主义，并利用电影、文学、戏剧等方式，力图将北平的文化发展引导到"日化"轨道，构建有利于殖民侵略的意识形态，最终目的是实现对中国人的精神征服。

沦陷时期，北平原有的文化生态遭到巨大破坏，文化面貌整体上呈现出异常灰暗的色调。但中华民族的文化惯性异常强大，留居北平的部分文化人也在特殊的时代背景中用各种不同的方式实践着对民族文化的坚守。沦陷时期，侵略与抵抗两种力量互相交织，日军的文化侵略程度有限、效果有限，在殖民政治语境中，古都北平的文化生态斑驳而复杂。

一 殖民宣传管制体系

日军侵入北平之后，接收本地原有电台、报刊、出版等机构，对其实施改组，并创建了一批新机构，配合战争宣传，操控新闻舆论，在短时期内建立起一套服务于殖民侵略的宣传体系。日本中国派遣军总司令部情报局和华北方面军报道部承担了相关职能，前者有最高指挥监督权，后者负责具体的操作。日伪政权内部设置宣传管理部门，并借助伪华北宣传联盟、伪华北新闻协会、伪华北广播协会、伪华北报道协会等专业团体组织，在北平地区形成一个严密的控制网络。同时，日军每到一地，纷纷建立"宣抚班"，负责"报纸、广播、传单、讲演等有关治安工作的宣传"，以演说、唱歌、发传单、办报纸等手段，宣传"日华提携""共同防共"等理念，粉饰侵略行为。①

"七七"事变之前，日本主要新闻通讯社大多已经在北平建立了分社，如同盟通讯社、东京朝日·大阪朝日、东京日日·大阪每日、读卖新闻、新爱知国民新闻、福冈日日新闻等。北平沦陷之后，这些新闻机构纷纷加强力量，以便为日本在中国的军事占领和日化统治制造更大的舆论。如同盟通讯社北平分社即增设华文部，专发中文新闻稿件。1938年年初华文部改组为中华通讯社，成为日伪当局的机关通讯社，佐佐木健儿担任社长。华北沦陷区所有敌伪报纸，均由该社供给国内外电讯，其消息来源系由同盟社电台收听东京电报译成中文。此外，北平沦陷时期的通讯社还有电闻通讯社、中闻通讯社、北方通讯社、雷电通讯社、政闻通讯社、经济通讯社、中国通讯社、华北通讯社、亚北通讯社、民兴通讯社、进化通讯社等。北平日伪政府成立了"中央"广播电台，每天定时广播的内容有：新民新闻、新民文艺、工作报告，并举办和平亲日满、反共、破坏抗战的征集活动。

新闻报刊的发行往往与通信社的设立是一体的。沦陷初期，北平原有四十多家报纸纷纷南迁或停刊，仅余十余家报纸惨淡经营。日本占领北平之后，通过没收、改组或重新创办，在北平建立所谓"新闻中心"，先后出现过的新闻报刊达数十种。中文方面有《进报》《新民报》《新民周刊》《全民报》《庸报》《实报》《武德报》《民众报》《北京晨报》《新北京》《时言报》《中国公论》、《华言报》《反共战线》《三六九画刊》《首都画报》《青年呼声》《华北新报》等。日文方面主要有《北京新闻》《新支那》《东亚

---

① 《华北方面军占领地区治安维持实施要领》（1937年7月22日），载《华北治安战》（上），天津人民出版社1982年版，第71页。

新报》《艺术社会》《阵中新闻》，法文有《政文报》，英文有《时事日报》等。日伪当局掌控的报刊杂志刊登亲日言论，提倡中日"亲善"，颂扬日军武功，淡化中国人的民族国家观念，意在从心理层面消解国人的反抗意识。

《新民报》1938年1月1日在北平创刊，是在接收《世界日报》《世界晚报》《进报》基础上改组而成，为新民会的机关报。由日本华北派遣军报导部直接掌握，武田南阳任社长兼总编辑。《新民报》有要闻版、本市版、地方版、副刊版。第一版要闻包括军、政方面以及国际新闻；第二版本市新闻包括社会、经济、文教体等方面的新闻；第三版地方新闻包括天津、唐山、保定、开封、太原、济南等当地新闻。《新民报》在北平、天津以及华北几个城市发行，各城市设有分社与支社。该报还办有《天地明朗》《学生生活》《回民》等副刊，此外还设有《儿童周刊》《戏剧周刊》《艺术周刊》《无线电周刊》《妇女周刊》《社会服务周刊》《黎明周刊》等七种周刊。

1944年4月底，日伪当局整合《新民报》《庸报》《实报》《民众报》等报纸，统一改组为《华北新报》，于5月1日正式创刊。伪华北政务委员会情报局长管翼贤担任社长。该报以所谓"确立新闻新体制，推动大东亚战争之必胜与完遂，推进新华北之建设"为宗旨，是伪华北政务委员会的机关报，是抗战后期华北日伪当局的主要宣传喉舌。

《新民周刊》1938年4月11日在北平创刊，侧重于政治理论，是新民会的机关刊物，由新民会教化部宣传科主编。《新民报》半月刊是新民报社出版的综合性期刊，创刊于1939年6月1日。1944年1月与《新北京》合并改组为《新民声》半月刊。

武德报社成立于1938年9月，设于原《华北日报》旧址，社长由龟谷一郎兼任，隶属于日本华北驻屯军报道部，编辑出版《武德报》《民众报》两种日报。两种报纸各有分工，作为日伪当局的重要宣传阵地，《武德报》对外不发行，只在伪治安军内部发行，内容多是有关军事方面的材料，宣扬武士道精神，提倡大和魂意识，极力鼓吹军国主义。《民众报》以北平市民为主要"宣抚"对象，强调"娱乐性"，刊载内容以章回小说、花边文艺为主，有时也穿插一些桃色新闻。该社还发行三种期刊《国民杂志》《妇女杂志》《时事画报》，内容比较庞杂，配合日军的军事进程。

《中国公论》1939年4月1日创刊，是政治、时事、经济、文艺的综合月刊，在创刊词中宣称它的"五大使命"是"国家建设之促进""国际问题之研讨""东方文化之发扬""中心思想之树立"和"反共运动之加强"，是伪临时政府的机关刊物。

要对沦陷时期北平先后出现的各类新闻报刊进行区分，有些由日伪当局直接经营，垂直控制，有些属于北平沦陷后归附日伪政府，但仍由国人自营。在军事占领状态下，公开提倡反日言论并不是一个具有可操作性的选择。在这一前提之下，各个报刊情形也是五花八门。一些报刊为维护自身生存，尽量避免触及政治敏感地带，而是将内容与视角投诸城市社会生活，在缝隙中寻找生存之道，展现出沦陷社会中的大众百态。在殖民语境中，一些新闻报刊在政治立场上并不能完全自由表达，但不能一概以日伪报刊视之。随着抗战末期日本军事实力的收缩，无暇顾及非军事因素，对沦陷区的言论管制逐渐松弛，许多报刊因缺乏经济支持纷纷合并或停办。

日伪当局的宣传手法比较丰富，既有报刊、传单这些纸质媒体，又通过广播、电影这些当时先进的技术传播手段对民众施加感官刺激。

日本方面非常重视利用电影达到"宣抚"的政治目的，把电影当作"另一种武器"。"七七"事变爆发之后，日本国内的电影制作机构"东和商事"就开始策划《东洋和平之道》的拍摄工作。最初定位于"纪录电影"，后来调整为使用中国演员的故事片，这也是日本电影公司在华北地区完成的第一部故事片。日军侵入北平之后组建的北京地方维持会虽然存在的时间很短，但仍制定了《审查电影办法》，其中规定应予奖励的电影为：（1）发扬东亚文明；（2）促进中日"亲善"；（3）提倡社会道德；（4）增进民众知识。应予取缔的电影为：(1) 宗旨不正含有"反动思想"；(2) 妨碍邦交；(3) 有伤风化；(4) 违背事理人情。①

1938年2月，主要负责电影发行的新民电影协会（也称"满映北京派出所"）开始在北平开展业务。同年7月7日，以制作日华亲善电影为目的的"华北影片公司"在北平成立。1939年2月，兴亚影片制作所在北平成立，"作为宣抚班专属电影制作所，以专门制作宣抚电影为己任"②。该制作所为了让宣抚电影更容易被理解，专门从日本本土招募了几名漫画电影制作者，创作了《春天的北京》《东亚的黎明》《可怕的虎烈拉》《恶魔的私语》等宣抚电影。

1939年12月21日，作为华北电影事业一元化经营体的华北电影股份有限公司在北平创立，经营范围包括影片发行、影片输出和输入、影片摄制、电影业开发等，垄断了整个华北地区的电影制作和发行，也是华北最大的日本帝国主义文化侵略机构之一。总经理冯节曾撰文鼓吹：电影应"认识时局，把握现实，放弃以娱乐为手段的侧面暗示"；"把大众唤醒过来，配合政府参战的节拍，和盟邦日本以至全大东亚各民族迈步前进"。③ 公司创立最初的三年时间内先后摄制了各种类别的电影100余部，包括《建设东亚新秩序》《东亚进行曲》《复旦光华》《协力同心》等影片。考虑到北平观众的观影兴趣，在华北电影股份有限公司的操作下，由北平的燕京影片公司摄制了京剧电影《孔雀东南飞》与《御碑亭》，北平也成为电影作品的重要输出基地。此外，公司还创办了《世界电影报》（后改为《华北映画报》），宣传"日中亲善""共存共荣""强化治安""建立大东亚新秩序"等内容，紧密配合日

---

① 江朝宗：《北京地方维持会报告书》下册，北京地方维持会1937年铅印本，第276页。

② [日] 奥田久司：《华北的电影史》，原载日本《映画旬报》1942年11月1日号"华北电影特辑"，转引自孙柏、苏涛主编《抗战时期北平电影活动史料集》，中国戏剧出版社2016年版，第224页。

③ 李道新：《中国电影史（1937—1945）》，首都师范大学出版社2000年版，第277—278页。

军的军事进展。太平洋战争爆发之后，美国好莱坞八大电影公司驻北平、天津的发行机构瓦解，原来上映美国片的影院，全部纳入华北电影股份有限公司的控制之下。

电影院是民众重要的娱乐场所，也是日本美化侵略、加强思想监视的重点场所。每部电影上映前都由警察局、社会局进行审查，电影公司要将片名、出品公司、主演人、故事说明书，以及影片的脚本、台词、剧照全部报送主管部门，择期指定场所检查影片内容，如有抗日情节，一律强行删去，甚至禁止放映。1938年3月，飞天电影院更名为飞仙剧场，专供日本人观看日本电影。一些电影院被要求每天固定放映一定数量的日本电影。

日伪当局为了控制新闻言论，在各级机关设有宣传处、室、科，统一发表新闻稿件，并设有新闻检查所，实行比较严格的新闻审查制度。凡是报纸、通讯社拟发表的新闻稿，每天须事先送交新闻检查所审查，一些报纸副刊以及文艺方面的稿件也不例外。

北京地方维持会建立之初就设置了新闻检查所，警察局特务科下令北京书业公会"不得销售意图宣传共产主义者及宣传反日抗日者书籍"，规定"凡出售图书，其第一次出版或运销者，需送交原书一部呈特务科复核，认为无碍后方可自由应销，否则不准销售"。① 1938年5月，伪华北教育部及北京市公署要求所属各校，对"有碍邦交"之图书即行销毁，"未及毁弃者，均须转送新民会收藏……此外本局复派员会同警察、社会两局及日本宪兵队分赴各书店检查"。② 1941年8月，伪华北政务委员会颁布《关于与抗日及共产有关之图书新闻杂志等之处置办法》规定，凡是涉及抗日、共产主义、社会主义、马克思主义内容的新闻、杂志及图书等，都是

---

① 江朝宗：《北京地方维持会报告书》上册，北京地方维持会1937年铅印本，第244页。

② 《教育局二十七年施政报告》，载邓菊英、高莹编《北京近代教育行政史料》，北京教育出版社1995年版，第448页。

"违禁书刊",各伪省市公署一经发现,即行"封存"。①

1941年11月,日伪警察局特高股开展了一次"反动"刊物大检查,检查目标为"凡有抗日抗战及宣传共产学说,不合华北特殊性,并有碍建设东亚新秩序,传播不良思想之刊物"。在此思想指导下,被查禁的书目可谓五花八门,稍有敏感词汇即被波及,如肖洛霍夫《静静的顿河》(因书中描写苏联内战的伟大,反动势力与革命势力的消长,奠定了苏维埃的政权基础,影射宣传赤化)、《现代资本主义》(内有讲述劳动者困穷及无产阶级的起源奴役新旧的形态)、《欧洲经济史》(内有讲述无政府主义、无产阶级罢工暴动运动等词句)、《经济思想史》(内有讲述马克思主义之政治发展及全世界无产阶级联合起来等句)、《经济学大纲》(内有讲演社会主义及《共产党宣言》劳动价值学说等词句)、《哲学概论》(内有费尔巴哈的唯物论及黑格尔的辩证法等)。此外,还有周青萍《现代公文程式大全》、戴鑫修《最新世界外交史》、陈向元《中国关税史》、谭丕模《中国文学史纲》《国际条约大全》《中华民国分省图》《美国白皮书》《世界大事表》等因含有"危害"中日邦交之词句也难逃被查禁的命运。②

二 殖民主义教育

全面抗战爆发之前,北平一直是中国的文化学术中心,全市有近20所高校,尤其是几所国内顶尖大学都分布在此。北平沦陷之后,教育领域受到巨大冲击,高校更是首当其冲,国立北京大学、清华大学、北平师范大学、北平大学,私立中法大学、朝阳学院等被迫迁移到大后方,继续招生办学。私立民国学院与私立北平

---

① 中国第二历史档案馆编:《中华民国史档案资料汇编》第5辑第3编,附录(上),江苏古籍出版社1997年版,第556—557页。
② 《警察局特高股呈报举办检查刊物情况》,载北京市档案馆编《日伪在北京地区的五次强化治安运动》(上),北京燕山出版社1987年版,第230—243页。

铁路学院停办，中国大学、协和医学院等因有特殊办学背景而能在北平继续维持，但境况并不乐观，燕京、辅仁这两所教会大学虽暂时得以保全，但日后也因日本与美、德两国关系的变化而具有了不同的命运。

由于日军未对北平进行大规模轰炸，内迁之后的高校校舍被日军占据，或用作军事设施，或在原址建立新的学校。1937年7月底，北京大学红楼被日军变成宪兵队驻地和刑场。清华大学被改为"北京日本陆军野战医院"，很多建筑物被毁，校长梅贻琦描述，"图书馆中文部分近年出版之各种期刊，悉遭焚毁。其他中西典籍，于去秋扫数移至伪北京大学，于是插架琳琅之书库，已告一空矣。生物馆之东半已沦为马厩，后进课室，为酒排间。化学馆所受摧残最烈。工学院全部机器被运去南口修理厂，专供敌人修械之用。新南院住宅区，竟成妓馆。旧工友零散，留者仅二人，旋被逼一再输血，死于非命。去年中条山之役，敌人自该区掳去我军官数人，现亦囚于园内，再三被逼作无聊之广播。凡兹所述当不逮真相之什一，已足以令吾人痛心疾首矣"①。

1938年4月，日军占用原北平师范大学数理学院校舍，设立"国立北京师范学院"。同时，占用原北平大学法商学院第三院校舍，设立"国立北京女子师范学院"。1941年10月24日，伪华北政务委员会公布《国立北京师范大学组织大纲》，宣布两校合并，成立"国立北京师范大学"，设文、理、教育三学院，共14个系，由伪教育部次长黎世蘅任校长。1938年5月，日军占用原北平艺术专科学校校舍，将原国立北平艺专改组为"国立北京艺术专科学校"，设绘画、图画、雕塑、图案等科。1938年3月，"临时政府"教育部设立"外国语学校"，占用原东北中山中学校舍，1941年改为"国立北京外国语专科学校"。1938年3月10日，北京高等警官学校开学，占用原北京大学第三院校舍，系"临时政府"

---

① 梅贻琦：《三谈抗战期中之清华》，《教育通讯》第4卷第19期，1941年。

治安部设立。

北京大学南迁之后，日伪当局着手北大"复校"工作。1939年1月14日，"临时政府"教育部设立了伪北京大学，包括六个学院：农学院（占用原朝阳学院校舍）、医学院（占用原北平大学医学院校舍）、工学院（占用原北平大学工学院校舍）、理学院（占用原北京大学第二院校舍）、文学院（占用原北京大学第一院校舍）、法学院（占用原中法大学校舍）。抗战胜利后，伪"北京大学"和"北京师范大学"组成"国立北平临时大学"补习班，待1946年北京大学和北平师范学院在北平复校，经甄别后并入相关学院，其余各院校均自行或强制解散而不复存在。

与此同时，北平市立体育专科学校一直坚持教学活动，1943年停办。而私立北平国医学院、私立华北国医学院则一直坚持，未被日方取缔。

北平沦陷之后，美国人司徒雷登出任校长的燕京大学，成为华北地区仅存的不受日本人影响的几所高校之一。1941年12月太平洋战争爆发后，日军占领燕京大学与协和医学院，当日限全体学生离校。1942年，燕大部分师生迁往四川成都继续办学，协和医学院也于一年后在成都恢复教学活动。燕大被占近4年，成为日军华北综合调查研究所及伤兵医院。1945年抗战胜利后，10月燕京大学在北平复课，待1946年成都部分全部迁回北平。

1937年北平沦陷后，由于日本在太平洋战争爆发前已与德、意结盟，作为德国天主教圣公会所办的辅仁大学基本维持正常教学活动，是一个相对自由的"孤岛"。太平洋战争爆发之后，燕京大学被封闭，辅仁大学成了在北平继续开办的唯一教会大学，且为重庆国民政府承认。由于不受日本当局管制，辅仁得以不挂日本旗、不用日文教材、日语不作为必修课，对于战时滞留北平的读书人而言，具有政治庇护功能，许多著名学者纷至辅大任教。

相对而言，沦陷时期的中国大学是一个特例。该校于1913年由孙中山仿日本早稻田大学在北京首创，初名国民大学，至1917年改名中国大学，与1924年孙中山创办的黄埔军校并称为"北有中大、南有黄埔"，"一南一北，一文一武"。抗战期间，曾任北平市首任市长的何其巩担任校长，在复杂的政治环境中积极奔走周旋，使该校一直存在并取得很大程度的发展。中国大学自筹经费，不受日伪政府直接管制，坚持中国人自办。何其巩坚持做到，董事会及学校一切机构无变动，学校证件从未加盖过伪印。在此情况下，原北大、清华、北平师大的一些留居北平的著名学人纷纷应聘于此，如俞平伯、褚圣麟、刘明越、蔡馏生、王桐龄、翁独健等。1941年美日宣战后，原燕京大学以及协和医学院的一些教授如齐思和、胡鲁声、张东荪、裴文中、谢少文等也来此执教。很多东北、华北等地的失学学生都进入该校学习，学生人数从1938年的不足1000人增长到1944年的4000人以上，在当时的北平是唯一重庆国民政府立案而没有外国背景的高等学府，至1949年4月停办。

八年沦陷期间，北平高等教育遭到极大摧残，大多高校内迁偏远之地，流亡过程中元气大伤，但在异常艰苦的环境中，弦歌不辍，在不断的迁徙流转中顽强保持了中国高等教育的血脉，对于保留中国文化的火种以及储备抗战之后国家建设的人才资本具有深远影响。

殖民主义教育体系的核心内容是"思想殖民"。日军侵占北平之后，通过多种方式，以"新民主义"取代"三民主义"，改变学校课程设置，严格控制教材的修订、教师的培训，强行普及日语教育，通过在意识形态领域对沦陷区人民实行"精神教化"与"思想殖民"，试图将他们完全引导到"日化"轨道之中，从精神层面消解沦陷区民众的抵抗意识。

日伪政府竭力对北平沦陷区青少年"培养"与"灌输""亲日"思想，新民会称："京市为全国瞻瞩之地、文化之区，一般民众知识较高，尤以青少年层之思想行动关系国家前途甚巨，立应纳之正轨，俾免逾越。是以本年来对青少年工作于强化组织统治外，更以有效方法实施指导、履行训练。"①为此专门成立了新民青年实施委员会与新民会中央青年训练所，并通过组织新民体育会、新民妇女会、新民少年团等各种社会团体，试图"转化"北平青少年的思想与行为。

新民青年实施委员会成立于1938年3月，负责人为宋介。该组织通过审定教科书、查禁抗日书籍、鼓励学日语、监视师生活动等措施，以掌控沦陷区青年的思想动向。为灌输"新民精神"，新民青年实施委员会经常以"新民主义的解剖""新民会的使命""新民会大纲浅释""中日亲善之意义""中日同文同种之史实""东亚新秩序之建设""新民青年"等为题，组织北平大中小学生进行演讲比赛和作文比赛。这些演讲比赛一般安排在中央公园内新民会堂举行，除给予表现"优秀"者物质奖励外，更注重从精神层面进行激励，如在报纸上宣传，给获奖者提供在电台发言的机会等，最大程度上发挥演讲比赛的示范作用。

1938年11月，新民会成立首都新民少年团，同时组织"反共救国周"，除市属机关外，还把当时北京市立、私立的各级中小学以及各种社会教育机构纳入实施范围，甚至幼儿园也不例外。活动形式包括举行"反共救国"演说比赛、安排专人演讲、粘贴标语、散发传单漫画、征集反共剧本、徽章图案等。

为了培养北平青少年的"亲日思想"，新民会首先对各中小学校长及教师进行"培训"。新民会中央指导部警告校长们"以后对于拥护和认识新政权，及如何研究中日问题，要给青年和儿童一个正确的领导"②。所谓"正确的领导"，就是让学生树立"亲日"思想，磨灭反抗意识。1938年1月，"临时政府"教育部命令北平

---

① 《市总会1940年度会务报告》（1940年10月），载北京市档案馆编《日伪北京新民会》，光明日报出版社1989年版，第323页。

② 北京市文史资料研究委员会编：《日伪统治下的北平》，北京出版社1987年版，第286页。

举办了市立公私立中小学教职员讲演班,各校校长、教务主任、训育主任及全体教员均须出席听讲,"以期于最短期间予各教师以教学上遵循之正规"。1938年4月1日,新民会在北平设立中等教育师资讲肄馆,主要任务是为占领区培养日化教育所需的师资力量,每期招生100人左右,培训初期为3个月,学生一律住宿,修业期满后直接赴日据地区任中小学校长。同时,部分学员还可以去日本"考察",或者官费保送去日本东京高等师范学校学习2至3年。此外,日伪还在北平设立"国立北京女子师范学院""国立北京师范学院""市立师范学校""中等师范学校",创建符合殖民侵略利益的师范教育体系。

日伪当局还以中日文化"沟通"为名,选拔一定数量的人员赴日留学。早在1923年,日本第46届国会通过议案,决定退还庚子赔款办理对华文化事业。为此,日本外务省专门成立对华文化事业部,并从庚款中拨出经费,用来资助中国学生赴日留学,借此培养中国年轻一代精英的"亲日"意识。抗日战争全面爆发之后,一部分留日学生返回中国,但日本政府为培养所谓"日中亲善"的"楔子"和"大东亚新秩序"建设的"协力者",强令伪政权继续选派留日学生。① 日本政府对中国留学生的选拔以医、工、农、理等实用性很强的技术性学科为主,以配合日本的殖民地资源开发与利用,支持其侵略战争政策。

日本发动全面侵华战争之后,短时间内在占领区建立起了各级伪政权,但管理人员十分缺乏。为此,1938年1月10日,日本北支那方面军和外务省仿照伪满州国的大同学院,占用原北平大学法商学院校舍,设立了"新民学院",自称"最高学府",是华北沦陷区最重要的教育机构之一,主要职能是为各级伪政权训练"人才"。该院以"新民主义"为建校精神,《章程》宣称:"新民学院乃以养成能体会新民精神,显现友邦提携,而身当新中国建

---

① 徐志民:《日本的中国留日学生政策(1937—1945)》,《历史研究》2013年第3期。

设基础之官吏为目的","培养与友邦提携先知先觉的兴亚官吏",因此也被称为"新官吏养成所"。新民学院的教育对象主要是临时政府的在职官员和大学及高中毕业生，日语为必修外语，"日本事情"课为必修课。1941年12月太平洋战争爆发后，新民学院陷入瘫痪状态。1944年8月，伪华北政权组建"国立华北行政学院"，继续执行培养伪政权官吏的使命。

日本当局深知语言是一个民族实现自我认同的重要载体，因此赋予日语教育在殖民侵略中非常特殊的使命。1939年6月，日本兴亚院文化部起草的《（秘）日本语普及方策》里明确表示："兴亚工作的根本，就在于以皇道精神为内核的生命归一的教育，内涵是指导大陆民族使之炼成纯正日本人，外延是青少年的教育和一般民众的教化，其武器就是日本语。"① 从这个意义上说，日本在占领区推行日语，不仅仅是一项语言政策，而是融入了明确的政治构想。占领北平之后，日本强行将日语定为"国语"，称中文为"满文"，以"外文"对待，创办多个日语速成班，以低廉价格强制销售各种日文书刊，并要求留在沦陷区的文人将日文用作日常写作语言，营造出日语的语言文化环境，积极创造实施语言殖民的各种条件，试图通过日语学习来培养中国人的"亲日"情感，最终目的就是要通过语言教育泯灭中国人的民族意识，实现民族"同化"，真正从心理上接受日本的统治。

根据兴亚院文化部1939年6月的调查，北平有日语学校57所，大多为沦陷后新建。② 学习期限短则3个月，长则2年，多以速成为目的，有着极强的适应日本统治之需的色彩。除此之外，日伪还大量举办各种日语讲习会，包括中小学教员日语讲习会、官吏日语讲习会、学校教职员日语讲习会等，专门培养日语教师。1938年4月成立"部立中等教师师资讲肄馆"。

---

① 引自王向远《日本对中国的文化侵略（学者、文化人的侵华战争）》，昆仑出版社2005年版，第326页。
② 王士花：《华北沦陷区教育概述》，《抗日战争研究》2004年第3期。

教科书不仅是一个国家贯彻教育方针的重要工具,也是维系民族文化、民族意识的重要载体,对于塑造个人的价值观具有重要意义。侵华期间,日伪政权将教科书视为提倡日本文化、确立"纯正"思想的重要读物,对于各级学校的教科书严加审核,注意将传统伦理道德的灌输与殖民理论的渗透相结合,通过修改旧有教科书,发行新课本等方式,在青少年中开展"洗脑"。

北平沦陷后不久,北平地方维持会在日本顾问操纵下,成立"临时教科书审查委员会",将中小学及其他各种社会教育学校所用教科书中有关爱国、民族英雄、抗日等内容删除。此后,日伪政权又要求大、中、小学校课本均需修改,增加日语及四书五经等课。1937年11月,北京地方维持会又组织"京津中小学教科书委员会",对原南京国民政府中小学教科书的内容进行全面修改,中心宗旨是强调中日"同文同种""共存共荣",大力控诉欧美列强对中国乃至亚洲的侵略,并增添了大量古代历史的内容,提倡圣贤思想。

1938年年初"中华民国临时政府"教育部成立之后,再次组成教科书专门编纂机关——"教科书编审会",以清除"排日""三民主义"、提倡"日满华亲善""复兴"中国固有道德为基本方针,修改原国民政府教科书中与日本文化侵略相抵牾的内容。1938年5月,教育部又公布《教科图书审查规程》,规定教科书未经教育部审定不得发行或采用。

新编教科书的特色是在"复兴中国固有文化"名义下推行封建复古主义。比如,小学低年级课本讲《孝经》《论语》,小学高年级讲《孟子》,中学课本讲《诗经》《大学》《中庸》《礼记》《左传》等,华北临时政府借口清除所谓"排日"内容,以所谓"新民主义"取代三民主义,禁止近代国民教育,企图泯灭中国人民的民族意识和自我认同。凡有中国国旗标记的读物、有三民主义内容的书籍都列为禁书。

三 文学创作

北平沦陷之初，大批文化机构与文化人向后方撤离，昔日热闹的文化中心变得冷清，整个文化环境弥漫着迷茫、压抑与彷徨的氛围，表现在文学创作方面，在数量与质量方面都明显下降。

经过短暂的沉寂之后，以文学为先导，北平的文化活动开始逐渐复苏，大批文人的外迁为年轻人的崛起提供了空间，初登文坛的青年学生和作家成为主力，以这一群体为主体的校园文学热潮首先发端。1941年太平洋战争爆发之前，辅仁大学与燕京大学得以幸存，为北平的文学创作提供了阵地与空间。以"校园文学"为旗帜，辅仁大学学生创办文艺季刊《辅仁文苑》，燕京大学学生办有《燕京文学》，北平的文学血脉得以延续。相对于官办和民营期刊而言，校园刊物相对独立，更加坚守纯文学的立场。

校园文学的兴起带动了北平文坛的复苏，散文开始流行。从文体特征分析，这种形式比较灵活、篇幅短小，同时可以避开尖锐社会政治的文体，成为沦陷区北平文学发展的一个突破点。周作人式的随笔小品突出"个人性""闲适性"，强调平和、清淡、自然超脱的风格，一批资深作家也热衷于创作抒情状物小品和知识小品，如《谈鬼怪》《无意庵谈事》《听雨庵随笔》等。沦陷后期，随着张秀亚、毕基初、林榕、麦静、侯北子等一批年轻人的加入，使北平的散文创作群体更为壮大，创作态势也发生了一些变化。

沦陷时期的北平文坛，小说是最主要的样式。经过校园文学以及散文创作的铺垫，1941年之后，逐渐突破以往单纯的农村题材、爱情题材的限制，涌现出一批比较成熟的作家与作品。如毕基初的《盔甲山》，袁犀的《森林的寂寞》《时间》《贝壳》《面纱》《手杖》《泥沼》，梅娘的"水族"系列小说《蟹》《鱼》《蚌》，张秀亚的《皈依》《幸福的源泉》，黄军的《山雾》，马俪的《太平愿》，山丁的《绿色的谷》《山风》《丰年》，关永吉的《牛》《苗是怎样长成的》，闻国新的《蓉蓉》等。通俗文学创作的风行成为一种非常醒目的文学现象，例如白羽的武侠小说、王度庐的言情武侠小说、刘云若的社会言情小说。

沦陷时期的北平文坛也充满了各种各样的复杂混沌，政治高压态势为"色情文学"风潮的生长提供了气候与土壤。这种文学样式属于纯粹的消遣，曾一度流行。《我的初恋》《流线型的嘴》《性欲生活》《少妇》等色情作品到处流行，耿小的、公孙嬿等小说家成了京津一带的风云人物。

日本方面对北平的文化领域进行了积极干预，企图把文学创作纳入政治轨道，但他们的文艺政策始终难以完全左右文坛。以伪华北作家协会为例，这一机构成立于1942年9月，是北平沦陷时期持续时间最长也最有影响力的伪官方文学团体。发起人为柳龙光，协会的一项主要目标为"求文学艺术的发展，与大东亚的进展一致"。① 其成员包含了一些滞留华北的文化名人。周作人任评议会会长，俞平伯和郭绍虞也作为评议员加入其中。华北作协虽然自称一个民间团体，但经费来源主要靠日伪机构"捐款"，而且追随日伪当局，配合新民会的日常活动。不过，即使是这样一个带有鲜明殖民属性的文化机构，从其成员层面而言，态度也非常复杂，这一机构本身的政治立场并未完全影响到参与作家的个体创作，他们的许多作品与日伪官方的宣传语调并不一致，甚至还有一定程度的反抗。

文艺刊物以"文艺"的名义，可以在殖民语境中赢取自身的言说空间。以《中国文艺》为例，由台湾作家张深切借助武德报社的支持而创办，首期出版于1939年9月1日，前后持续4年之久。该刊创刊缘起谓："号称文化荟萃之区的北京，近十年来便已

---

① 《华北作家协会成立典礼并全体会员大会记》，《中国文艺》第7卷第2期，1942年10月。

有暮气沉沉之象,这两年来更是一蹶不振,整个文坛竟落到一片荒芜之地!""而若千万的文化人,如饥似渴地在需求文艺的刊物,也是不含糊的事实。"① 刊物有明显的日伪背景,在创刊号中仍明确表达了办刊宗旨:"整理旧文化和创造新文化的确是目前的急务","吾人不怕国家的变革,只怕人心的死灭,苟人心不死,何愁国家的命脉会至于危险,民族会至于沦亡?"②

在文化领域,沦陷时期的北平虽然少见立场鲜明的公开抵抗,但日伪当局文化殖民政策的推行并不顺畅。1944年,日本文学报国会官员林房雄,在中国实地调查后发现,南北沦陷区高校学生阅读的中国现代文学,基本上是"重庆或延安系"作家的作品,即抗日作家的作品。外国作品则为"英美系的翻译小说",而汉译日本文学作品几乎没有。他认为,造成这种让"敌性的文学作品"来"支配学生的思想和心情一半以上"的原因,一是沦陷区当局忙于别的事情,对文学的重视不够;一是各种官办文化团体常常把文学排除在外,"政治家和官吏"指导文学不力,或把它当作消闲文学不予理睬,或把它当作"有什么危险的爆发物"加以弹压。③

受北平地区独特的地域文化背景及现实因素的影响,尤其是对"五四"文学传统的继承与发展,使得沦陷时期北平文学呈现出独特的风貌。相较于粗线条的满洲作品,北平文学讲究艺术手法的细腻,追求平和冲淡的风格。这无疑留有"京派"创作的余韵,有论者就曾指出:"虽然日本试图控制北京沦陷区的文学场,并进而将之转变为殖民主义的宣传领域,但决定着文艺奖归属的沦陷区知名文人,无论其投敌与否,似乎都仍普遍地怀抱着一种京派自由主义文学想象。正是这种艺术至上的自由主义观念,使他们

---

① 迷生:《关于中国文艺的出现及其它》,《中国文艺》第1卷第1期,1939年9月。
② 《编后记》,《中国文艺》第1卷第1期,1939年9月。
③ [日]林房雄:《新中国文学运动》,岳蓬译,《中国文艺》第9卷第1期,1943年9月。

将文学分裂成作为艺术的作品与作为宣传的文字。由于沦陷区的文化殖民并未完成，这种在沦陷区文人中普遍内在的审美与意识形态的疏离与分立观念，直至抗战胜利都依然存在。"①

　　沦陷八年期间，处在日军的监控之下，北平的政治文化环境是严峻的。但在中国现代文学发展历程中，这段时期的文学业绩并非可以忽视，她是一个不可或缺的环节，虽然没有出现抗战大后方那种燃烧着巨大热情的抗战文艺，但仍然沿着自身的轨道迂回前行，有着独特风貌与历史贡献。另一方面，在残酷的战争环境中，文学仍然能够存在，证明了它在人类精神生活中的巨大价值。②

三　留平人士的文化活动

　　北平作为具有700多年国都历史的城市，虽然在沦陷之前已经成为"故都"，但其作为中华民族学术与文化中心的地位一直十分牢固，在晚清以来的中日文化交流中一直扮演重要角色。两国学人不断互访学习考察，近代日本的诸多文化人大多对北京怀有特殊的情感，北京成为日本开展所谓"对支文化事业"的重要基地。1923年3月，日本议会通过《对支文化事业特别会计法》，中心内容是将庚子赔款以及胶东半岛日本权益归还补偿金等来自中国的款项作为基金，分别在日中两国筹建学术研究机关，并利用基金利息为在华日本留学生和研究人员以及官费留日中国学生持续提供学费和生活费资助。1924年，外务省与中国驻日公使签订《日本对华文化事业协定》，将"对支文化事业"改称"东方文化事业"。1925年10月9日，东方文化事业总委员会在北京成立，由中日委员共18人组成，柯绍忞担任委员长，桥川时雄担任代理主

---

①　陈芝国:《"思想战"与京派文学传统》,《广东广播电视大学学报》2012年第1期。

②　张泉:《抗战时期的华北文学》,贵州教育出版社2005年版。

席兼研究部主任。

该委员会实施的一项重要工作就是创办"北京人文科学研究所"及图书馆。1927年12月20日，北京人文科学研究所成立，所址设在王府井大街东厂胡同原黎元洪官邸。通过《人文科学研究所暂行细则》，提出将以续修四库全书总目提要和新字典、十三经索引三项为研究事项。其中，"续修四库全书总目提要"被确立为首要课题，该项目旨在著录乾隆年间所修《四库全书总目》所未收及编纂成书后问世的书籍。

1928年5月，日本出兵山东，发生济南事变，再一次触发了中国民众的反日情绪。5月13日，东方文化事业委员会中方委员集体发表退出宣言，由日方独立经营。不过，虽然公开发表了退出宣言，但部分中方委员不忍中途放弃，本着学问研究无关国界的思想，继续续修四库全书总目提要的工作。尤其是桥川时雄担任署理总务委员之后，编纂工作大大加快。日本战败之后，国民政府于1945年10月派沈兼士接收东方文化事业委员会时，该项工作一直在进行之中。提要稿和相关档案被国民政府接收后，部分善本转拨中央研究院，后随该院迁至台湾，剩余的提要稿和相关档案1949年后归入中国科学院图书馆。据中国科学院图书馆统计，存留下来的提要稿有31800余篇，累计1500余万字。《续修四库全书总目提要》收录书籍的主要范围是：（1）《四库全书总目》虽已收录，但篡改、删削过甚或版本不佳的书籍；（2）修改阮元《四库未收书目提要》；（3）《四库全书总目》遗漏的书籍；（4）乾隆以后的著作和辑佚书籍；（5）禁毁书和佛、道藏中的重要书籍；（6）词曲、小说及方志等类书籍；（7）敦煌遗书；（8）外国人用汉文撰写的书籍。《续修四库全书总目提要》是20世纪二三十年代对中国存世典籍进行的一次大规模清查，上补《四库全书总目》之遗，下续乾隆以降新出典籍之目，对辨章学术、考镜源流具有重要的价值。

当沦陷之初的动荡逐渐平复之后，北平的学术事业开始慢慢恢复。相对于战前而言，随着大批学人的外迁，北平的学术研究陷入低谷，但留居此地的部分文化人也在用各自的方式实践着对中国传统文化的坚守。"七七"事变后，北京古学院建立，其章程标明："以保持固有文化为宗旨，凡古代遗传之学术艺术，应谋阐明发展，俾流传勿替。"①古学院分经学、史学、政治学、声韵文字学、地理学、金石学、九流诸子学、哲理学、辞章学、艺术学十科。编纂《古学丛刊》，刊发文章多以天文、舆地、金石、版本或诗文证史为主。陆续加入者有张燕卿、吴廷燮、杨钟义、瞿宣颖、陈庆龢、叶尔衡、田步蟾、赵椿年、周肇祥、吴闿生、郭则沄、郭则濂、柯昌泗、黄宾虹、李景铭、王养怡、张厚谷、傅增湘等，主持者为江朝宗。从人员构成看，这批人多为民国的老辈学人，与新派学人的治学理路多有不合。他们普遍国学根底深厚，面对西学和新文化的冲击，努力维系旧学，排斥以流行之科学方法治学。

　　北京古学院虽自称是私人性质的学术团体，但背后仍有日伪政府的支持。古学院内诸多学人以潜研旧籍为学术归旨，对一些稀见史籍重新进行编纂、校勘和辑佚的工作，如整理刊刻《敬跻堂丛书》，共八种，分别为：《东塾杂俎》十四卷、《经学博采录》十二卷、《韩诗外传校议》一卷、《毛诗注疏毛本阮本考异四卷》、《大戴礼记校补》三卷、《周官证古》二卷、《元朝秘史》十五卷、《菰中随笔》一卷、《菰中随笔》三卷。其校勘之精严、考辨之详明、搜求之不遗余力，皆有利于史籍的保存与流通，并最终嘉惠后世学人。②

　　北京古学院学人还从事编纂史志工作。1938年6月，在伪"北平特别市公署"的主持下，附设"修志处"，以公署秘书长吴承湜兼任修志处处长，开始编纂《北京志》，具体工作由北京古学

---

① 《北京古学院章程》，《古学丛刊》第1期，见吴廷燮总纂《北京市志稿·文教志》下册，北京燕山出版社1998年版，第293页。

② 郑善庆：《北京古学院的学人与学术》，《北京行政学院学报》2012年第2期。

院负责，吴廷燮任总纂，夏仁虎、朱彭寿、瞿宣颖、彭一卣四人分别任纂修。该书所记地域范围为北平城区及大兴、宛平二县。时间为远古至1938年，重点是对清末至民国初年新的材料的收集和记取。至1939年7月，全书匆忙完成，凡152卷，约400万字，无序跋，有残缺。内容包括凡例目录一卷、舆地志十卷、建置志五卷、前事志六卷、民政志十六卷、庶支志七卷、文教志二十四卷、礼俗志五卷、宗教志八卷、货殖志十卷、艺文志八卷、金石志九卷、人物志十八卷、故宫志五卷、名迹志六卷、杂志二卷、职官表八卷、选举表四卷。当时仅为稿本，未能刊印成书，编纂诸人于1939年秋交稿之后便各奔东西，无暇顾及此书下落，大部分稿件保存在夏仁虎手中，后经历战争变故，于中华人民共和国建立初期捐献给国家。《北京市志稿》卷帙浩繁，网罗丛杂，作为一部未定稿，存在体例不一、材料无出处、引用未校勘等问题，衍误也很多，但内容十分丰富。书稿大部分材料源于正史典章、档案材料和实地调查，一些材料现已罕见，可以说是续补了光绪《顺天府志》后的空白。①

1940年，北京古学院改组为国学书院第一院，另在国子监设立第二院。国学书院兼取讲学、考试两种制度，其实是书院与学校的混合体。北京古学院改组为国学书院后，《古学丛刊》也更名为《国学丛刊》，1946年8月，古学院由国民政府教育部接管，该院家具、图书等转入复校后的北京大学。

晚清名臣瞿鸿机之子瞿宣颖，主持《中和》月刊，以"研究学术、灌输知识、发扬东方文化、树立民众信念"为宗旨。《发刊词》表示："我们先要拿宋儒克己的精神来克我们整个民族，彻底检点过去一切究竟坏处在什么地方……本刊并不敢随便有什么主张，只是平心静气，将各种可研究的资料，作学术上实事求是的研究，以供观览采择而已。我们感觉到鉴往知来的重要，所以打

---

① 相关内容参见《日伪时期编纂〈北京市志〉的有关文件》，《北京档案史料》1995年第1期。

算尽量注重于史料的介绍。我们又感觉到问题是互相关联的,研究的材料,范围愈广,愈有近乎真理的希望,所以打算各方面的材料,都尽量容纳。"① 主要撰稿人有周作人、王揖唐、徐一士、金惠生、郭则沄、陈慎言、孙作云、向耕、谢国桢、谢兴尧、傅增湘、孙海波、黄宾虹、傅芸子、钱稻孙、梁绳伟、曹宗儒、程树德、罗继祖、林同甫、朱启钤、刘厚泽、莫东寅等。还刊登过内藤湖南、驹井和爱、水野梅晓等日本学人的文章或译文。杂志虽有日伪背景,但众多文章仍传达出鲜明的民族意识,尤其是以纪念史学的形态显露出来的。如利用1940年鸦片战争的百年纪念,声讨西方帝国主义;通过征集掌故文章,将圆明园遗址包装为"东方文化受人摧毁"之象征物。②

由于日伪当局对北平出版界严加监控,致使许多读物无法在市场上公开流通,为此,瞿宣颖等人于1941年1月创立了华北编译馆。华北编译馆之议,在伪临时政府成立之后即已开启,但限于经费等问题,一直未成。周作人就任伪华北教育督办之后,推动此事。编译馆编译范围以文学与科学并重,并分为编纂与译述二组,编纂组以关于学术上参考用书之编纂为范围,译述组以学术名著之译述为范围。1941年4月1日正式成立,办公地点为北海公园静心斋。该机构还出版《国立华北编译馆馆刊》。

辅仁大学校长陈垣在抗战期间,身居北平旧都,其一举一动都是士林社会关注的焦点。北平政治环境的巨大变化对陈垣的治史态度与方法都发生了相应的变化,原本专注于考证、提倡纯粹学术转向强调史学的应用性与现实意义,先后完成《旧五代史辑本发覆》《明季滇黔佛教考》《清初僧诤记》《南宋初河北道教考》《通鉴胡注表微》等著作。他在1943年自陈心迹:"至于史学,此间(北平)风气亦变。从前专重考证,服膺嘉定钱氏;事变("七

---

① 《发刊词》,《中和》第1卷第1期,1940年1月1日。
② 详见袁一丹《历史的风土——瞿兑之与一九四〇年代掌故学的勃兴》,《中国文学学报》第4期,2013年12月。

七"事变）后颇趋重实用，推尊昆山顾氏；近又进一步，颇提倡有意义之史学"。①

近代以来，中日学人交往十分密切，但在两国冲突日益加剧的大背景之下，尤其是北平沦陷之后，如何处理学术研究与坚持民族气节之间的关系，成为现实对留平学人的重要考验。那些屈从于日伪当局的中国学人，很多只是在高压状态下选择了一种生存策略，对日方的态度十分摇摆。当时在华的日本作家林房雄认为，日本当局在对待中国的"知识阶级"问题上做得很不够，"中国的知识阶级，仍然顽强地反对着日本的政策，继续着沉默地抵抗"。"抗战地区的知识阶级固然不用说了，就是和平地区的知识阶级，也是对于日本方面的文化工作的不屑一顾，正执拗地保持着沉默……"② 对于沦陷时期这批留平学人的复杂行为需要有一个客观的评价，一方面，他们任职的一些机构不可避免带有日伪背景，无论主观动机为何，这种选择本身已经为他们刻上了无法抹去的人生污点。正是因为如此，战后许多人对自己这段经历往往避而不谈；另一方面，如果对那些留存下来的文本内容进行分析，很多成果都是纯学术性的，与日方的文化殖民之间并不存在明显的关联，这也反映出留平学人在对殖民政权的屈服与迂回过程中进退两难的处境。③

20世纪上半期日本对中国的侵略是一个长期的连续过程，这一过程自19世纪末期的甲午战争就已经开始，1937年抗日战争的全面爆发不过是长期谋划的必然结果。日本的侵华是全方位、多层次的，在发动军事进攻的同时，亦进行文化战、思想战，携武力之威，最终力图实现的不只是领土的占领，更是精神层面的征服。夺取主权之外，文化意义上的亡国亦是其追求的终极目标。

---

① 陈智超编注：《陈垣来往书信集》，上海古籍出版社1990年版，第302页。
② ［日］林房雄：《中国文化运动偶感》，张铭三译，《中国文艺》第9卷第3期，1943年11月。
③ 郑善庆：《何以自处：北平留守知识分子的心态与境遇》，《北京社会科学》2016年第4期。

在整个过程中，军事侵略、经济掠夺与文化侵略、思想殖民一直相伴始终。

日本对华采取"分而治之"的侵略策略，东北、华北、华中等地区处于相对隔绝的割据状态，各个沦陷区的统治方式并不一致，由此导致具有不同的政治环境。伪满洲国是日本侵华的先导与资源中心，汪伪政权是日本重点扶持的政治象征，北平则成为日本对华文化殖民的重要基地。比较而言，日本在东北地区深耕已久，殖民程度更高。而以北平为中心的华北地区由于沦陷时间较短，殖民体系尚需完善，整个社会的"日化"程度不如台湾、东北等地那么彻底。因此，日本将在东北的一套做法照搬移植至北平之后，发生诸多排异反应。

自唐代开始，中日两国就有密切的文化交流，儒家文化对日本影响深远，基于这种历史渊源，日本在对侵华行为进行理论包装的同时，一直需要借助儒家传统文化资源，对其进行选择，并与日本的民族文化融合，重建一套解释体系，使之服务于战争侵略，从而论证日本侵华行为的正当性与合理性。他们一直宣称东亚文化的相互融合，而非彼此取代。

整个抗战时期，北平处于孤立状态，在文化交流方面不仅与当时的国统区基本隔绝，与同样作为沦陷区的上海、南京、东北等地联系也不密切，形成了相对封闭的文化生态。日本虽然一直致力于对北平占领区民众进行殖民主义意识形态的建构，但北平深厚的人文积淀以及悠久的文化传统对于日本因素的入侵构成了一道天然的"屏障"，从而发生了一定的"消解"作用。文化传统的形成是一个非常漫长的过程，中华文化经过数千年的延续，有着强韧的内在生命力。从北平这座城市本身而言，作为有着700多年历史沉淀的古都与文化中心，民族文化的惯性异常强大，不会轻易被外部力量所改变。

附 录
近代北京史研究的方法审视与境界提升

城市史是当前史学研究中最具现实意义、最具学术活力、成长最快的分支学科之一。2008年1月,上海史研究的资深学者熊月之与张生联合在《史林》杂志上发表了《中国城市史研究综述(1986—2006)》,系统梳理了1986年至2006年的中国城市史研究的重要成果,其中提及北京尤其是近代北京的内容微乎其微。一方面,两位作者可能对北京史的成果缺乏足够了解;另一方面,这也确实客观表明了至少在该文设定的这二十年中,北京在中国城市史研究中相对边缘的位置。

但是,如果把观察视野向后延伸,正是在上文论述的时间下限前后,随着中国城市化进程的加速,城市史研究进入了一个新的发展阶段,成果可谓遍地开花。借助这股学术潮流,学界对近代北京的关注越来越多。许多科研机构都有开展相关研究的项目和计划,与之有关的学术会议、小型工作坊数量增多,年轻面孔不断涌现,许多高校的研究生纷纷以近代北京为题撰写博士、硕士论文。与此同时,档案、文献、报刊的数据化发展迅速,不同学科方法被引入,国内外的高水平学术成果持续面世。如果以国内最具代表性的上海史为标杆的话,当前的近代北京史研究虽然在规模上暂时还无法与其分庭抗礼,但由于其所承载内容的复杂与牵涉层面的宽广,追赶趋势明显,并已经成为中国城市史研究中最为活跃、最有潜力产生理论创新的领域之一。

在这种背景之下,系统梳理近代北京史研究的最新代表性成果,客观评估研究现状,分析存在的问题与不足,预见未来的主要发展趋势，从而在日益激烈的学术竞争中拿出真正匹配北京城市地位的让人信服的优秀成果，应该是以近代北京史作为志业的研究者面临的紧迫任务。

一 近代北京史研究的追赶之势

对于近代北京史的时间断限，本文将其界定为20世纪上半期，即以1900年的庚子事变为起点，到1949年中华人民共和国建立。在这段历史期间，北京从一个延续数百年的国都，逐渐转型为一个近代意义上的城市，城市形态与功能发生重大变化，地方行政体系以及管理体制更新，城市空间重塑，人口增长，社会结构经历新的分化与组合，新型社会组织建立，现代工商业初兴，成为北京城市发展进程中的重要过渡阶段。

谈及近代北京史研究现状，有必要引入一个参照维度：上海。作为当代中国最具代表性的两座城市，北京与上海各自拥有独特的气质性格与文化特征，二者的城市史研究也呈现出鲜明的学术理路与论述方式。对于中国城市史研究而言，上海无疑是一个非常重要的存在，相关的上海史研究在规模以及水准方面都在国内处于领先地位。这座东方"魔都"以其特殊的魅力，持续地吸引着众多学人。国内外一系列出色成果的出现使上海史超越了作为地方史的范畴而成为中国近代史研究的重要领域。① 另一方面，上海史研究的繁荣也在很大程度上带动了周边区域史研究的兴起，逐渐催生了以上海为中心的江南市镇史研究的成熟。

---

① 上海是海外中国城市历史研究领域最为关注的个案，美国、法国、德国、日本等地对上海的研究明显超出其他国内城市。据2009年上海辞书出版社出版的《海外上海研究书目》所列，截至2005年年底，单英文、法文、德文、日文等外文上海文献，以及部分海外驻国内机构出版的外文文献，即多达4092种。据周武先生在《上海学》"发刊词"中所言，"就其趋势而言，近30多年来尤蔚为大观，举凡政党、帮会、同乡会、道台、警察、资本家、职员、文人、画家、记者、艺人、工人、女工、妓女、乞丐等等，靡不有专精的研究"。参见《上海学》第一辑发刊词，上海人民出版社2015年版。

近代北京史研究则起步较晚,并在一段时期内比较沉寂。1986年,国家社科基金"七五"规划重点项目选取上海、天津、重庆、武汉率先启动近代城市史研究计划,北京并未踏入这列车道,直接导致其在起跑阶段就处于不利位置,并在一定程度上影响了后来的进展。北京市社科院在1994年推出十卷本《北京通史》,民国卷只占一本。2008年,五卷本《北京城市发展史》出版,近代卷同样只有一本。至今,尚未见到学界广泛认可的独立以"近代北京"或"民国北京"命名的通史著作,不能不说是一件憾事。

相对而言,近代北京的专题研究成果比较丰硕,涵盖政治、经济、文化(文学、艺术、教育、媒体)、社会(人口、婚姻、家庭、医疗、日常生活、救济、风俗)、空间(街区、道路、胡同、广场、寺庙、电影院、公园、戏园、茶馆、妓院)、群体(学人、工人、艺人、警察、律师、侨民、学生、报人、商人)等多个方面。①

受西方"新文化史"思潮的影响,借助各种数据库资源,一些学人力图穿透普遍关注的表象,细致挖掘更加隐蔽的历史场景。当前的研究不再局限于以男性、上层为主导的精英阶层,一些以往不太被关注的所谓"底层领域"也跃入研究者视野,以往不易被呈现的群体(妓女、婢女、水夫、粪夫、罪犯)也浮出水面。

---

① 比较有代表性的成果包括张复合《北京近代建筑史》,清华大学出版社2004年版;岳永逸《空间、自我与社会:天桥街头艺人的生成与系谱》,中央编译出版社2007年版;王亚男《1900—1949年北京的城市规划与建设研究》,东南大学出版社2008年版;邱志红《现代律师的生成与境遇:以民国时期北京律师群体为中心的研究》,社会科学文献出版社2012年版;丁芮《管理北京:北洋政府时期京师警察厅研究》,山西人民出版社2013年版;王煦《旧都新造:民国时期北平市政建设研究》,人民出版社2014年版;杜丽红《制度与日常生活:近代北京的公共卫生,1905—1937》,中国社会科学出版社2015年版;陈庚《传承与新变:近代化进程中的北京戏剧市场研究(1912—1937)》,中国社会科学出版社2016年版。北京师范大学出版社在2016年推出"民国北京史研究丛书",包括李少兵等著《北京的"洋市民":欧美人士与民国北京》、马静《民国北京犯罪问题研究》、张秀丽《民国北京婢女问题研究(1912—1937)》、何江丽《民国北京的公共卫生》等。

这些人群虽然地位不高，但与城市的样态、面貌与日常生活关系密切。此前一些被认为是边缘的史料被应用，如一些小说、画报、知名度不大的地方报纸等，在很大程度上拓展了城市所能呈现出来的丰富面相。

一些通常所谓的局部"小问题"，经过视角转换与材料累积，也展示出超越其单体事件之外的"大视野"。以近代北京铜器作坊的生产和销售为例，背后牵涉蒙藏商贸、藏传佛教信仰以及安定门外关厢地区商业环境的繁盛与衰落等大问题。民国北京的商业铺保广泛存在于诉讼、商业、宗教管理以及市民经济交往等地方社会生活实践中，以此为切入点，可以考察近代北京城市转型过程中的人口流动与经济资源运作，亦可从个人和社会组织之间形成的关系网络中揭示北京城市基层社会的生活结构。①

一些似乎很熟悉的老问题，也被不断阐释出新意。以北京人力车夫为例，研究者可谓前仆后继，民国时期就有比较多的社会调查。② 同时，人力车夫也出现在很多当时作家的笔下。1980 年代以来，国内外的相关研究将注意力主要放在人力车夫群体背后反映的新生事物（如市政机构、商会、工会和警察等）与传统因素（旧的行会、水会和慈善组织等）的矛盾冲突。③ 最近的成果是孔雪与岳永逸的研究。他们认为，因应五四新文化运动平等、自由的理念，近代北京人力车夫的身体在成为高呼"劳工神圣"的五四文人创作与臆想对象的同时，也同时被尴尬地消费着。不同政治集团出于不同目的，合力将人力车夫的身体推向了肉搏的前台，从而使之在行业公会内部、政府与党部等北平多种政治力量的博

---

① 详见周锦章《清末民初北京铜器作坊的转型与发展》，《北京社会科学》2015 年第 6 期；董晓萍《流动的代理人：北京旧城的寺庙与铺保》，《北京师范大学学报》2006 年第 6 期。

② 李景汉：《北京人力车夫现状调查》，《社会学杂志》第 2 卷第 4 号，1925 年 4 月；房福安：《中国的人力车业》，莫若强译，《社会月刊》第 2 卷第 7 号，1931 年 1 月。

③ 史谦德：《北京的人力车夫——1920 年代的市民与政治》，周书垚、袁剑译，周育民校，江苏人民出版社 2021 年版。

弈场中昙花一现式地粉墨登场。① 王升远另辟蹊径，讨论了近代日本文化人笔下的北京人力车夫。②

以往对于近代北京公园的研究已经比较成熟，焦点集中在公园与市政、公园与市民生活、公园与都市文明，以及公共空间阐释框架下国家利用公园进行的教化规训、权威塑造等方面。近年来，林峥从"现代性"的方面探讨了公园在近代北京的特殊历史境遇，公园作为西方现代都市文明的象征被提倡，与北京的都市改革与市政理念密不可分。北京公园的独特性在于它不是照搬西式，而是改造清朝遗留的园林坛庙，因此具有更加丰富的内涵：它既是最新的都市公共空间，也是最旧的封建皇家遗迹。从这个角度上说，公园具体而微地象征了近代北京的时代特征。③ 鞠熙从民俗学视角继续推进了对近代北京公园的考察与阐释。她认为，旧日北京并不缺少休闲娱乐的场所，进香、游赏、节会等活动都带有休闲性质，地点往往在寺庙中或在其附近。但锐意创建新公园的官僚与知识分子"遗忘"了它们的存在，深层原因是他们头脑中的西方时间体系、工业革命时代的城市理想，以及现代社会中身体控制的理念。新的星期工作制冲击传统岁时体系，因岁时而获得意义的传统公共空间于是被遗忘。传统民俗发生断裂，社会主体与知识精英脱节、底层生活方式与国家理想脱节，禁苑成为公园，实质上反映了现代城市观念与几乎所有的传统生活方式的对立，公园因而未能真正成为底层民众的公共空间。④ 这些成果的连续推出构成了一条线索清晰、不断递进的学术史谱系。这种现象提示我们，即使是很熟悉的题目，随着相关资料的不断挖掘以及视角

---

① 孔雪、岳永逸：《生计、文学与政治：被消费的身体》，《清华大学学报》2014年第1期。
② 王升远：《"近代"的明暗与同情的国界——近代日本文化人笔下的北京人力车夫》，《外国文学评论》2013年第4期。
③ 林峥：《北京公园：现代性的空间投影（1860—1937）》，博士学位论文，北京大学，2015年。
④ 鞠熙：《民初北京公园理念与传统公共空间转型：以1914—1915年北京城市改造为例》，《北京师范大学学报》2016年第4期。

转换，仍能不断发现新意。

以往近代北京史研究中的一些薄弱地带得到一定程度的弥补。以抗战时期的北平为例，在文化环境、城市规划等方面已经有了比较明显的进展。孙冬虎、王均探讨了沦陷时期日伪政权对北平的城市规划以及北平地域结构的变化。① 近几年来，随着一批青年学者的涌现，改变了抗战时期北平历史研究沉寂的局面。②

沦陷时期，北平在政治环境、行政管理体系、经济运行、社会生活等各个领域都发生了巨大变化，我们对此仍然缺乏了解，许多方面还未能完成基本的史实重建。同时，很多问题也需要更全面的视角与更审慎的评价。如北平原有统治体系不断遭受冲击，在新秩序的建立过程中，侵略与抵抗并非截然分明，中间存在着大量的模糊地带。在宏观的战争背景中，形形色色的人群展示出非常复杂的面相。即便是通常被视为"汉奸"的伪政权内部也并非铁板一块，而是夹杂着顺从、屈服、抵抗与算计，这些问题需要被正视。一方面，侵略与反侵略，殖民与被殖民的解释框架仍然不可动摇。但除此之外，还可以在民族主义视角之外，尝试寻求更加符合当时历史样态的合理解释。

北京市档案馆作为保管近现代以及当代北京档案的专门单位，涉及的内容包罗万象。馆内收藏的许多近代北京档案已经完成数字化并免费开放，相对以往，学人们对档案的检索与使用都更加便利。大量的报纸与刊物是重要的基础性材料，如《大公报》《晨报》《益世报》《世界日报》《北平晨报》《顺天时报》《北洋画报》等；刊物如《市政评论》《社会学界》《宇宙风》《京都市政

---

① 孙冬虎、王均：《民国北京（北平）城市形态与功能演变》，华南理工大学出版社 2015 年版。还可参见李斐亚《沦陷时期的北京高校：可能与局限，1937—1945》，载杨天石、黄道炫编《战时中国的社会与文化》，社会科学文献出版社 2009 年版。

② 参见袁一丹《北平沦陷时期读书人的伦理境遇与修辞策略》，博士学位论文，北京大学，2013 年；陈言《忽值山河改：战时下的文化触变与异质文化中间人的见证叙事（1931—1945）》，中央编译出版社 2016 年版；王升远《文化殖民与都市空间：侵华战争时期日本文化人的"北平体验"》，生活·读书·新知三联书店 2017 年版。

汇览》等,其中刊载了巨量的近代北京的多个侧面的报道。一些社会调查史料、市政公报、商业账簿、北京指南等也得到系统整理,有些已经出版。①

除文字之外,图像(包括地图、照片等)也属基础性资料,尤其是地图的应用,对于厘清近代北京的城市空间结构,包括街道系统演变,城市景观体系构建等方面发挥了重要作用。2017年,北京出版社成套推出三卷本《北京历史地图集》,从基本环境特点、人地关系、政区变化、城市形态、经济活动、军事部署、人口发展、文化分布、城市社会结构等方面,展现北京城市及北京地区的历史地理演变过程。总体而言,在当前各种资料数据库的大规模建设以及研究者检索能力大幅度提升的背景之下,最关键的是对资料的选择、辨析、阐释能力,考验着研究者的智慧与眼光。

二 多学科方法的融汇与碰撞

城市本身是多元的,城市史天生就是一个综合性、多学科融汇与碰撞的领域,近代北京复杂纷繁的历史场景早已不是历史学的封闭领地,文学、社会学、人类学、考古、地理、艺术、建筑等不同学科都可以在城市史领域有所作为。新的理论、概念、方法的引入为城市史研究带来了很多新的题目,呈现更加立体的景象。

地理学与历史学的结合在北京史研究中运用得最为成功。从学科特点上而言,历史学主要关注时间,地理学主要关注空间。近几十年来,两者相互渗透的趋势日益明显,体现在城市史研究中,形成城市历史地理学。其聚焦于城市不同历史时期的地理环境及

---

① 主要包括《北平市统计览要》《市政统计月刊》《北平市市政公报》《北平市都市计划设计资料第一集》《北京近代教育行政史料》《北京自来水公司档案史料(1908—1949)》《北京电车公司档案史料(1921—1949)》《北京经济史资料:近代部分》《清末北京城市管理法规》《北平历届市政府市政会议决议录》《二十世纪北京城市建设史料集》《日伪北京新民会》《抗战时期北平电影活动史料集》等。

其演变规律,关注城址、地貌、边界、河道水系、交通区位、街巷、建筑、环境等因素,结合文献考证、实地调查,吸收考古学、建筑学的理论与方法,尤其重视历史地图的编制及其应用,已经成为北京史研究中最具典范性的方法之一。①

与此同时,与地理学关系密切的"空间"概念的引入可以视为近代北京史在方法论上的一个重要突破。在世界范围内的城市史研究中,"空间"曾被视为是一个单纯承载使用功能的地理场所,或者一种纯粹的客观存在。但随着近几十年来众多学科方法的交汇与融合,尤其是列斐伏尔、福柯、哈维等人的相关理论贡献与冲击,"空间"被赋予了政治、经济、社会、文化等多重内涵,成为一个带有复合意义的概念。体现在城市史研究中,"空间"不仅可以被作为一个具体的研究对象,"空间维度"更是一种研究视角或阐释方式。②"空间思维之于历史研究,关键在于研究的设计之中,是否能把空间结构看作权利以及资源关系的产物,把空间形态解读成具有社会文化经济意义的历史积淀。"③ 这种研究模式强调从"空间维度"考察有关城市的多个面相,探讨城市空间变革背后的政治、经济与文化动因,关注特定空间内部的社会关系与等级秩序变化,尤其关注"权力"因素在空间重构中的运作痕迹。此处的"权力"涵盖了更多的内容,既包括政治权力,也包括占据主导地位的经济权力(如商业资本)与市政技术等。相对于以往那些显性的对象,现在的研究者越来越关注那些城市发展进程中不能被轻易看到的隐性因素。

具体落实到近代北京,空间维度的应用也体现在两个方面。一方面是对城市空间结构演变过程及一般规律的梳理,对公园、广场、商场、街区、城墙等领域的微观考察,对于一些个案的细节

---

① 侯仁之与唐晓峰主编的《北京城市历史地理》(北京燕山出版社 2000 年版)虽然有关近代北京的内容很少,但可视为北京城市历史地理研究的代表性成果。
② 陈蕴茜:《空间维度下的中国城市史研究》,《学术月刊》2009 年第 10 期;唐晓峰《哈维的城市空间》,《读书》2010 年第 5 期。
③ 叶文心:《空间思维与民国史研究》,《南京大学学报》2013 年第 1 期。

描述已经比较扎实与充分。① 另一方面，注重考查空间内部的秩序形成与关系网络。② 可以说，"空间维度"作为一种研究范式已经基本成型，在城市史研究中的地位逐渐被确立，并表现出越来越蓬勃的趋向。

城市史研究中跨学科方法的运用方面，近年来的一个最新趋势是借助新的技术手段，运用地理信息系统（geographical information system，缩写为 GIS），通过技术分析，使史学结论有更扎实的数据支撑。③ 比如，根据近代北京不同时期的地图，厘清近代北京高等院校、行政机构、主要商业设施的地理位置分布，及其与城市空间布局的关系。例如，李孝聪《民国时期北京城市宗教信仰的空间叙述》、张佩瑶等《从历史 GIS 角度看民国北京中西医服务与城市交通的关系》、吴海杰《北京都市法律文化的空间结构》都是历史地理信息系统应用于近代北京研究的有益尝试。④

城市史既可以作为历史学的一个分支，也可以视为社会学的一个分支。现代意义上的城市史与社会学有非常密切的关系，阶级、社区、街区、消费等概念对分析城市很有帮助，应是城市史研究走向深入的一条可行之路。社会科学的研究模式可以在城市史研究中大有作为，以社会科学的方法解读史料已经运用的比较广泛。台湾学者章英华较早从"社会区位"（social ecological）理论分析 20 世纪初（时段基本限定在 1900—1935 年）北京内部结构的变

---

① 熊远报：《八大胡同与北京城的空间关系：以清代和民国时期北京的妓院为中心》，《近代史研究》2016 年第 1 期；唐晓峰：《新华街：民国北京城改造个案述评》，《中国历史地理论丛》第 31 卷第 3 辑，2016 年 7 月。

② 程为坤主要从城市公共空间的角度考察了清末民初北京普通女性的生活经验，他认为，此时的女性已经开始倾向于将公共空间根据自己的需要改造成日常的生活空间，不再是被动的接受者而是展示出主体性的力量，但同时也为寻找生活的这种意义而付出了代价。参见程为坤《劳作的女人：20 世纪初北京的城市空间和底层女性的日常生活》，杨可译，生活·读书·新知三联书店 2015 年版。

③ 鲍宁、赵寰熹：《地理信息系统在城市历史地理研究中的应用——以近代北京城市分区研究为例》，《理论月刊》2016 年第 8 期。

④ 以上文章均收入苏基朗主编《中国近代城市文化的动态发展——人文空间的新视野》，浙江大学出版社 2012 年版。

动。这一理论围绕两个主题,土地利用的功能区分与不同社会经济地位的家户居住配置。通过相对详细的数据分析比对,章英华得出的一个重要结论是,从整体看来,由于官吏、工商业者、无技术劳动等的低隔离状态,使得北京虽有内外城的行政和商业对比,但并未显示明显的阶层隔离现象。① 这种思路在当前城市史研究中一直被沿用,展现出持续的生命力。

市场作为一个特定的消费空间,如果从区位分布、消费模式、目标人群等方面考察,实际上牵涉到更广泛的内容。高松凡探讨了自元代至民国时期北京城市场的发展变迁,分析了历代北京城市场空间分布的形成演变及影响市场区位的主要因素。② 许慧琦以城市消费的发展为主轴,考察了北平从迁都之后到抗战之前(1928—1937)发生的各种新变化,包括政军情势、人口结构、商业趋势、文化资源、消费主力、妇女职业、市民娱乐、市府规范等。③

从城市书写的视角解读民国北京是近年来学界一种很具代表性的研究范式,有关近代北京的各种文本描述为这种研究路径提供了非常充分的材料,老舍、张恨水、周作人、夏仁虎、瞿宣颖、林海音等人的作品保留了丰厚的北京历史记忆。除此之外,很多现代作家都有或长或短在北京居住的经历,也留下了众多相关文字。④ 这种研究方法借助小说、散文、诗歌等多种体裁的文字,将

---

① 章英华:《二十世纪初北京的内部结构》,《新史学》(创刊号,台北)1990年3月。

② 高松凡:《历史上北京城市场变迁及其区位研究》,《地理学报》第44卷第2期,1989年6月。

③ 许慧琦:《故都新貌:迁都后到抗战前的北平城市消费(1928—1937)》,台北:学生书局2008年版。

④ 出版市场上有多种书写北京的经典文本汇编,典型者如《北京乎:现代作家笔下的北京》(姜德明编,上下两册,生活·读书·新知三联书店1992年版)、《如梦令:名人笔下的旧京》(姜德明选编,北京出版社1997年版)、《读城:大师眼中的北京》(刘一达,中国华侨出版社2006年版)、《北京读本》(陈平原、郑勇主编,华东师范大学出版社2010年版)等,内中收录的文章多有重复。

城市作为一个文本来阅读，发掘不同眼光视野之下呈现出的北京"城"与"人"。2003年10月，北京大学二十世纪中国文化研究中心和哥伦比亚大学东亚语言文学系合作召开了"都市想象与文化记忆"国际学术研讨会，2005年出版的会议论文集收录了相关研究的大部分代表性成果。① 以本次会议为标志，文学学科开始大规模正式进入北京史研究之中，进而成为近年来很具代表性的方法论。②

从周作人、张恨水、林语堂等人构建的北平意象来看，他们营造的是一个剥离了"时间"与"空间"的文本城市，这种城市因那些作家们有意识地选取或忽略某些特定的面相而显得不够真实。因此，并不存在一个形象统一的"近代北京"，任何建立在单一史料来源基础上的城市叙事模式如同盲人摸象，都需要进行系统反思。城市史研究有多重内容、多重路径，城市阅读、城市书写是城市史研究中一种非常重要的表现方式，因阶级、种族、性别、年龄及文化水准等方面的差异，不同的观察视野，呈现不同的城市面孔。从这个意义上说，只有真正进入城市内部，将那些被掩盖在统一表面之下的矛盾性与割裂性更多地表现出现，可能更加符合逝去时代的基本特征，亦是城市史研究的应有之义。正是不同叙述中的差异甚至矛盾构建了近代北京的多维面相，这几乎适用于所有城市。

北京史研究需要多种学科的共同参与，这已经是学界共识。一本出色的北京史著作不应囿于单一学科、单一视角，而应该是政治史、经济史、社会史、文化史等方面的融合。不仅有局部的深描，还应有恢弘的历史大视野。应该将其置放在近代中国历史命运变迁的时代背景中，走出单纯的风物记载或掌故之学，通过多

---

① 陈平原、王德威编：《北京：都市想像与文化记忆》，北京大学出版社2005年版。

② 代表性成果可参见赵园《北京：城与人》，北京大学出版社2002年版；季剑青《重写旧京：民国北京的城市书写与现代性》，生活·读书·新知三联书店2017年版。

学科方法的有效运用以及更加坚实的学术训练，去呈现城市的复杂性与多层性。

三　国家视野与地方视野

城市史研究通常包含两个方面的内容：纵向上以城市文明演进为研究对象，关注其起源、发展、演变各个阶段的历史面相与特性；横向上关注城市空间结构、治理体系、经济运行、建筑景观、人口、环境、日常生活、文化生态等。对于近代北京史而言，又有很强的特殊性，除了牵涉一般意义上城市史研究中关注的纵向与横向内容之外，还在于作为国都的政治身份，北京是很多国家重大事件与现象发生的历史舞台或地理空间，为它们提供社会场景，并在一定程度上影响、规定或制约着那些事件与现象的表现方式与最终走向。后者这种方式虽未把城市作为直接的研究对象，但城市的某种特性与样貌也在相关事件与现象的叙述中获得了呈现。

近代北京史研究中面临的一个主要挑战就是如何有效处理好国家视野与地方视野的关系问题。很长一段时期，由于不能有意识地区分国都与城市是两种不同的概念，一些成果过于突出北京的地方性，焦点完全局限于城市内部，眼光受限，对近代北京作为国都以及"故都"的身份变动这一背景因素考虑不足，缺乏一种整体的眼光与自觉；另一些成果则是国家视野凌驾于地方视野之上，近代史或民国史的叙述脉络被不加转换地应用到北京史的解释框架中，似乎发生在这座城市的任何事件、现象都可以作为北京史的研究对象，近代北京史成了中国近代史或民国史的地方版本，城市史成了国家史的附庸或"缩微景观"。

一方面，近代北京史不可能完全抽离出区域或国家层面进行论述。自元代以来，北京作为全国性都城的角色一直是客观存在的，城市中方方面面的痕迹无不印证着这种身份。近代北京更是与近代中国的国家命运紧密相连，地方层面的一举一动也往往牵涉更广阔的时局变动。以 1928—1937 年间的故都为例，北平的政治格局呈现非常混沌的局面，很多地方性事件背后都关系到复杂的权力博弈与利益冲突，涵盖中央与地方、国民党内部各派系、政府与党部、政府与军队、政界与商界、商会与工会等错综复杂的关系与纠葛。齐春风以济南惨案后的反日运动为中心，探讨了北平市政府、市党部与商界的争执与对抗，背后还引发中央与地方，国民党内部的新旧、党政之间的路线之争。① 杜丽红考察了这一时期北平的工潮，关注的也是国民党的党政关系。② 张皓以北平临时分会为例，反映了国民党各派对华北的角逐。③ 贺江枫考察了 1933 年北平市公安局局长的任免，其中涉及中央政府与东北军对于北平地方权力的争夺，并反映了何应钦领导的军事委员会北平分会与黄郛领导的行政院驻平政务整理委员会的分歧与矛盾。④ 扩展开来，整个故都时期北平独特的权力结构以及政治生态等吸引了很多民国史研究者，所得结论也在很大程度上超越了传统的城市史范畴，但城市作为一个社会场景则始终存在。

另一方面，如果过于凸显北京的政治身份，则容易遮蔽城市自身的变迁线索与内在发展动力，造成近代北京"地方性元素"的缺席，这也是一段时期内阻碍北京史研究进展的主要原因。近代北京史研究兴起之初，曾被"包裹"在中国近代史或民国史的叙述脉络之中，北京作为"地方"的历史隐而不彰，北京城发生的诸多重大事件、现象往往容易超越地方层面，上升到国家事件与

---

① 齐春风：《北平党政商与济南惨案后的反日运动》，《历史研究》2010 年第 2 期；《党政商在民众运动中的博弈——以 1928—1929 年的北平为中心》，《近代史研究》2010 年第 4 期。
② 杜丽红：《南京国民政府初期北平工潮与国民党的蜕变》，《近代史研究》2016 年第 5 期。
③ 张皓：《北平临时分会的设置与撤销：国民党各派对华北的角逐》，《晋阳学刊》2011 年第 5 期。
④ 贺江枫：《蒋介石、黄郛与 1933 年北平市公安局易长风潮》，《抗日战争研究》2015 年第 2 期。

国家视角。典型者,如新文化运动、五四运动、一二·九运动、"七七"事变等。对此,我们不应刻意回避这些事件所具有的"国家"与"全局"意义。同时,如果从北京史的立场出发,这些事件背后的"地方"背景也需要被呈现,被叙述。我们需要追问,新文化运动、五四运动与北京产生了什么关联,北京的政治生态、文化环境、社会结构等方面为运动的发生提供了什么样的土壤?①

20世纪二三十年代,北京城内的思想论争、舆论环境、大学教育对于整个时代的文化走向产生了重要影响?颜浩与季剑青的研究代表了当前对近代北京文化研究的一种新的视野与进路。② 对于卢沟桥事件,袁一丹努力还原了沦陷前后北平社会所经历的种种变动与诸多细节,发掘了战争对城市造成的巨大影响,包括生活在其中的人们以何种心态、何种方式面对这场变故。③

国家视野与地方视野在近代北京史研究中的有效兼顾也体现在对象的选择与视角的运用方面。以典型的宫廷研究为例,不能认为宫廷内部的历史就自动等同于北京史,很多发生在紫禁城内部的事件其实与北京城关系不大,但如果转换视角,则有所不同。正是由于紫禁城的存在,影响了北京城的空间结构、商业体系、人口分布等。宫廷内部的生活消费与日常采购则在很大程度上影响北京城的经济形态,对于北京经济史的研究,宫廷消费是非常重要的内容。民国建立之后,仍有紫禁城"小朝廷"的存在,并与北京社会关系密切。1924年,冯玉祥发动北京政变,囚禁总统,驱逐溥仪离开紫禁城,以往的论述多限定在第二次直奉战争的框架之中。实际上,

---

① 陈平原努力还原了五四运动当天的历史现场,包括学生具体的行进路线,甚至考虑到当时北京初夏的天气对群体性心理的微妙影响,参见陈平原《五月四日那一天——关于"五四"运动的另类叙述》,载《触摸历史与进入五四》,北京大学出版社2005年版,第8—49页。相关研究还可参考杨早《清末民初北京舆论环境与新文化的登场》,北京大学出版社2008年版。

② 颜浩:《北京的舆论环境与文人团体:1920—1928》,北京大学出版社2008年版;季剑青:《北平的大学教育与文学生产:1928—1937》,北京大学出版社2011年版。

③ 袁一丹:《北平沦陷的瞬间——从"水平轴"的视野》,《文化研究》第17辑,社会科学文献出版社2013年版。

这次事件对北京社会层面引发的震动效应不可忽视，王室成员恐慌心态加重，变卖、转移家产，对城市空间结构产生重要影响。与之相应的是，溥仪出宫，直接加速了故宫博物院的对外开放。[①] 同时，1924 年也是北京城市管理体制演变过程中的一个重要时间节点。第二年，四郊与城区共同纳入同一套管理体系之中。

实际上，国家视野与地方视野只是看待问题的两种角度，二者并非截然对立，而是形成了互相参照与补充，人为割裂它们的联系并非客观的历史态度。我们需要做的是在认同"国家"在场的前提下，努力挖掘那些事件与现象背后呈现的近代北京"地方史"特征。同时，也应深入关照与阐释一些地方或局部事件所具有的更加广泛的全局性意义。

四 如何深化近代北京史研究

鉴于近代北京史的特殊性，相关研究需要超越一般意义上的城市史：在分门别类研究的基础上，揭示近代北京城市内部各个领域之间的横向联系，深刻认识与把握北京身份的特殊性与变动性，运用贯通性的整体视野，从城市兴衰与国运升降的关系角度进行审视，系统梳理北京从一座传统帝都到近代城市的转型脉络，呈现城市变迁过程中变与不变的部分，展示近代北京的城市气质与特征，由此形成一种学术范式，既包含一般城市史学的共性，也包含北京史的个性。

与一般意义上的城市史相比，近代北京史不应将自身限定在"地方史"或"区域史"范畴，不能仅止于对"地方性知识"的描述，而是应该开掘出更具普遍意义的理论命题，建立更广泛的对话平台，从更宽广的学术视野拓展与深化研究路径，充分利用

[①] 季剑青：《"私产"抑或"国宝"：民国初年清室古物的处置与保存》，《近代史研究》2013 年第 6 期；李坤睿：《王孙归不归？——溥仪出宫与北洋朝野局势的变化》，《南京大学学报》2012 年第 5 期。

近代北京城市身份的特殊性与变动性做足文章。它探索的一些命题已经超越了城市史范畴，如民族主义、中国文化的现代转型、中外关系等。因此，考察北京这一个案，也为重新认识和理解近代中国提供更加丰富与别样的视角。

思想史家丸山真男与王汎森都提及过"执拗的低音"。王汎森解释他所谓的"低音"，并非提倡"复古"或者是对传统模式毫无保留的回归，而是一种"重访"（revisit），重访许多在近一百年被新思潮压抑下去的学术论述，重访许多被忽略的面相、重访一些基本的问题、重访一些近代保守主义者为了回应新派所作的过当的扭曲、重访近代主流论述形成之际发生重大分歧的过程等。他认为，我们回顾近代，常常忘了在过去一百年新思潮及反新思潮主导之下，被挤到边缘的历史及文化论述，忽略了它们是不是还有被重访、再审的价值？① 对于近代北京而言，这种"重访"就非常必要。我们往往对现代性变革中相对较"新"的一面关注更多，而容易忽略那些相对较"旧"或变化幅度不大的面相，于是就形成了"以新代旧"的直线叙事。以新文化群体为例，实际上并非像他们自己宣称的那样在民初北京的文化舞台上呼风唤雨，一家独大。近代北京的文化形态是非常混杂的，对于那些前清的皇亲国戚、遗老遗少，他们的行为方式、生活习惯以及审美趣味对于城市独特气质的养成具有深远影响，反倒是那些新式知识分子与北京的地域文化有天然的疏离。将某些被"湮没"、被"覆盖"的面相挖掘出来，是相关研究取得突破的重要路径。

近年来，"人"的消失引发了历史学界内部越来越多的关注与反思。具体到近代北京，对于"人"的关注可以集中在两个方面。一个是"个人"，一个是"群体"。前者不仅是指那些无数影响全国的大人物，还包括一些不被太多人了解但与近代北京城关系密切的一些人物（也可称"中等人物"），如朱启钤、李石曾、王士珍、袁良

---

① 王汎森：《执拗的低音：一些历史思考方式的反思》，生活·读书·新知三联书店2014年版，第3—4页。

等。后者则包括那些活跃于近代北京的群体,包括遗民、官僚等。

明清时期(尤其是清代),北京作为"都"的意义被放置在最高的层面,皇权是北京城运转的核心秩序,"民"的宜居性不是一个需要重点考量的内容,真正为民留出的生活空间比较有限。进入清代中后期之后,国家权力式微、统治能力下降,原有的一套都城管控制度逐渐松弛,北京作为"帝都"的"神圣性"逐渐被消解,"世俗性"逐渐增强,"人"的地位不断上升,城市内部人口增加、阶层重组,整个社会变动的剧烈程度超过以往,同时,城市建设的重点也从宫殿、坛庙、衙署转移到市政基础设施,更多面向市民层面展开,这些因素在城市史的叙述脉络中跃升到更主要的位置。从这个意义上说,近代北京的历史也是从皇权的专属领地挣脱、解放出来的一个过程。正是因为"人"的因素逐渐凸显,城市生活的丰富性得以展开,城市里的人群有了更清晰的面孔。

近代北京史研究还需要有效借鉴国内其他城市史研究的成功做法,同时也应密切关注海外动态。上海是重要的参照,南京、重庆、杭州、武汉、天津等城市史研究也有很多可供吸收之处。[①] 同时,也可将近代北京置于全球城市发展体系的坐标之中进行考察,如与伦敦、巴黎、纽约、东京等进行对比。[②] 这里的比较不仅是城市本身的差异,更重要的是城市研究现状、研究模式、研究方法的差异。

在城市比较中,既要注意到城市的"可比性",也要避免出现

[①] 北京与国内其他城市的比较研究成果也并不少见,参见邱国盛《中国城市的双行线:二十世纪北京、上海发展比较研究》,巴蜀书社2010年版;许小青《首都迁移与"最高学府"之争——以北大、中央大为中心的探讨(1919—1937)》,博士后出站报告,中山大学,2008年;李怡、张敏《"中心"与"外围":文化意义的生成与生长——以北京文化与巴蜀文化的比较为例》,《北京师范大学学报》2008年第2期;潘静如《"两京"沦陷区清遗民的"位置"——以〈雅言〉〈同声月刊〉杂志为中心》,《中国现代文学研究丛刊》2017年第1期。

[②] 以巴黎为例,翻译成中文的就有瓦尔特·本雅明《巴黎,19世纪的首都》,刘北成译,商务印书馆2013年版;大卫·哈维《巴黎城记:现代性之都的诞生》,黄煜文译,广西师范大学出版社2010年版。

"同质化克隆"现象。即将某一城市相对成熟的套路模式化照搬,移用到另一座城市研究之中,得出的结论也难免似是而非。任何一个城市都是一个独一无二的个体,都有各自的发展规律。从这个意义上说,比较只是提供了观察城市的另一种视角。确立一个参照物,将北京纳入一个区域体系或对照坐标之中,在相互映照中,可以凸显北京的城市特性,同时也可能将因为"熟视"而导致"无睹"的那些现象更完整地揭示出来。

城市化、西化或者说城市的"现代性"是中国近代城市史研究中很具代表性的研究模式,但这并不完全适用于北京。与一些沿海、沿江城市不同,近代北京缺少强有力的外部因素去助推城市化进程,而且随着国都身份的跌落,城市化内在驱动力也一直较弱。与此同时,相对于其他城市,近代北京城市化进程中需要面对的传统力量更为强大,受到的束缚也更多,有自身独特的近代化道路。

2014年,美国西雅图华盛顿大学历史系董玥教授的《民国北京城:历史与怀旧》由三联书店出版。作者讨论的一个重要命题是"传统的回收与循环",其中既包括对物质的回收与循环,也包括有意识地对过去所拥有的价值的认识与珍惜,并让它们作为"活着的传统"而在日常生活与新的创造中继续生存下去。正如一篇关于本书的书评所指出:"董玥的贡献在于,她揭示了民国北京看似落后和传统的面向其实包含着活跃的能动性,并将其有效地纳入到一个更加富于弹性的现代性的阐释框架之中。"[①]董玥没有简单沿用线性发展的概念,并未将一段复杂的历史简化为一个"以新代旧"的过程,而是再现了"新旧共存"的复杂历史场景,这一点在近代北京历史上确实比较明显。在那段特殊的时期,传统与现代、旧与新并没有明确的界线,而是彼此缠绕,这也提示我们不能先入为主,要特别注意近代北京那些"不变"或"缓变"

[①] 季剑青:《民国北京的现代经验》,《读书》2015年第2期。

的因素。

在聚焦城市内部的同时，近代北京也需要将探索的目光转向外部，冲破囿于城墙之内的偏狭意识，向城市外围的腹地延伸，从更广阔的区域维度去考量。具体而言，就是注意北京与周边地区的地缘关系，关注城市与城市、城市与乡村之间的横向联系与往来互动，包括贸易、道路交通以及商品、人员流通等。一般而言，城市都不是孤立存在的，都并存于一个区域或城市体系之中。只有将城市放在一个区域或跨区域体系之中，才能在彼此的联系与对照中得出更加深刻的结论。北京在华北交通体系中居于中心位置，整个华北地区的陆路交通线均指向北京，尤其是铁路兴起之后，北京的区位优势得到进一步强化。同时，由于处于华北平原与蒙古高原交界处，也是中原地区通向西北地区的必经之路。研究经济问题，需要关注北京城的商品供应与整个华北市场体系的关系，关注北京与西北地区的商贸往来。研究近代北京的人口问题，需要注意到周边的河北、山西，尤其是"九一八"之后东北移民群体对北京城各方面的影响。

在近代北京特定的时空范围内，不少专题已经走过了前期积累阶段，在史料数据库建设取得明显进展的技术条件下，如今对许多局部领域的描述已经比较细密，一些基础性问题的厘清也取得相当成绩。与此同时，如何进行更深层次的理论思考，避免将各个局部变成破碎的互相割裂的片段，这是一个艰巨的挑战。局部是构成整体的基础，但整体史并非是局部的简单叠加，政治、经济、文化专题研究的结合并不必然构成整体史。如果没有理论思维的提升与有效方法的运用，即使再涌现更多的描述，填充的只能是更多的局部细节，无法对既有结论提出挑战，更无法构建起新的研究范式。

我们提倡"大城市史"研究，不拘泥于基本的门类划分，尽可能广泛地选取观察对象，但不是没有取舍地照单全收，不是无限制地扩张自己的学术领地，不是将所有发生在北京的事件与现象都不加辨识地纳入研究范围，只有那些事件或现象与城市形态、结构、功能等核心因素发生内在而紧密的联系、真正影响城市发展走向时，才可以成为研究对象。

由于近代北京身份的特殊性与变动性，近代北京史容易"隐身"于中国近代史或民国史之中，导致基本面目不够清晰，定位不够准确，在一定程度上影响了它作为一门学科的体系构建。本文重点不在全面罗列与评述近代北京史的最新成果，而是通过检视研究现状，归纳主要特征，查找其中存在的诸多制约瓶颈。同时，参照一般城市史研究的理论与方法，审视近代北京史的普遍性与特殊性，探讨在实际研究过程中国家视野与地方视野如何有效兼顾、宏观与微观如何有效互动、多学科方法如何综合应用等问题，希望能为近代北京史研究不断走向深化搭建一级学术阶梯。

近代北京城市形态、角色、功能等方面的复杂性与特殊性超过国内任何一个其他城市，这正是其最大优势与魅力所在。一个城市的内在脉络越繁琐，学术路径就越丰富，更有学术潜力，在带来更大研究难度的同时，也为精彩成果的产生提供了更多的可能性。这种特征使近代北京史研究更有可能在方法论意义上形成突破，从而出现有别于中国城市史研究现有模式更具创新意义的成果。

近代北京史不是中国近代史的局部演变过程，不是民国史的从属，不是通史内容的简单"地方化"复制，因此无法原样照搬中国近代史已经形成的论述框架。近代北京史应有明确的学科属性与定位，摸索出一套适合自身的理论体系与框架（包括研究疆域、方法、路径等）去解释历史上发生的诸多事件与现象。

近十年来，中国学术发展速度之快前所未有，我们收集材料的深度、广度与便利程度大大增强。有关近代北京的政治、空间、建筑、文化、社会、记忆等领域持续涌现新作，研究疆域不断拓展，在理论与方法层面的学术自觉也正在形成。不过，考虑到北京历史的复杂性与多层性，考虑到北京在中国乃至世界城市体系中的地位，目前的学术进展还不能与之完全匹配，仍有众多问题需要深入探讨，尤其是需要适时出现几部能够高屋建瓴地从多个视角系统揭示近代北京城市发展演变轨迹的通史性成果与典范性著作，并在方法论意义上形成突破，真正提升北京史在中国城市史学科体系中的学术地位与学术品格。从目前的情况看，至少已经出现了一些令人鼓舞的迹象，但近代北京史研究的未来，仍然任重道远。

参考文献

史料与文集

白敦庸：《市政举要》，上海大东书局 1931 年版。

《北平市政府二十三年上半年行政纪要》，北平市政府 1935 年编印。

《北平市都市计划设计资料第一集》，北平市工务局 1947 年编印。

北京市档案馆、北京市自来水公司、中国人民大学档案系文献编纂学教研室：《北京自来水公司档案史料》，北京燕山出版社 1986 年版。

北京档案馆编：《日伪统治下的北平》，北京出版社 1987 年版。

北京市档案馆、中国人民大学档案系文献编纂学教研室编：《北京电车公司档案史料》，北京燕山出版社 1988 年版。

北京市档案馆编：《日伪北京新民会》，光明日报出版社 1989 年版。

北京市档案馆编：《北平历届市政府市政会议决议录》，中国档案出版社 1998 年版。

北京市档案馆编：《档案与北京史国际学术讨论会论文集》，中国档案出版社 2003 年版。

北平市政府秘书处编：《旧都文物略》，北京古籍出版社 1999 年版。

陈公博：《苦笑录》，现代史料编刊社 1981 年版。

陈智超编注：《陈垣来往书信集》，上海古籍出版社 1990 年版。

陈宗藩：《燕都丛考》，北京古籍出版社1991年版。

陈平原、王德威主编：《北京：都市想像与文化记忆》，北京大学出版社2005年版。

曹聚仁：《鲁迅年谱》（校注本），生活·读书·新知三联书店2011年版。

邓菊英、高莹编：《北京近代教育行政史料》，北京教育出版社1995年版。

邓云乡：《增补燕京乡土记》，中华书局1998年版。

丁文江、赵丰田编：《梁启超年谱长编》，上海人民出版社2009年版。

［日］服部宇之吉等编：《清末北京志资料》，张宗平、吕永和译，北京燕山出版社1994年版。

复旦大学历史系日本史组：《日本帝国主义对外侵略史料选编（1931—1945）》，上海人民出版社1975年版。

管翼贤：《北京报纸小史》，杨光辉等编《中国近代报刊发展概况》，新华出版社1986年版。

黄嘉谟编：《白崇禧将军北伐史料》，台北"中研院"近代史研究所，1994年。

京都市政公所编纂：《京都市政汇览》，京华印书局1919年版。

姜德明编：《北京乎》（上、下），生活·读书·新知三联书店1997年版。

姜德明选编：《如梦令——名人笔下的旧京》，北京出版社1997年版。

林传甲编纂：《京师街巷记》，京师武学书馆1919年版。

娄学熙：《北平市工商业概况》，北平市社会局1932年印行。

林传甲著，杨镰、张颐青整理：《大中华京兆地理志》，中国青年出版社2012年版。

刘寿林编：《辛亥以后十七年职官年表》，中华书局1966年版。

罗家伦、黄季陆主编：《吴稚晖先生全集》，台北：中国国民党中央委员会党史史料编纂委员会 1969 年版。

李宗仁口述、唐德刚撰写，《李宗仁回忆录》，广西人民出版社 1980 年版。

刘志琴主编：《近代中国社会文化变迁录》，浙江人民出版社 1998 年版。

雷梦水、潘超、孙忠铨、钟山编：《中华竹枝词》第 1 册，北京古籍出版社 1997 年版。

路工编选：《清代北京竹枝词（十三种）》，北京古籍出版社 1982 年版。

李云汉主编：《中国国民党临时全国代表大会史料专辑》（上），（台北）中国国民党中央党史会，1991。

鲁迅：《鲁迅全集》，人民文学出版社 2005 年版。

马芷庠编著，张恨水审定：《北平旅行指南》，北平经济新闻社 1937 年版。

北京市档案馆编：《那桐日记》，新华出版社 2007 年版。

彭泽益：《中国近代手工业史资料》，中华书局 1962 年版。

钱歌川：《北平夜话》，上海中华书局 1936 年版。

［日］桥川时雄：《中国文化界人物总鉴》，中华法令馆 1940 年版。

钱实甫：《北洋政府时期的政治制度》，中华书局 1984 年版。

齐如山：《北平怀旧》，辽宁教育出版社 2006 年版。

北京市档案馆编：《日伪在北京地区的五次强化治安运动》（上），北京燕山出版社 1987 年版。

孙宝瑄：《忘山庐日记》，上海古籍出版社 1983 年版。

史和：《中国近代报刊名录》，福建人民出版社 1991 年版。

沈从文：《沈从文全集》，北岳文艺出版社 2002 年版。

陶孟和：《北平生活费之分析》，商务印书馆 2011 年版。

田涛、郭成伟整理：《清末北京城市管理法规》，北京燕山出版社 1996 年版。

王学珍、郭建荣主编：《北京大学教育史料》第 2 卷，北京大学出版社 2000 年版。

王学珍、张万仓编：《北京高等教育文献资料选编：1861—1948》，首都师范大学出版社 2004 年版。

夏仁虎：《枝巢四述旧京琐记》，辽宁教育出版社 1998 年版。

［美］西德尼·D. 甘博：《北京的社会调查》，陈愉秉等译，中国书店出版社 2010 年版。

徐珂：《增订实用北京指南》，上海商务印书馆 1923 年版。

魏树东：《北平市之地价地租房租与税收》，台北：成文出版社有限公司、美国中文资料中心 1977 年版。

吴廷燮总纂：《北京市志稿》，北京燕山出版社 1989 年版。

严景耀：《中国的犯罪问题与社会变迁的关系》，北京大学出版社 1986 年版。

倪锡英：《北平》（民国史料工程都市地理小丛书），南京出版社 2011 年版。

章伯锋、庄建平主编：《抗日战争》第 6 卷，四川人民出版社 1997 年版。

北平特别市社会局编：《北平特别市社会局救济事业小史》，北平特别市社会局 1929 年版。

中国史学会等编：《中国近代史资料丛刊》，上海人民出版社 1957 年版。

张允侯等编：《五四时期的社团》，生活·读书·新知三联书店 1979 年版。

孙柏、苏涛主编：《抗战时期北平电影活动史料集》，中国戏剧出版社 2016 年版。

沃丘仲子：《民国十年官僚腐败史》，中华书局 2007 年版。

王凡西：《双山回忆录》，现代史料编刊社 1980 年版。

周美华编：《蒋中正"总统"档案·事略稿本》第 3 册，台北："国史馆"，2003 年。

《蒋中正"总统"文物——革命文献（一）北伐史料》，台北：

"国史馆",2002年。

吴瀛:《故宫尘梦录》,紫禁城出版社2005年版。

邹鲁:《邹鲁回忆录》,东方出版社2010年版。

中国第二历史档案馆编:《中国国民党第一、二次全国代表大会会议史料》,江苏古籍出版社1986年版。

荣孟源主编:《中国国民党历次代表大会及中央全会资料》,光明日报出版社1985年版。

胡汉民:《胡汉民自传》,台北:传记文学出版社1981年版。

查建瑜编:《国民党改组派资料选编》,湖南人民出版社1986年版。

张次溪编:《天桥一览》,中华印书局1936年版。

张次溪:《人民首都的天桥》,修绠堂书店1951年版。

震钧:《天咫偶闻》,北京古籍出版社1982年版。

中国社会科学院近代史研究所编:《胡适来往书信选》,中华书局1979年版。

中国国民党中央委员会党史委员会编:《李石曾先生文集》,台北:"中央"文物供应社1980年版。

报 刊

《北京大学日刊》

《北京画报》

《北平晨报》

《北平民众》

《北平日报》

《北平市政府统计月刊》

《北平特别市市报》

《布尔塞维克》

《策进周刊》

《长虹周刊》
《晨报》
《晨报副镌》
《大公报》（天津版）
《电影月报》
《东方杂志》
《妇女杂志》
《革命评论》
《革命前锋》
《革命新声》
《国立清华大学校刊》
《国闻周报》
《河北周刊》
《华北日报》
《幻洲》
《甲寅》
《建国》
《晋察调查统计丛刊》
《京报》
《京话日报》
《旅行杂志》
《论语》
《骆驼草》
《玫瑰画报》
《民国日报》（上海）
《民力》
《清华周刊》
《少年中国》
《社会科学杂志》

《社会学界》
《申报》
《申报月刊》
《盛京时报》
《实报半月刊》
《世界日报》
《市政评论》
《顺天时报》
《先导月刊》（上海）
《现代评论》
《新晨报》
《新教育评论》
《新民周刊》
《新平》
《新青年》
《新人周刊》
《学生杂志》
《益世报》（天津版、北京版）
《宇宙风》
《语丝》
《再造》
《真理评论》
《正宗爱国报》
《政府公报》
《政治月刊》
《中国文艺》
《中和》
《中华教育界》
《中央党务月刊》

《中央日报》
《中央周报》

专　　著

陈平原：《中国大学十讲》，复旦大学出版社2002年版。

丁芮：《管理北京：北洋政府时期京师警察厅研究》，山西人民出版社2013年版。

董玥：《民国北京城：历史与怀旧》，生活·读书·新知三联书店2014年版。

杜丽红：《制度与日常生活：近代北京的公共卫生，1905—1937》，中国社会科学出版社2015年版。

方汉奇、张之华主编：《中国新闻事业简史》第2版，中国人民大学出版社1995年版。

侯仁之主编、唐晓峰副主编：《北京城市历史地理》，北京燕山出版社2000年版。

黄东：《塑造顺民——华北日伪的"国家认同"建构》，社会科学文献出版社2013年版。

黄兴涛、陈鹏主编：《民国北京史研究精粹》，北京师范大学出版社2016年版。

季剑青：《北平的大学教育与文学生产：1928—1937》，北京大学出版社2011年版。

季剑青：《重写旧京：民国北京的城市书写与现代性》，生活·读书·新知三联书店2017年版。

姜涛：《公寓里的塔：1920年代中国的文学与青年》，北京大学出版社2015年版。

李道新：《中国电影史（1937—1945）》，首都师范大学出版社2000年版。

孙冬虎、王均：《民国北京（北平）城市形态与功能演变》，华南理工大学出版社 2015 年版。

王东杰：《国中的"异乡"：近代四川的文化、社会与地方认同》，北京师范大学出版社 2016 年版。

王奇生：《党员、党权和党争：1924—1949 年中国国民党的组织形态》（修订增补本），华文出版社 2010 年版。

王升远：《文化殖民与都市空间：侵华战争时期日本文化人的"北京体验"》，生活·读书·新知三联书店 2017 年版。

王煦：《旧都新造：民国时期北平市政建设研究（1928—1937）》，人民出版社 2014 年版。

王亚男：《1900—1949 年北京的城市规划与建设研究》，东南大学出版社 2008 年版。

吴真：《勘破狐狸窗》，生活·读书·新知三联书店 2019 年版。

许慧琦：《故都新貌：迁都后到抗战前的北平城市消费（1928—1937）》，台北：学生书局 2008 年版。

颜浩：《北京的舆论环境与文人团体：1920—1928》，北京大学出版社 2008 年版。

杨早：《清末民初北京舆论环境与新文化的登场》，北京大学出版社 2008 年版。

袁一丹：《此时怀抱向谁开》，上海文艺出版社 2020 年版。

岳永逸：《空间、自我与社会：天桥街头艺人的生成与系谱》，中央编译出版社 2006 年版。

张复合：《北京近代建筑史》，清华大学出版社 2004 年版。

张洁宇：《荒原上的丁香：20 世纪 30 年代北平"前线诗人"诗歌研究》，中国人民大学出版社 2003 年版。

赵园：《北京：城与人》，北京大学出版社 2002 年版。

周策纵：《五四运动：现代中国的思想革命》，江苏人民出版社 1996 年版。

［美］韩书瑞：《北京：公共空间与城市生活（1400—1900）》，孔祥文译，孙昉审校，中国人民大学出版社 2019 年版。

［日］木山英雄：《北京苦住庵记》，赵京华译，生活·读书·新知三联书店 2008 年版。

论　　文

陈进金：《另一个中央：一九三〇年的扩大会议》，《近代史研究》2001 年第 2 期。

陈平原：《城阙、街景与风情——晚清画报中的帝京想象》，《北京社会科学》2007 年第 2 期。

陈平原：《流动的风景与凝视的历史——晚清北京画报中的女学》，《中华文史论丛》2006 年 1 期。

陈蕴茜：《空间维度下的中国城市史研究》，《学术月刊》2009 年第 10 期。

窦坤：《西方记者眼中的清末北京"新政"——以英国〈泰晤士报〉的报道为中心》，《北京社会科学》2008 年第 2 期。

杜丽红：《南京国民政府初期北平工潮与国民党的蜕变》，《近代史研究》2016 年第 5 期。

高松凡：《历史上北京城市场变迁及其区位研究》，《地理学报》第 44 卷第 2 期，1989 年 6 月。

郭道平：《庚子之变与彭翼仲的开智事业》，《汉语言文学研究》第 3 卷第 1 期，2012 年 3 月。

郭道平：《庚子之变中的联军统治与国人心态》，《北京社会科学》2014 年第 4 期。

国华：《京都市政公所的机构及其工作》，《北京档案史料》1986 年第 4 期。

贺江枫：《蒋介石、黄郛与 1933 年北平市公安局易长风潮》，《抗日战争研究》2015 年第 2 期。

季剑青：《20 世纪 30 年代北平"文化城"的历史建构》，《文化研究》第 14 辑，社会科学文献出版社 2013 年版。

季剑青：《南社等革命党人的北京想象与书写》，《中国现代文学研究丛刊》2012年第3期。

鞠熙：《民初北京公园理念与传统公共空间转型：以1914—1915年北京城市改造为例》，《北京师范大学学报》2016年第4期。

孔雪、岳永逸：《生计、文学与政治：被消费的身体》，《清华大学学报》2014年第1期。

李坤睿：《王孙归不归？——溥仪出宫与北洋朝野局势的变化》，《南京大学学报》2012年第5期。

李怡、张敏：《"中心"与"外围"：文化意义的生成与生长——以北京文化与巴蜀文化的比较为例》，《北京师范大学学报》2008年第2期。

李在全：《党国边缘的私立大学——黄尊三与北平民国大学（1928—1930）》，《中央研究院近代史研究所集刊》2019年第4期（总106期）。

林辉锋：《五四运动后至北伐战争前夕的教育界风潮——以马叙伦的经历为视角的考察》，《中山大学学报》2010年第1期。

林峥：《从〈旧京琐记〉到〈城南旧事〉——两代"遗/移民"的北京叙事》，《中国现代文学研究丛刊》2012年第1期。

林峥：《招魂、革命与恋爱——"五四"与陶然亭风景的流变》，《探索与争鸣》2019年第5期。

刘超：《现代中国知识界的"南北问题"——以东大和清华为例》，《社会科学论坛》2011年第2期。

潘静如：《"两京"沦陷区清遗民的"位置"——以〈雅言〉〈同声月刊〉杂志为中心》，《中国现代文学研究丛刊》2017年第1期。

潘鸣：《1930年北平市隶属变动考》，《民国档案》2011年第3期。

齐春风：《北平党政商与济南惨案后的反日运动》，《历史研究》2010年第2期。

齐春风：《党政商在民众运动中的博弈——以1928—1929年的北平为中心》，《近代史研究》2010年第4期。

任伟：《异心协力：索薪运动中之民国教员群像——以1921年国

立八校索薪运动为中心》，《史林》2012 年第 3 期。

沈卫威：《现代大学的两大学统——以民国时期的北京大学、东南大学—中央大学为主线考察》，《学术月刊》第 42 卷 1 月号，2010 年 1 月。

孙燕京：《略论晚清北京社会风尚的变化及其特点》，《北京社会科学》2003 年第 4 期。

唐晓峰：《哈维的城市空间》，《读书》2010 年第 5 期。

唐晓峰：《新华街：民国北京城改造个案述评》，《中国历史地理论丛》第 31 卷第 3 辑，2016 年 7 月。

滕德永：《安民公所与北京城近代管理制度的起步》，姜锡东主编：《华北区域历史变迁国际学术研讨会论文集》，河北大学出版社 2012 年版。

王光远《1928 年国民革命军占领北京前后大事记》，《北京档案史料》1988 年第 1 期。

王鸿莉：《清末京师阅报社考察——基于空间和族群的视角》，《近代史研究》2020 年第 5 期。

王均：《京都市的概念和地域》，《中国方域》1996 年第 2 期。

王均：《现象与意象：近现代时期北京城市的文学感知》，《中国历史地理论丛》2002 年第 2 期。

王均、祝功武：《清末民初北京城市社会空间的初步研究》，《地理学报》第 54 卷第 1 期，1999 年。

王士花：《华北沦陷区教育概述》，《抗日战争研究》2004 年第 3 期。

谢荫明：《由七七事变引起的北平社会动荡》，《中共党史研究》2003 年第 3 期。

熊远报：《八大胡同与北京城的空间关系：以清代和民国时期北京的妓院为中心》，《近代史研究》2016 年第 1 期。

徐鹏：《政区调整与民国北平划界纠纷（1928—1932）》，《北京史学》2018 年春季刊，社会科学文献出版社 2018 年版。

徐志民：《日本的中国留日学生政策（1937—1945）》，《历史研究》2013 年第 3 期。

许小青：《南京国民政府初期两次迁都之争》，《暨南学报》2012 年第 6 期。

叶文心：《空间思维与民国史研究》，《南京大学学报》2013 年第 1 期。

叶中强：《从知识体制中心走向自由媒体市场——"新月派"文人在上海》，《史林》2008 年第 6 期。

袁一丹：《北平沦陷的瞬间：从"水平轴"的视野》，《文化研究》第 17 辑，社会科学文献出版社 2014 年版。

袁一丹：《历史的风土——瞿兑之与一九四〇年代掌故学的勃兴》，《中国文学学报》第 4 期，2013 年 12 月。

湛晓白：《从舆论到行动——清末〈北京女报〉及其社会姿态》，《史林》2008 年第 4 期。

张皓：《北平临时分会的设置与撤销：国民党各派对华北的角逐》，《晋阳学刊》2011 年第 5 期。

张积玉、赵林：《〈语丝〉周刊与中国现代知识分子言说空间的偏离》，《海南大学学报》2008 年第 1 期。

章清：《1920 年代：思想界的分裂与中国社会的重组——对〈新青年〉同人"后五四时期"思想分化的追踪》，《近代史研究》2004 年第 6 期。

章英华：《二十世纪初北京的内部结构》，《新史学》（创刊号，台北），1990 年 3 月。

郑善庆：《何以自处：北平留守知识分子的心态与境遇》，《北京社会科学》2016 年第 4 期。

周斌：《1928 至 1929 年的反日会》，《近代史研究》2004 年第 2 期。

周鼎：《危机与暴力：北伐前夕北京群众运动的政治文化研究（1924—1926）》，《四川大学学报》2012 年第 2 期。

后　记

　　这是一本姗姗来迟的书，也是我独立完成的第二本书，距离第一本的出版已经过去了很久，探讨的主题也从1920年代的政治文化史变成近代北京的城市历史，跨度不算太小，它记录了我在这些年走过的学术研究之路。之所以有这一转向，一方面是源自工作方面的职业要求，另一方面也是出自个人兴趣的主动选择。两者能够结合，应该是一件比较幸福的事情。

　　本书的写作前后经历了大概十年的时间，各章之间在语言风格、资料挖掘程度以及阐释深度上存在差异。应该说，这不是一部具有严整体系的著作，我在最初并没有一个非常明确的框架设计，也没有正在写作一本书的"自觉"。后来随着对近代北京史了解的不断深入，逐渐形成了一些基本认识，于是选取了若干片段进行整合，形成了目前的样子。如果有朋友认为这是一部论文集，那也有充分的理由。

　　尽管如此，本书还是有一条核心线索贯穿其中，各章内容的取舍标准都是紧密围绕近代北京的社会变革与文化演进这一主题展开。北京自元代开始成为大一统王朝的政治中心，始终都是一个独一无二的存在，有一套独有的运行模式与逻辑。进入20世纪之后，中国在国家层面经历天翻地覆的历史大变革，北京也经历从帝都到国都、故都的身份演变，1949年之后又成为中华人民共和国的首都，国家命运的起伏在它身上留下了深刻的历史投影。在将近50年的时间里，北京上演了众多政治与文化事件，堪称一部带有起承转合的电影剧本，值得我们用心去探究它的方方面面。

　　我可能和这座城市有缘分，十几岁时最爱看的是北京电视艺术中心制作的各种电视剧以及一些北京元素特别突出的电影。1998年的那个盛夏，四叔带我第一次来到北京，出西直门火车站坐三轮车来到前门，抬头最先看到的是被绿树掩映的前门箭楼顶端那凸出的一角，这个画面一直萦绕在我的记忆中，因为在那一刻，我真切感受到了这座城市的巍峨。后来，我在几位民国人物的北京游记中都读到类似的心情，印证了我的观感并非特例。2008年走出校门后进入北京市社会科学院历史研究所工作，这是一家北京历史文化的专门研究机构，前辈学人已经进行了很好的积累，对于我们而言，沿着一条既定的方向走下去，并不是一件很费思量的事。当然，研究领域的转向对我而言并非十分顺畅，期间经历了不断的试错与摸索。我一直认为自己是比较幸运的人，遇到了一些很好的朋友，也得到了很多人帮助，大家充满友善。恕我不在此一一列举他们的名字，但感谢是发自内心的。

书中的大部分内容都曾以文章的形式在不同刊物上发表，整理成书稿时有所增删，感谢王丽媛编辑为本书的出版所做的大量奔波。

感谢家人，让我能够为自己喜欢的事情全心投入。

近代北京史的研究面貌虽然在这些年有了很大改观，但仍有太多的事情可以做，希望本书能够搭建一级还算结实的学术阶梯，助后来者继续向上。

在本书的出版过程中，我离开了工作十四年的原单位，入职中国人民大学历史学院。希望自己能以此作为一个新的起点，开启人生的另一段旅程。

2022 年 9 月